新时代人类学文丛 | 富晓星 主编

再造青年

REMAKING
YOUTH

人类学社会学论集
THE COLLECTION OF
ANTHROPOLOGY AND SOCIOLOGY

主　编　富晓星　闻　翔　庄皓琰
执行主编　庄皓琰

社会科学文献出版社
SOCIAL SCIENCES ACADEMIC PRESS (CHINA)

总　序

　　作为一门理解人类多样性、探讨社会文化变迁的学科，人类学在主动迎接世界百年未有之大变局的今天，对构建全球文明新秩序、推动国家发展和服务社会建设的重要性不言而喻。人类学正焕发生机与活力，被赋予了重要的历史使命和社会责任。中国人民大学人类学系诚挚推出"新时代人类学文丛"，描绘新时代人类学的蓝图，探索新时代人类学的特征与价值，从以下三个方面展开深度研究。

　　第一，探索面向全球的中国经验。新时代人类学立足中国广阔的社会实践场景，回应全球共同关切的事务与议题。这不仅需要深入中国社会文化的历史与现在，更需要在文化互通、文明互鉴的全球语境中探索独特的中国经验。

　　第二，服务国家与社会的学科视角。新时代人类学要求以敏锐的理论洞察力和扎实的田野工作揭示中国式现代化的深层逻辑，为不同群体的和谐共生、增进人民福祉提供理论和政策支持。

　　第三，拓展学科边界的行动路径。新时代人类学强调跨学科交叉，在科技社会、生态环境、乡村振兴、非遗保护、对外援助等领域不断拓展学科边界。未来的人类学注重学科交叉创新，强调知识与行动循环互动，观照现实，主动求变。

　　"新时代人类学文丛"拟设"擎云""培风""望道"三个系列。"擎云"系列旨在以"少年心事、志在擎云"的追求，推出人类学新锐的作品；"培风"系列旨在鼓励杰出的人类学中青年学者"乘风破浪、勇往直前"，推出具有探索性和前瞻性的高质量研究著作；"望道"系列旨在发扬名师"体察社会、良善为民"的精神，推出人类学名家的经典之作。

　　借此文丛，中国人民大学人类学系将和社会科学文献出版社群学分社一道，致力于激发学术热情，打造学术精品，为新时代理论创新、文化创新和实践创新注入源源不断的动力。

前言 扩展的青春及其对青年研究范式的挑战

阎云翔

美国加州大学洛杉矶分校人类学系教授

中国人民大学人类学系兼职讲席教授

这本论文集的独特且最具重要性的价值在于，它由青年研究者撰写，深入探讨了当代中国青年重新建构青春体验的方方面面，并对现有青年研究的范式构成了挑战。为凸显这一价值，我在本文中首先提出"扩展青春"这一概念，然后讨论扩展青春的四个关键因素，即青年期的延长、内在性转向、青年主体性的丰富和封闭，以及作为青春新动力的"她力量"。

长期以来，青年期被视为通往成年期的过渡阶段。人生这一时期的主要内容通常为社会规范内化、技能学习和个人成长，包括认知发展、心理成熟、价值观的形成以及对社会责任的接受。这使得年轻人对未知世界、不确定性和非传统事物更加敏感，因此他们更愿意接受技术、文化和社会方面的各种创新。年轻人的好奇心和开放态度常常使青春成为孕育创造力和勇敢行动的沃土，从而推动社会进步，甚至带来对现状的革命性改变。

青年期作为过渡阶段的传统定义植根于社会实际的功能性需求，并由社会期望所塑造。父母希望他们的孩子能快速且安全地长大，成为能够自给自足、照顾年迈父母的人，延续家族香火，理想情况下还能提高家庭的社会地位。这一逻辑扩展到了更广泛的社会层面，包括亲属网络、社区，乃至现代社会中的国家层面。为了集体的利益，青年期必须聚焦在为迎接成人阶段的挑战而做足准备。所以，成年人所代表的主流社会必须监督和引导青年，以确保集体的福祉和稳定。

这样的社会期望同样反映在学术界的理解中。青年研究通常将青年期视为一个必要但短暂且充满问题的通向成年阶段的转型期。其主流理论、方法大多采用成年人的视角，旨在将青年塑造和引导为负责任的社会成员。正如庄皓琰博士在本书导论中所总结的那样，无论学者们使用何种理论框架，青年亚文化与青年问题一直是他们关注的焦点。然而，这些从成年人视角出发的研究往往忽视了青年的主体性。即便一些研究试图弥补这一不足，成年人也难以真正理解年轻人当下的思想和行为。

本书的年轻作者们揭示了当代青年价值观、青年活动和青年文化的诸多新发展动向，对传统的青春定义提出了挑战。例如，第三篇文章研究青年嗑 CP 现象，深入探讨了为何粉丝们在情感上会如此深地投入虚构人物或明星之间的浪漫关系。这从传统的成人视角来看很难理解，因为其所涉及的浪漫关系完全是虚构的，缺乏现实基础。然而，该文的一个重要见解是，粉丝们并不在乎这种关系是否真实，对他们来说，重要的是他们自己的情感体验。正如他们所声称的，"我的感情是真实的"，这对他们来说已经足够了。成年人必须学会理解的是，年轻的嗑 CP 者很享受将他们的情感投射到想象中的情侣身上，这种真实性存在于他们主观的内在体验，而非客观的外部世界。年长的资深学者恐怕难以做到像年轻研究者一样认真对待嗑 CP 粉丝的自我认知，从而对当代青年内心深处的最新变化无知无觉。

青年对自我内在感受的关注为我们提供了一种完全不同的视角，值得学术界更加重视。如果嗑 CP 基于的是青年粉丝们的内在情感，而不是现实世界中的人际关系，那它是否揭示了青年世界和成人世界之间的根本性，甚至本体论的差异？还有其他类似的差异吗？当然有，本书中充满了这样的例子。年轻的研究者们从不同的角度和不同的层面，描绘了一个正在形成中的青春愿景和青春世界。我相信读者会换位思考，努力从青年视角探索书中个案的内涵，通过将本书的章节与现有的青年研究文献进行比较而理解它们的社会意义。我在本文的剩余部分要做的是逐次分析扩展青春的四个关键因素。

1. 青年期的延长

扩展青春的首要特征是青年期的延长，这一变化是可见且经验性的，表现为青年期在两端都延长了。在起始一端，由于儿童在生理心理上的早熟，青年期大为提前。过去 30 年来，儿童比前几代生长得更快更高；越来越多的儿童，尤其是女孩，较早进入青春期。全球数据显示，Z 世代（1995 年至 2009 年出生）的女孩平均比前几代人提前三年进入青春期。儿童智力与心理的早熟也很普遍。虽然专家警告智力早熟会带来意料之外的挑战甚至问题，但多数父母通常将智力早熟视为智力高或天才的表现而并不介意。同时，学前教育开始得越来越早，学业优绩主导了儿童的生活，五花八门的补习班成为许多家长的必备选择。随着知识积累的加快，儿童接触到的信息和内容已超出过去的范围，受到成人世界的影响。

数字技术和社交媒体进一步推动了这种早熟的发展，且往往游离于家长的控制或社会引导之外。儿童通过与数字设备的互动以及对成人思想和价值观的早期接触，加速了认知和情感的发展，重新塑造了青年期的起点。如今，许多 10 岁甚至更小的孩子已经在使用社交媒体，建立他们自己的线上社交网络，并发展出传统上仅仅属于青年期的情感和智力，如自我探索、寻找亲密同伴和对于权威的质疑与不屑。

在青年期的另一端，相反的变化正在发生。越来越多的青年有意识地推迟甚至避免向成年期的过渡，导致青年期不断延长。传统上的成年标志，如年龄（18 岁以上）、就业、经济独立、居住独立、结婚和组建家庭，已经被青年人重新审视和定义。一个最为显著的例子是，越来越多的年轻人推迟婚育，并对长期亲密关系持谨慎态度。出于对婚后财务状况的担忧、对亲密关系的怀疑、对婚外情以及育儿负担的恐惧，一些青年，尤其是女青年，将婚姻视为令人畏惧的陷阱而努力回避。

毋庸置疑，经济因素，如生活成本上升和不稳定的就业市场，显然是青年不想尽快成家立业的主要原因。此外，个人满足感的优先级超过社会期望也是同等重要的因素。个人幸福已经成为青年追求的核心人生目标。具有更强的自我意识，清楚地意识到成年期所带来的负担和责任，同时又获得越来越多的自主权和生活空间，当代青年缺乏进入成年期的急迫感和动力。这些变化是由青年积极主动地反思自己的生活选择，建构自己的身份认同，将内在自我置于社会期待之上的理性行为带来的。

2. 内在性转向

扩展青春的第二个特征是青年越来越关注自己的内在生活，这被称为内在性转向。内在性指的是个体的内心体验，包括思想、感受、欲望、记忆和自我反思。它与外在性相对，后者涉及行为、行动和与他人的互动。内在性转向已经成为当代世界一个重要的文化趋势，强调个体的主观性、个人情感和内在体验。它代表着与以往更加关注外在、集体和物质因素相比的一种激烈变革，与全球范围内的个体化进程紧密相关。

在当代中国社会，青年显然走在了内在性转向的前沿，表现为他们对内心和谐的强烈兴趣和努力追求。相比之下，70后和80后更倾向于通过外在成就（职业成功、物质财富、社会地位）来衡量成功，而今天的青年则优先考虑自我探索、心理健康和情感幸福。各种正念潮流、自我福祉实践和心理疗法的日益普及凸显了这一转变。青年越来越倾向于通过自我理解和成长来寻找意义，而不是通过外在的验证。许多人探索心理学，参与心理咨询，学习正念技巧，并调整他们的生活优先事项，以更有利于个体的心理健康和福祉。一个简单的例子是MBTI测试在青年中日益流行，越来越多的人将自己认同为内向型人格（i人）。他们以"社恐"自居，公开讨论非自愿的社会交往所带来的焦虑和恐惧，并寻找其他内向者以组成i人社交圈子。这些青年不再为缺乏社交技能而感到羞耻，反而因关注内在感受和自我而自豪。在注重人际关系的中国社会，内向型人格往往不受欢迎，个体如果拒绝介入人情往来的各种圈子便会冒犯所有相关人士，被视为不近人情甚至反社会而被边缘化。当代青年敢于自称社恐并为i人正名，在人情社会中开辟出一片新天地。

内在性转向提升了青年的自省能力，促使他们反思并挑战来自成人世界的价值观。围绕原生家庭的讨论就是这方面的一个例证。青年重新审视他们的童年经历，讨论合适的养育方式，并反思如果他们成为父母，应该做什么或不做什么。这既是疗愈的过程，也是一种自我启迪，而这是成年人无法提供的。怪不得许多青年声称要重新养育自己。与此同时，内在性转向使得当代青年的内心变得敏感、细腻和易受伤害，从而带来了许多心理健康方面的问题。

3. 青年主体性的丰富和封闭

受过良好教育、能够获取海量信息而且与虚拟环境中的无数同龄人保持紧密联系的当代青年，拥有更多的文化资本去做出自己的选择，追寻自己的人生道路，并重新定义了他们理想中的青春。虽然他们仍在学习、探索并为人生的下一个阶段做准备，但许多青年以自己的方式重新建构自己的青年期，优先考虑个人选择而不是社会期望。结果，青春变成了一个灵活、开放的过程，不再必须严格遵循所谓的"社会时钟"。

近年来关于内卷和躺平的公开讨论，代表了当代青年在偏离传统人生轨迹方面的激进举动。与前几代不同，当代青年在更广泛的生活背景中批判性地反思工作的意义、个体在家庭和社会中的角色，最终思考自己想要过怎样的人生。值得注意的是，他们自我开发出来的反思能力既可以导致对躺平的选择、对原生家庭和童年创伤的认识、对精神成长的追求，也可以导致其继续追求物质财富与事业成功。不论以何种方式，这种增强的自我反思能力都丰富了他们的主体性。

这种主体性的丰富直接导致了他们对传统人生路径和里程碑的日益怀疑。广泛流传的"人生是旷野，不是轨道"正好概括了他们人生态度的转变，其背后是一种对自发性、真实性和自由的深切渴望，以及对慢生活、极简主义和注重生活体验意义的强烈偏好。正如本书中的各篇文章所展示的，当代青年在参与公共和私人活动时，优先考虑个人体验，强调选择、独立、自由和共情（参见本书中讨论基层志愿服务、动物关怀、朋辈咨询和漆艺的文章）。值得注意的是，大多数青年意志的表达和自主的行动都发生在私人生活领域。在那里，青年拥有更多空间和自由去拥抱可能不被成年人接受的爱好、价值观和行为模式。青春的内涵越来越多地由青年自己创造，而不是从成人世界学习来的或被强加的。但是，同样重要的是，任何选择都不可能完全基于个体的自主性。国家、社会和市场的影响力从未退场或减弱。青年必须在多种力量的博弈之中找到自己的空间和自由，正如本书中的文章所描述的那样，资本、商家和市场调研公司与青年消费者的持续互动制造出"潮"的概念和"潮青年"的形象。

颇具讽刺意味的是，尽管当代青年正在拥抱内在性转向和挑战流行多年的物质成功主义，他们却发现自己的新价值观往往与经济现实相冲突。经济放缓、不稳定的就业市场和日益激烈的竞争使许多青年在理想与现实之间挣扎，例如，口中高喊躺平和放松，但实践中依然不得不为优化 KPI 而努力。更讽刺之处在于，许多当代青年由于缺乏经济资源和职业发展机会，在追求自由、独立和幸福的过程中离不开父母的支持。例如，拥有自己的住房——作为独立和成功的重要标志——对许多青年来说仍然难以独立实现，必须求助于父母和祖父母。

尽管一些青年选择了极简主义生活方式以便退出物质主义的竞争，但他们仍然无法甚至无意早日摆脱对于父母的依附关系。当然，随着父母年纪增长，青年必须肩负照料老人的责任，单向的依附关系变成相互依附而纠缠不清，并受到社会期望的强化而日益巩固。所以，许多青年表示他们更愿意保持单身，珍惜难得的青春时光，尽可能地延长青年期以便专注于个人幸福的获得和享受。

无法摆脱的依附关系使得当代青年选择在内心中与父母一代的成年人世界尽可能远地分隔开，以确保他们在享受父母保护和支持的同时，仍能保持自主权和自我身份认同。与前几代青年不同，如今的青年很少与父母一代的成年人争论或公开反抗他们的指令。他们干脆无视父母一代的成年人的意见——无论是批评还是表扬，因为他们认为父母一代的成年人无法理解他们的内心世界。他们更愿意独处，拒绝寻求父母的认可，有效地关闭了父母一代的成年人接触其内心的大门。数字技术赋予了他们通过特殊的语言和符号来与同龄人交流的能力，并建立起无须父母一代的成年人参与的同龄人社区。在线社区、电子游戏和沉浸式数字体验为他们提供了探索身份、发展新社交关系和表达自我的替代世界。

通过无视父母一代的成年人的意见、避免与父母一代的成年人的冲突以及将自己的追求限制在内心体验的范围内，当代青年巩固并发展了他们的价值观和文化。他们更多地转向同龄人社区和数字社区寻求支持与认可，而不是依赖父母、教师或领导等传统权威人物。这种转变突出地表明，今天的青年在社会角色和身份认同方面更加独立，以自己的方式定义自己，摆脱了老一辈的控制和影响。表面上看，代际冲突似乎已经消弭；但实际上，代与代之间的沟通鸿沟却加深了。父母一代的成年人在面对那些冷漠、自我封闭并通过数字技术增强了保护壳的青年时，常常感到无力和无奈。

4. 作为青春新动力的"她力量"

最后但同样重要的是，年轻女性在摆脱"社会时钟"之束缚，追求独立与个人幸福以及开拓青春新领域方面发挥了至关重要的作用。历史上长期处于边缘位置的年轻女性，在挑战现状、创造反映自身经历和意愿的青年期方面显然具有更强大的动力。通过反抗传统的性别规范和"社会时钟"，她们积极重塑青年文化，使其更加包容、多样化，并能代表更广泛的青年群体。

这在有关婚恋和生育的讨论中尤为显著。尽管许多当代青年推迟了建立家庭的时间，但年轻男性中的恐婚恐育者并不多见。因为他们在婚姻中得大于失，绝大多数男青年乐于在父母帮助下结婚成家，完成社会期待的使命。相比之下，年轻女性在婚姻家庭中要承担更多责任，从操持家务到维持家庭关系都要竭尽全力做到最好，更重要的是在养育后代方面必须扮演主角，达到高标准的母职要求。这意味着她们要牺牲个人的许多理想抱负，变成自己曾经不屑一顾或者唯恐避之不及的样子。浏览小红书等社交媒体平台上的帖子，很容易看到年轻女性对婚育的普遍焦虑和对告别青春、进入成人世界的恐惧。

在生活的其他方面，年轻女性积极引领文化潮流和推动社会变革。从生活方式变革、自我修养提升、正念学习，到参与各种志愿服务团体，女青年的身影无处不在，她们的影响力日益增强。通过社交媒体平台，她们倡导选择和自由，挑战性别角色，并促进社会公平正义，从而为扩展青春的定义拓展了深度和广度。如前所述，当代青年面临的一个困境是，他们中的多数人的人生目标——无论是精神上的还是物质上的——都无法在没有父母支持的情况下实现，这在一定程度上限制了他们对独立自主的追求。然而，年轻女性往往在成长过程中肩负帮助照顾家中老幼的责任，父权偏见下逆势生长的女性反而在追求学业、事业和个人幸福方面表现得更加有动力和自立能力。例如，根据 DT 商业观察、58 同城、安居客分别于2024 年初进行的市场调查，年轻未婚女性是 2024 年房地产市场上最活跃的买家。调查显示，超过 61% 的年轻未婚女性已购买了房产。35% 的女性买家没有求助父母，自己支付了首付款；这一比例在年轻未婚女性中上升至 45.5%。在小红书等平台上，关于女性婚前购房的讨论已吸引了超过1200 万次浏览量，许多评论者表示，房产所有权为女性提供了安全感，确保她们能够按照自己的方式生活。对于市场需求天然敏感的商家都在呼吁更多关注"她力量"，即年轻女性的力量，这绝非偶然。青年研究在这方面更无理由忽视如此重要的社会变迁力量。

综上所述，青年期不再只是一个从儿童到成年人的过渡阶段，而是成为独立、延展和丰富的生活方式与生命体验本身，我称之为扩展的青春。它在时间上更加灵活，在心理情感取向上更加深入、内倾而且偏重反思性，在内容上更加丰富、多元和流动，并且越发依赖和体现年轻女性的主体性。它与"社会时钟"的关联性日渐减弱，对既有社会观念的挑战会推动成年人进行反思。它的影响力很可能会超出青年群体的范围而进入由成年人主导的主流社会。

扩展的青春与传统的青年期在定义上有着显著的差异，以至于它的存在可能会被忽视或者被否认，其中的许多细微之处可能会被主流社会轻易地消解为不值得重视的一时狂热。幸运的是，本书中各篇文章的年轻作者通过生动且详尽的民族志描述，捕捉到了同龄人真实生活语境中的青春重塑过程。他们呈现了当代青年真实的感受、思考和行动，直观地展示了青年研究青年重塑青春的巨大潜力和魅力。基于这些新颖且发人深省的研究成果，我呼吁学术界应该大力鼓励青年学生和学者研究同龄人的青春体验与青年文化。年轻研究者的内部视角对于研究同龄人的生活体验具有不可替代的优势，能够发现和解释当代青年文化中既激进又细腻的诸多变化，同时对青年研究的既有范式提出挑战。这是一种新颖且有效的方式，注定会带来理论与方法的进一步创新。

最后，我想引用媒体报道的一个真实故事来结束本文，并再次强调青年的内部视角有多么重要。18 岁的女孩乔飞尔拍摄了 117 个人的手指茧的照片，其中许多人是她的朋友和同学。手指茧是由长期握笔的压力和摩擦而形成的。她用这些照片办了名为"塑形"的摄影展览。她解释说，在 12 年的学校生活中，她和所有同学都竭力成为别人眼中的好学生和好人，拼命形塑自己而不自知。手指茧是这一漫长形塑过程的微小象征，而就像这个形塑过程本身一样，这些茧已经被忽视，人们对手指皮肤的改变熟视无睹。令她意外的是，她的摄影展览迅速成为公众讨论的热点，促进了青年和成年人对自己人生经历的反思（参见罗芊《一个高中生和她拍下的 117 根手指》，《人物》2024 年 9 月 6 日）。

我的问题是，大多数成年人都有类似的经历，但为什么只有乔飞尔，一名 00 后女青年，能够从手指茧中看到形塑及其更深层次的隐喻？回到我关于鼓励更多年轻研究者突破现有青年研究范式的建议，如果他们的研究继续深入和拓展，将当代青年的内部视角带到社会关注的前台，扩展青春的价值和意义是否能够被成年人所理解？这种更平静、丰富但自我封闭的青年文化是否能够向成年人开放，从而促进更有效的代际沟通和理解？我相信这是极有可能的。为此，我也不揣冒昧地断言，本书的尝试很可能标志着中国青年研究一个新篇章的开始。

目 录 CONTENTS

导论 塑造中国青年的现代化力量与本土化路径   庄皓琰 / 001

第一部分 青年身份认同的建立   / 017

为何抢跑
——高校自主实习常态化探析   王若辰 / 019

工与艺的抉择
——青年漆艺师的职业身份认同   宁 进 / 067

"嗑 CP":青年女粉丝的创造性情感体验   许冠文 / 113

第二部分 青年阶层再生产   / 139

建构"理想青年"
——市场调研公司的广告生产   姜如璋 / 141

人类学、"做"田野与新精英的诞生
——对留学行业的观察   陈疏影 / 164

第三部分 青年自我探索   / 201

"角落里"的行动:草根大学生志愿服务组织的
自主性研究   李贝津 / 203

"形同质异":朋辈心理咨询项目在当代中国高校内的发展
——以 R 大朋辈心理咨询项目为例   杨欣蓉 / 230

"若即若离"的照护
——L 校动物保护社群的流浪猫照护研究   钟凯琳 / 268

导论　塑造中国青年的现代化力量与本土化路径

庄皓琰

中国人民大学社会学院讲师

1919 年，鲁迅先生在《随感录四十一》中写道："愿中国青年都摆脱冷气，只是向上走，不必听自暴自弃者流的话。能做事的做事，能发声的发声。有一分热，发一分光，就令萤火一般，也可以在黑暗里发一点光，不必等候炬火。"这段经典的话反映了彼时中国社会对于青年有极高的期待，在中华民族面临危难的时刻，青年被认为是推动国家和社会变革的人才与希望，也被认为应该承担起其历史使命。这是中国首次出现"青年"这一社会范畴以及对于青年社会意义的讨论（陈映芳，2007）。以五四青年为代表的"激进青年"见证了 19 世纪末 20 世纪初中国社会第一次出现的代与代之间集体记忆的建构及传承危机，青年和代表传统的封建士大夫之间出现理念上的决裂，这一次决裂对中国历史的发展产生了深远影响。而第二个可被称为理念决裂的时代，则是改革开放以来，青年的思想理念与其长辈相比发生了翻天覆地的变化，长辈的经验不足以为青年提供支持（周晓虹，2015）。因此，如果将新文化运动与五四运动以来青年社会范畴的确定和对青年意义的阐释视为国家和社会对青年的第一次创造，那么改革开放以来青年群体在思想理念、价值观念、行为方式上的变迁，则可以被视为新时代对青年的再造的结果。再造青年的主体力量在新的社会历史条件下变得更加复杂多元，除了国家力量之外，还包含市场、全球化、互联网以及青年自身等多主体的力量。今天的中国青年，与其五四前辈一样，站在新的历史节点上，将对中国社会历史产生重要的影响。而研究今天中国青年的面貌与特点，以及塑造中国青年的多元力量，对于理解中国社会变迁的脉络和未来发展的趋势具有重要意义。

将青年视为特定历史文化的产物进行研究具有独特的理论优势。青年，从字面意义上来说通常被认为是一个年龄群体，但是青年所代表的年龄阶段存在多重的标准，例如联合国将青年（youth）定义为15~24岁，而根据我国的《中长期青年发展规划（2016—2025年）》，青年指的是14~35岁。因此青年所代表的年龄阶段本身存在很强的弹性。在不同的历史时期和不同的文化中，青年所代表的年龄阶段有所不同。随着现代化的发展，青年和与其相对应的童年和成年之间的边界不断模糊。如果以生理标准——出现第二性征之后——来定义青年，这一标准也在发生变化。随着营养水平的提高，孩子的第二性征出现得越来越早，进入青年阶段的时间也在提前。此外，法律意义上的青年也是具体社会和历史时期的产物，并没有统一的标准，性别、阶层、种族是影响青年定义的变量（Tebbutt，2016）。因此，仅从年龄的角度理解青年缺少对于具体社会文化情境下青年行为和思想意识的理解。而将青年视为具体社会文化当中不同力量共同作用的结果则可以更清晰地展现青年群体的样貌，将青年与更广阔的社会文化结构联系起来。

《再造青年：人类学社会学论集》，是中国人民大学社会学院近年来8名硕士研究生和本科生的学位论文合集，这些学生从中国青年的主位（emic）视角，探索中国社会在改革开放40多年间青年再造的多元力量，以及多元力量之间互动视角下青年的回应与姿态。传统的结构性力量，如国家和家庭，与新生的力量，如市场、互联网和青年自身，是如何交互作用，产生了当下青年群体的群像？青年群体作为被塑造的主体，是如何认识自身、建立身份认同的？阶层在中国社会通过怎样的机制产生作用？在新的社会结构和能动性的共同作用下，当下的中国青年又做出了怎样新的探索？这些问题是这本论文集将要讨论和回答的问题。

　　青年的主位视角，即青年自己研究青年，这是本论文集最大的特色和贡献。青年研究者"把自己作为方法"（项飙、吴琦，2020），进入青年的田野，研究青年自身，发出属于青年自己的声音，具有三重理论和经验优势。第一，青年作者们选取了中国青年最切身的话题切入，讨论了就业选择、消费行为、学生组织以及情感体验等既包含青年广泛参与，又引起全社会重视和讨论的问题，展现了当代中国青年丰富的生活实践、思想意识和身份认同。第二，青年作者们对青年切身的问题提出了独特的文化阐释，青年漆艺师为什么更认同工匠而非艺术家身份？青年学生的实习风气是如何演变的？青年嗑 CP 究竟为何？暑期学校和夏令营究竟是如何运作的？"潮"青年是如何被塑造出来的？青年作者们从传统文化、市场规则、全球化等多个视角揭示了当前形塑青年文化的多元力量交融。第三，青年作者们做出了青年对自身处境的思考并进行了探索，青年的问题需要由青年来回答，本论文集展现了青年如何反思和认识自身的生活状态，以及可能的探索方向，对于青年群体和公众来说具有理论和实践的启发意义。本论文集的精彩研究为理解当代中国青年提供了宝贵的一手民族志资料和理论启迪，对于学界和公众认识与理解中国新一代青年群体的生活和精神状态，以及青年的发展与社会变迁轨迹具有重要的理论和现实意义。

　　青年是现代化过程和历史文化相结合的产物，要理解当下中国再造青年的多元力量的复杂性及其重要意义，需要从西方兴起的现代化过程和中国近代以来的历史文化入手。这种跨文化的和跨历史的比较更有益于理解当代中国青年遭遇的普遍性和特殊性问题，也有助于理解本论文集所展现的青年生活的复杂面向。塑造青年力量的多元化是现代化发展普遍的结果，但是中国的多元化过程则包含了本土文化和社会变迁的过程。在西方社会，青年文化经历了从以阶级为主到受多元因素影响的过程，这种过程在当代中国社会同样存在，但是遵循的是从民族国家到多元文化的过程。本文对中西历史文化塑造青年力量做简要综述之后，将本论文集的研究置于当代中国社会变迁的背景下进行讨论和理解，从身份认同、阶层再生产和青年自主性三个方面综述本论文集中的所有研究。

身份认同、阶层再生产和青年自主性：
在中国文化中理解中国青年

西方青年身份的确立是教育工作制度改革和阶级互动的结果。随着现代化的推进，儿童的经济功能逐步下降，社会对儿童教育的需求上升。中产阶级的教育模式开始在全社会普及，带动工人阶级儿童进入学校。由此，一个儿童在学校单独接受教育，为成人阶段做准备的人生阶段出现，即青年阶段（Tebbutt，2016）。由于青年的产生和阶级具有密切关系，在青年进入研究者的视野、成为研究对象之初，研究者就从阶级的视角分析青年行为和青年文化。20世纪20~30年代的芝加哥学派作为研究青年文化的开端，认为青年文化是对美国工人阶级青年边缘化的社会地位的反映，工人阶级青年要建立一个另类的青年团体和身份来挑战主流的中产阶级标准。之后的英国伯明翰学派沿袭了芝加哥学派的这一思路，研究工人阶级青年亚文化，将青年亚文化视为工人阶级对资本主义的反抗，以此来建立身份认同和创造性地抵抗统治阶层文化（Carrington & Wilson，2002）。

青年研究的阶级视角在后现代理论家当中遭受很多批评，他们认为阶级概念过于宏大，忽视了地方文化差异，因此后现代理论更强调个体。在20世纪80年代之后很多新的社会团体的出现是跨越阶级的，不同经济和社会地位的人群出于相同的兴趣爱好或者消费喜好凝聚在一起，这在音乐艺术消费方面尤其明显。青年不再强调阶级身份，而是强调通过消费建立起来的消费群体身份。因此之前基于阶级差异形成的青年亚文化已经不足以解释后现代青年群体的组织方式，后现代青年的身份认同更加灵活、动态和碎片化。这种个体转向受到了众多批评，众多学者指出现代性好像让社会生活中的集体身份的基础变得不重要了，但其实集体身份依然严重限制着个人的发展和选择，这种限制体现在就业、教育、住房、家庭关系等多个方面（Furlong & Cartmel，2007）。

这种关于阶级塑造青年力量的争论，体现出来的是塑造青年力量的多元化。这个多元化的结果，第一是身份认同在个体化的时代，对青年来说变得更加重要，青年能够建立身份认同的资源增多，除了阶级之外，消费、流行文化、网络社区等都成为青年建立身份认同的资源；第二是阶级依然在发挥重要的作用，限制着青年的选择和发展机会；第三是青年有了更多创造性地建立生活方式的机会，青年的自主性得到增强。这些变化是西方现代化过程带给我们的经验，具体到中国社会，中国青年群体也经历了现代化过程带来的变迁，但是中国青年的身份认同、阶层再生产以及青年自主性带有中国历史文化的特色。

中国青年自产生之初就嵌入民族救亡图存运动当中，青年由于受西学的影响较大而受传统礼教的束缚较少，被赋予了改变国家和民族命运的使命，并且在中国革命和新中国建设过程中发挥了巨大作用。因此，中国青年在中国的社会和文化语境中，始终是超越单纯的年龄群体的存在，代表着希望和能量。让青年释放自身能量的方式，在改革开放以后发生了巨大的变化，国家不再是塑造青年力量的主导者，市场、互联网、就业、教育以及青年自身成为塑造青年力量的主力。从这个意义上来说，西方青年发展的脉络和中国青年自身的历史脉络在当今中国青年身上出现了融合，今天中国青年所面临的机遇和受到的限制，是在一种全球化青年文化和地方化中国社会当中产生的更为激荡的结果，因此有着更具吸引力的研究价值。

中国青年的身份认同、阶层再生产和青年自主性，具体表现在中国青年的"存在主义危机"方面，即青年在寻求"我是谁、我从哪里来、我到哪里去"这经典的哲学三问的解答。本论文集中的 8 篇论文从不同角度切入，讨论了这三个维度的问题。本论文集第一部分讨论"我是谁"的问题，即青年人的身份认同。这部分的三篇文章从职业身份、就业市场和情感关系讨论了青年建立身份认同的方式。第二部分讨论的是"我从哪里来"，这部分的两篇文章讨论的是青年阶层再生产的过程，分别从暑期学校和市场调研公司的角度展现了精英阶层如何通过教育制度和消费再生产精英主义的青年形象。第三部分讨论的是"我到哪里去"的问题，这部分的三篇文章讨论了高校青年组织在志愿服务、心理咨询和动物保护方面的探索。不同的青年组织有策略性地选择与行政资源合作来获取组织的合法性和灵活性，更好地推进组织的目标。这些探索体现了青年对于人生意义多样性的追寻和讨论，极大地扩展了人生的边界。我在接下来的部分从三个方面展开对本论文集的引介，对文章的分类仅出于引介方便，不代表每篇论文的主题仅限于单一分类，每篇论文都展现出不同维度的力量在再造青年过程中的复杂动态。

传统文化、现代市场、舶来文化：
青年个体认同的物质与情感基础

我是谁，或者说我想要什么，是青年时常自我反思的问题，这体现的是青年对于身份认同的需求。吉登斯在《现代性与自我认同》一书中认为后现代创造了自反性的个体，这是后现代的重要特征之一。在前现代社会人们会依据传统生活，而不会反思传统。现代社会中的人们对于任何事物都会反思，甚至反思本身也在被反思。个体在自反性的基础上建立身份认同，这需要自反性的个体能够感受到客观的存在、有限的存在、他人的存在以及自我连续的存在。在此基础上，后现代社会中的个体需要自己规划自己的人生，这离不开自我意识的觉醒和发展，还有对于命运的理解。吉登斯区分了 fate 和 destiny 的概念，destiny 是带有命定论色彩的，即个人无法左右自己的命运；而 fate 则是需要个人付出努力去决定人生的走向（Giddens，1991）。对于当代中国青年来说，身份认同建立在个体意识觉醒和自我反思的基础上，个体意识到需要进行自我人生的规划，去建立"自己的活法"，也即自身的 fate。建立的方式就是从现有的社会结构中汲取资源，同时也需要对现有的资源进行反思和改进，并以此为基础采取行动和建立身份认同。第一部分的三篇文章从就业和情感社群揭示了当代中国青年通过物质资源或者情感联系，建立自己的职业和生活，产生个体和集体的身份认同的路径。

职业身份赋予个体生存条件和身份认同，这离不开对自身职业的规划。对于当代中国青年来说，对于职业的规划从学生时代就已经开始了，实习经历和实习生身份对于青年就业变得越来越重要。王若辰的

《为何抢跑——高校自主实习常态化探析》讨论了高校学生的实习策略。高校学生实习的显著特点是实习的时间不断提前，实习对学生来说越来越重要。王若辰指出实习时间的提前，是由于就业市场向后福特式的灵活不充分就业转变，即对劳动力的要求变得临时化、外包化、招聘分散化，这些转变降低了企业的用人成本，对于企业的生存至关重要。而学生作为实习生的身份很好地满足了企业的这些要求，因此为了吸引更多的高校学生前来实习，企业也主动出击，为学生提供了更多实习机会。对学生来说，实习变得重要，这是因为高等教育和市场需要之间存在错配，即高等教育中的内容不符合就业市场的需求，因此学生需要通过实习额外培养就业市场需要的技能。学生受到学长学姐的影响，意识到尽早找到实习可以为自身就业提供试错机会。此外学校也在就业的指标下积极配合就业市场的要求，辅导员积极鼓励学生实习以提高就业率，甚至对于高校教师来说，他们不得不向学生的就业需求妥协。这些策略都让学生内化了实习这一就业市场的要求具有重要性。王若辰进一步指出实习时间提前不仅是学校、企业和学生三方配合的结果，也是三方博弈的结果。由于就业是双向选择的，博弈的结果是三方毁约率显著提高。因此对于企业来说，为了降低毁约率，会鼓励实习时间久的实习生转正，学生希望通过更久的实习经历来增加转正的机会并提高容错率，同时提高就业率对学校也有利。作为自反性个体，青年学生充分意识到当前就业市场的残酷竞争，以及自身可以通过实习获得的资源，在现有的高等教育、就业市场和国家政策之间策略性地谋取个人利益最大化，对自己的人生进行规划。这导致的结果就是实习生身份的重要性增强，实习时间变得越来越提前，甚至会影响学业。

个人的职业身份能够带来强烈的身份认同和集体认同，这种以职业为基础的身份认同在单位制下尤其明显。随着中国单位制的解体，职业带给个人的身份认同的影响减弱，但是并没有完全消失，反而是某些职业在年轻人身上又重新变成建立身份认同的基础。宁进的《工与艺的抉择——青年漆艺师的职业身份认同》讨论了后单位制时代职业如何影响青年身份认同。青年漆艺师依托对传统工匠身份的新阐释，并结合非遗文化和市场需求，形成了在工匠与艺术家之间灵活的身份认同，既谋取了个人的利益，也推动了漆艺行业的发展。青年漆艺师一般将自身视为工匠而非一般意义上地位更高的艺术家。青年漆艺师所认同的工匠身份的含义已不同于传统的百工，其一方面强调技术的重要性和基础性，以及漆器的实用性，这与传统的工匠含义相同；另一方面包含了在制作过程中对自然的尊重、对器具教化作用的发挥，即"器以藏礼"，以及实用性对人的观照，这是与传统工匠以及艺术家相区别的地方。因此工匠的内涵是远比艺术家丰富的。但是宁进也指出，随着时代变迁，青年漆艺师有更多机会通过制作器具进行个人理念的艺术表达，以及因自身作品为大众所熟知而被归入艺术家行列。出于扩大自身影响力的考虑，他们对于职业发展和自身形象的营造向艺术靠拢，因此青年漆艺师虽然自我认同为工匠，但是并不排斥艺术家身份。工匠身份有助于他们在艺术圈有独特标识。同时国家的非遗也给了青年漆艺师更多的资源和更广阔的舞台，让他们的职业活动和国家弘扬非遗文化联系起来，形成新一代漆艺师的独特职业环境，甚至对老一辈漆艺师产生了强烈的冲击。因此，青年漆艺师的身份认同呈现复杂的面貌，既有他们对于自身所从事行业的文化理解，同时又有现实的考量。他们强调两种身份不同的内涵，及其在不同的情境之中的灵活利用，以此来维护自身利益和扩大漆艺的影响力。

青年不仅通过工作获得物质满足，也追求情感的满足和认同，并且外来文化成为重要的情感来源。许冠文的《"嗑CP"：青年女粉丝的创造性情感体验》是对青年通过对外来文化的吸收借鉴而产生的新型情感亲密关系及其带来的群体认同的研究。许冠文研究了"磕CP"的青年如何通过感知CP的人设与性别、通过想象来进行CP故事创作，以及基于自身的亲密关系经验对CP关系进行诠释这一系列的实践。在一系列实践过程中，青年会基于共同的兴趣形成趣缘群体，建立起集体身份认同。情感因素，尤其是青年自身的情感体验是最核心的因素，在磕CP过程中，CP的情感真实与否并不是青年所看重的，青年能否从中切身感受到"上头"、情动以及与自身情感经验的共鸣，这种体验的真实性是最重要的。而嗑 CP 的情感体验体现了一种"羁绊"。"羁绊"一词来自日语，它不同于已有的异性恋、爱情、亲情、友情等社会规范的情感，而是一种临界状态，代表了一种新的亲密方式，它可以发生在任何群体之间。构建 CP、寻找"羁绊"，体现的是青年对新型亲密关系的探索与情感边界的拓展。许冠文认为 CP 带来的情感体验是和个体情感经历共鸣产生的，体现了一种对于最纯粹情感和亲密关系的追求。很多 CP 是青年自己创造的，他们依据人物的人设和性别创建联系，对 CP 进行个性诠释，并强调由此带来的感官和身体的愉悦状态。通过 CP 创造和诠释，青年也可以吸引一批同好，由此形成趣缘群体和群体认同。这种青年自己创造的 CP 和趣缘群体，是对工业化娱乐方式的反叛和挑战。

教育与消费：精英阶层的再生产

我的生活为什么是这样的？这是青年思考自身生存现状时常问的问题，体现的是阶层的再生产。消费是一个阶层再生产的重要场域。如前文所述的西方学者针对后现代社会变迁的争论，消费既产生一种超越阶级的影响青年身份认同的作用，又受到阶级的强烈影响。姜如璋的《建构"理想青年"——市场调研公司的广告生产》讨论了一个商业性的市场调研公司如何为市场塑造青年形象的过程，强调的是消费市场通过广告生产引导青年消费，进而对精英主义青年进行再生产的一面。姜如璋指出市场调研公司为了满足甲方商业公司的要求，在广告中塑造了某些青年形象，但是这些青年形象其实是存在虚假性和欺骗性的，与现实中青年的状态有很大出入。姜如璋发现这些青年形象存在共性，都被市场调研公司冠以"潮"的品质，为提高目标商品销量，市场调研公司需要将商品与某种青年流行文化结合，因此"潮"青年的形象是文化持有者和目标商品消费者的综合体。通过形象界定、形象找寻和形象塑造，市场调研公司确定目标商品的青年文化领域，并在该领域中找到一些具有某些文化属性的青年个体，通过他们的叙述，将他们的品质融入广告中的"潮"青年形象中。市场调研公司以此向甲方证明它们的设计方案符合青年潮流，可以为甲方的商业项目带来盈利，但在以盈利为目标的前提下生产出的青年形象是经过刻意刻画和筛选的精英主义青年形象。与此同时，市场调研公司还改造了相关社会学和人类学的调研方法用于商业研究，在快节奏和强结果导向的广告设计项目中，这些方法呈现与学院派方法十分不同的面向。总而言之，市场调研公司塑造青年形象的目的，是刺激消费，是一种精英主义青年再生产的"商业装置"。

　　除消费之外，教育对于阶层再生产也有重要作用，这是保罗·威利斯在《学做工：工人阶级子弟为何继承父业》中所强调的。在对中国高校学生进行观察和研究后，威利斯认为同样的再生产过程在中国的教育中也存在（Willis，2020）。陈疏影的《人类学、"做"田野与新精英的诞生——对留学行业的观察》描绘了人类学田野营和暑期学校项目，作为跨国教育流动的基础设施，从"制造流动"演变为"制造精英"，即从之前的仅仅包装留学生的简历到开始全方位地包装培养符合国外学校要求的留学生的过程，这种演变体现了教育全球化之下中国青年对于精英教育的想象。田野营和暑期学校项目一开始是为了引进国外博雅教育理念，举办一些适合中学生的融合教学科研的活动，从而改善国内教育现状。但是这些活动并没有完全达到理想的目标，组织者和学生只是和当地产生了"悬浮式的关联"而并没有真正进入当地人的生活。但是对于学生而言，一方面，他们获得了体会西方教育模式和教育理念，进行学术活动的体验和想象；另一方面，他们获得了申请留学的筹码。因此这些田野营和暑期学校项目在发展过程中被留学中介收编，留学中介为活动提供资助，活动组织者为留学中介介绍来的学生提供服务。整个田野营和暑期学校项目就变成给准备出国留学的中学生增加简历内容的途径，在这个过程中，组织者和留学中介产生越来越紧密的合作，制造出了具有某些个性特质的学生，比如彰显自身的个性，开放多元、自信成长和具有反思批判的精神。这些个性特质其实是被留学市场和西方名校所形塑的，学生、留学中介和活动组织者共同迎合了西方标榜的价值观。陈疏影使用布迪厄的资本的概念，指出人类学田野营和暑期学校项目看似在教育青少年，实则强化了阶层之间的区隔。这是经济资本和文化资本之间隐秘的转化机制，它并没有实现其所声称的博雅教育的目标，反而产生了更多的排斥，是一种精英阶层的再生产。

志愿服务、心理咨询与动物保护：青年自主性探索与实践

精英阶层的再生产塑造了精英青年的幻象，这些幻象在影响着青年对于自身生活的想象。正如"后现代性谬误"所揭示的，个体受教育机会的增加所带来的个体选择的增多和阶级跃升的感觉是让青年产生阶层错位的原因。很多青年陷入被塑造出来的"精英阶层"的幻象当中，盲目追求精英主义的生活，导致巨大的经济压力和精神焦虑。青年如何应对教育和市场带来的巨大压力，如何寻求精英主义之外的价值和身份认同，则是青年研究另一个重要的主题。青年可以有更多选择"自己的活法"的可能，也进行了很多的探索。本论文集中的三篇论文从大学生志愿服务、心理咨询和动物保护社群三个角度描绘了青年探索生活的新型实践，体现了青年对于个体的社会意义、心理健康和人与自然关系的新的理解。

王斌（2014）对新生代农民工做志愿者的研究表明，个体化的需求并不完全是利己的，也会产生利他的效果。在参与志愿活动的时候这些新生代农民工都是有着个体的考量的，他们追求自身的利益（经济收益、社会身份等），但是这和社会利益却是并行不悖的。当青年有更多的选择的时候，会有很多青年选择做志愿服务，在服务他人的过程中实现自身的价值。李贝津的《"角落里"的行动：草根大学生志愿服务组织的自主性研究》讨论了草根大学生志愿服务组织如何保持"角落里"的位置，以此来保持自身的自主性，更好地服务流动儿童。"角落里"所指代的是对弱势群体的关注，是保证社会有足够的连接性，进而夯实公共性的基础（冯仕政，2021）。李贝津的文章所描述的草根大学生志

愿服务组织，一方面服务于流动儿童这个"角落里"的群体，另一方面自身也处于志愿服务组织的"角落里"。它们缺乏政府部门的支持和信任。但是它们保持这种"角落里"的地位，为的是获得更强的自主性，这种自主性需要在行动中创造并维系。它们通过强调非功利、平等和专业三条原则，保持自身的高水平服务，为自身的自主性奠定基础。同时志愿服务组织"自甘边缘"，与团学组织等"合作而不合并"保持自主空间，策略性地积极配合学校要求来获得资助，以及通过自身的专业性获得社会支持，实现"以专业换自主"。草根大学生志愿服务组织的这些策略，体现了青年对志愿服务模式的积极探索，以及一种利他的价值观。选择投身于志愿服务的大学生，通过自身的探索兼顾了个体和社会的利益。

李贝津揭示了学生组织与行政体系之间若即若离的关系，杨欣蓉的《"形同质异"：朋辈心理咨询项目在当代中国高校内的发展——以 R 大朋辈心理咨询项目为例》则展示了高校学生在将美国高校"朋辈心理咨询项目"本土化的过程中，与学校行政体系深度合作的探索。深度合作在带来资源和合法性的同时，也会带来困境。"朋辈心理咨询项目"依靠同龄人之间的心理咨询服务来帮助高校学生解决心理问题。这种朋辈心理咨询模式起源于美国，后被引入中国。在进入中国之后，"朋辈心理咨询项目"经历了本土化的过程，即作者所说的"形同质异"。形同指的是"朋辈心理咨询项目"在国内的开展和美国采用相同的形式，都需要系统的培训课程、完整的心理咨询师的选拔流程、实务小组讨论和模拟咨询练习等训练形式，目的是在达到助人的同时，也有自助的效果。质异指的是"朋辈心理咨询项目"在国内高校落地，必须被纳入高校行政体制中。不同于美国的学生自治组织，"朋辈心理咨询项目"在中国属于校级学生组织，依托学校的行政资源获得合法性，同时必须服务于学校的行政工作。这种对学校的"制度依赖"导致对于"朋辈心理咨询项目"的绩效评价出现了变化，即其评价指标不仅仅是助人和自助的效果，还包括能否完成学校下发的行政任务，能否为学校的活动开展提供服务。对于项目本身而言，其运行过程中存在一些水土不服的问题，青年同辈之间担任咨询师可能导致阅历不足的问题。心理咨询培训的专业化和心理问题在中国文化中的污名化导致学生对"朋辈心理咨询项目"产生疏远情绪，反而是心理咨询师以朋友的身份出现能更好地服务学生。高校青年在探索"朋辈心理咨询项目"的本土化方案，在推进"朋辈心理咨询项目"落地中国的同时，也在努力寻求与中国高校体制的协调。

青年的探索不仅体现在与他人的关系上，也体现在与非人类的关系上。钟凯琳的《"若即若离"的照护——L 校动物保护社群的流浪猫照护研究》则关注青年对于非人类群体，即流浪猫群体的照护，这是青年对于新型的人与自然关系的探索实践。钟凯琳研究了高校的动物保护社群和居民照护流浪猫的实践，指出流浪既是猫自然天性的结果，更重要的是人类不负责任的养育行为的后果。在照护实践中，考虑到不是所有的流浪猫都会亲近人类，志愿者采用的是最小干预原则，在一些隐蔽的地方设置固定的喂食点，既满足流浪猫的需求，又解决流浪猫对人类社会的干扰问题。但是在是否绝育、如何提高猫的健康水平以及控制流浪猫数量等问题上动物保护社群内部充满着张力，绝育不符合猫的需求，而不绝育则会导致流浪猫泛滥，影响人类生活。作者认为动物保护社群的志愿者在思考这些问题时，一定程度上挑战了人类中心主义，在探索更好的人与动物相处的模式。动物保护社群体现了青年的能动性正在扩展到人与非人类的关系上，青年在积极探索新的人与自然的关系，体现了青年对于人类社会和自然种群的责任感。

青年积极的探索和丰富的想象力总是蕴藏着变革社会的能量，新时代"世俗青年"获得了更多的选择，他们的实践和探索也在不断挑战着习以为常和拓展人们想象的边界。本论文集中的上述三篇文章展现了青年对底层的关注、对心理健康的重视和对人与自然关系的想象的探索，并拓展了生活的可能。青年的自主性构成了其构建自身的一种力量，青年根据自身的兴趣和价值观结成青年组织，推动了公共性和个体自身的双重发展。这种自主性的力量是当下中国社会青年力量多元化的重要体现，是对于现有的社会框架和精英阶层再生产力量的重要补充，也是新一代"世俗青年"能够与自中国青年诞生一个多世纪以来的前三代青年——"激进青年""革命青年""造反青年"产生断裂的一种重要内涵（周晓虹，2015）。

结论：在多元与变迁中理解青年

青年是现代化过程中处于未成年与成年之间的一个人生阶段。在西方，青年是伴随着教育、就业、生活方式和个体独立性等多方面的社会变迁而出现，并通过中产阶级逐渐向工人阶级扩展的现象。因此在西方最早进行青年研究的芝加哥学派和伯明翰学派非常重视阶级视角中的青年作用，不同的阶级呈现不同的青年文化，部分被称为青年亚文化。青年群体的出现也推动了社会变革，开始有专门针对青年群体的法律保护和政策支持。二战之后西方青年文化呈现更多元的色彩，生活方式、消费方式、个体理念等都成为塑造青年行为方式和青年文化的力量，而旧有的阶级也没有完全退场，整个青年文化呈现多元力量交织的场面。青年需要在风险当中做出自己的选择，他们获得了选择的自由，但是也承担了选择的义务，如列奥·施特劳斯所说，无限制的自由的另一面就是选择的无意义（转引自 Bauman，2002: xvii），想要选择有意义，代价就是不自由和没有安全感，而这则决定了个体的命运（Bauman，2000）。

本论文集中收录的论文，是研究中国青年在全球现代化趋势和中国社会与文化在地化多元互动的一个初步尝试。8 篇论文从不同的侧面生动地展现了全球现代化过程中，塑造青年多元力量的中国版本，呈现了远比中国改革开放之前由国家主导的青年塑造过程更为复杂的青年的图像。中国青年，一方面立足于中国的传统文化、社会现状、阶层差异产生独特的身份认同、行动策略和探索实践；另一方面又积极借鉴外来文化，与本土实践相结合，产生新的身份认同和社会实践的路径。这些青年的实践挑战了人们习以为常的观念（例如亲密关系和社会联结方式），蕴含着巨大的进一步推动社会变迁的能量。因此本论文集对于研究当代中国青年、中国社会变迁以及中国青年研究的自主知识体系具有重要的理论和现实意义。从方法论的角度来说，本论文集展现了青年研究的主位方法，青年作者们通过"将自己作为方法"，极大地拓展了青年研究的理论和实践意义。对于学界来说，青年研究的主位方法补充了青年研究的"第一人称视角"，将青年最为关切的问题、青年对自身行为和思维的阐释以及对自身的反思和探索引入青年研究，丰富了青年研究的视野，拓展了青年研究的理论边界。对于公众来说，青年研究的主位方法让非青年群体更加理解青年，达成不同社会群体的互动和相互理解与包容。对于青年自身来说，青年研究的主位方法让青年发出自己的声音，激励更多青年关注自身生存现状，做出新的思考，成为青年文化积极的建设者。因此本书从理论层面、实践层面和方法论层面都是对青年研究的丰富和探索，旨在与学界和公众及更广泛的群体进行对话和交流。

值得注意的是，从阶层的角度来说，本论文集主要的关注点在中产阶层青年的生活和探索上。从积极的角度来说，中上阶层青年的生活方式和价值观念蕴含着社会变迁的动力，对于中上阶层青年生活方式和价值观念的研究对于理解中国社会变迁具有重要意义；从消极的角度来说，对于中国社会的"角落里"仍需要加强关注，"角落里"青年的生活方式、思想观念、探索实践有着与中产阶层不同的表现，例如田丰和林凯玄（2020）对于三和大神的调查就呈现一种不同于中产阶层青年的青年生活状态。因此要全面地理解当代中国青年，需要更多的阶层视角。此外中国青年所关注的"存在主义危机"问题，即个体意义问题，也在很大程度上和阶层有关，这就留待日后更多的理论和经验研究。

参考文献

陈映芳，2007，《"青年"与中国的社会变迁》，社会科学文献出版社。

冯仕政，2021，《社会治理与公共生活：从连结到团结》，《社会学研究》第 1 期。

田丰、林凯玄，2020，《岂不怀归：三和青年调查》，海豚出版社。

王斌，2014，《个体化的助人者：新生代农民工从事志愿服务的动机分析》，《深圳大学学报》（人文社会科学版）第 1 期。

项飙、吴琦，2020，《把自己作为方法》，上海文艺出版社。

周晓虹，2015，《中国青年的历史蜕变：国家与社会关系的视角》，《江苏社会科学》第 6 期。

Bauman, Z. 2000. *Liquid Modernity*. Cambridge: Polity Press.

Bauman, Z. 2002. "Individually, Together." In *Individualization: Institutionalized Individualism and Its Social and Political Consequences*. xiv-xix. Beck, Ulrich and Beck-Gernsheim, Elisabeth. London and Thousand Oaks, CA: Sage Publications.

Carrington, B., & Wilson, B. 2002. "Global Clubcultures: Cultural Flows and Late Modern Dance Music Culture." In M. Cieslik & G. Pollock (eds.). *Young People in Risk Society: The Restructuring of Youth Identities in Late Modernity*. pp.74-99. Aldershot, UK: Arena.

Furlong, A., & Cartmel, F. 2007. "The Epistemological Fallacy of Late Modernity." In *Young People and Social Change (2nd edn)*. edited by Andy Furlong and Fred Cartmel. pp.138-144. Buckingham: Open University Press.

Giddens, A. 1991. *Modernity and Self- Identity: Self and Society in the Late Modern Age*. Stanford: Stanford University Press.

Tebbutt, M.2016. *Making Youth, A History of Youth in Modern Britain*. London: Palgrave.

Willis, P. 2020. *Being Modern in China: A Western Cultural Analysis of Modernity, Tradition and Schooling in China Today*. Cambridge: Polity Press.

第一部分

青年身份认同的建立

为何抢跑——高校自主实习常态化探析 – 王若辰

工与艺的抉择——青年漆艺师的职业身份认同 – 宁　进

"嗑CP"：青年女粉丝的创造性情感体验 – 许冠文

为何抢跑

——高校自主实习常态化探析

王若辰

中国人民大学社会学院 2022 届硕士毕业生

引　言

对于高校的学生来说，实习重要吗？答案是肯定的。2019 年全国高校毕业生就业状况抽样调查显示，超六成毕业生于在校期间参与过实习，实习经历被视为影响就业结果的重要因素[①]。其中更有甚者，不惜花费数万元来购买大厂实习证明，只为简历上能有一段有"含金量"的实习经历[②]。

实习为何如此重要？或许我们可以从我国的教育传统和现实的结构性因素中寻找答案。我国的教育自古以来就带有一定的功利主义色彩，儒家文化重视教育，崇尚的是通过读书获得成功、实现向上的社会流动。这种思想延续至今，从《论语》中的"学而优则仕"到近些年来社会上关于"读书无用论"的争议，无不反映出人们对于教育回报问题的关注。劳动力市场作为学校的下一站，个体得到其认可，是影响教育回

---

① 根据调查结果，不同学历层次毕业生在校期间有实习经历的比例分别为专科 68%、本科 61%、硕士 54%、博士 29%；将影响就业结果的因素按 1~4 赋值（最不重要为 1，最重要为 4），工作能力强（3.47）、具有相关的实习经历（3.44）和实习经历丰富（3.41）是毕业生认为的影响就业结果的最重要的三个因素。

② 详见《谁在编织大学生有偿实习暗网》，https://www.36kr.com/p/1020012794839815，最后访问日期：2022 年 1 月 4 日。

报的关键因素。毫不夸张地说，如果学生在毕业后能够找到一份称心如意的工作，那么便是对这十几年寒窗苦读的最好总结。

随着改革开放后社会主义市场经济体制的确立，劳动力市场得到了发育和成长，先赋性因素逐渐被以专业技术和能力为代表的自致性因素取代，成为影响职业获得的重要因素。与此同时，为了适应现代化建设和市场化进程的需要，高等教育的招生和就业政策随之调整。高校扩招在短时间内迅速增加了高素质劳动力的供给，就业政策由"统分统配"向"自主择业"的过渡进一步加大了就业压力。

在教育传统和现实背景的双重挤压下，大学生于在校期间自行寻找并参与校外实习开始变得越发普遍起来，实习地点甚至在一定程度上成了学生攻读学位期间的"第二校园"。这一趋势具体表现为，学生参与自主实习的单次时长和总时长在不断增加，参与时段不仅局限在毕业前夕或大型校园招聘之前的寒暑假，日常学期中的学习及课余时间也开始被利用起来。甚至在低年级学生中出现了"入学即实习"的现象①。这便引出了本文的核心关切：在学生由高校向劳动力市场过渡的过程中，自主实习在传统的教育文凭之外发挥着怎样的独特作用？又是如何在教育与市场边界变动的过程中，形成了一个相对完整且能持续运转的系统？这有待我们加以关注并做出解释。

为此，本文以985高校人文社科专业学生的自主实习为研究内容，采用质性方法，对其中涉及的用人单位、教育机构和学生的行为逻辑与互动过程予以关注，探究实习制度得以常态化运转的原因及结果，为高等教育市场化和劳动力市场不稳定化背景下教育与市场的平衡问题提供理论和经验支撑。

一 缓解错配问题：有文凭为什么还要实习

长期以来，高等教育始终在劳动力市场中占据着重要位置。接受教

---

① 详见《秋招想要拿到大厂offer，一共需要经历几轮面试》，https://wap.peopleapp.com/article/rmh23133173/rmh23133173，最后访问日期：2022年1月15日。

育能够提升个人能力，是就业市场考察应聘者的重要依据（Bills et al.，2017）。但受到高等教育历史特点和现实结构性因素的限制，高等教育与市场需要之间存在一定的错配。在买方市场的推动下，区别于传统课堂教学的实践性教育手段逐渐得到了发展，实习逐渐从高校教育体系中的辅助性部分，转变为由高校、用人单位和学生共同参与的，向劳动力市场过渡的"必经之路"，这便产生了需要解释的新问题：作为学生在校期间接受的教育培训，实习如何解决当下高等教育与市场需要间的错配问题；而相比于教育文凭，实习又发挥了什么特殊的作用。

1. "垫脚石"：严格标准与复杂情景

在参与实习之后，绝大部分学生评价，实习中所面对的工作环境与其过往的日常校园生活环境相去甚远，虽然有些技能在过往经常被使用，但将这些技能复用到工作之中时，或多或少面临着"水土不服"的状况。

其中一个比较典型的例子就是演示文稿（PPT）的制作。一般情况下，在教学中都会涉及课堂展示环节，学生需要阅读老师指定的内容后制作演示文稿，并在课上进行讲解。鉴于其在众多课程中的普遍性，绝大部分学生都能熟练应对演示文稿的制作。在实习之中，也有一部分工作是根据上级需要对现有材料进行整理，从中提炼逻辑主线，合理安排材料内容并进行汇报。这一工作内容与课堂展示十分相似，经过多次锻炼的学生，理应能够相对从容地应对这一工作内容，但现实结果却往往不尽如人意。

我实习中最大的收获就是重新学习了做PPT。老板会特别细致地检查每一个细节，100多页的PPT，有些标题和内容板块在前后页面上的位置有很小的差别，放在大屏幕上根本看不出来，而他会去看那个位置的数值，然后让我重新调整。再一个是他会很清晰地指出我整体布局上的不足，然后给我一些十分具体的建议。比如同样是一页内容，应该分成几个功能区，每个功能区大致的范围和内容是什么，大致应该通过什么形式来展示，按照这些建议改完之后的效果确实比原来好很多。这就让我有种相见恨晚的感觉，觉得之前做的很多东西都是自己在那里瞎做，做完之后没有任何提升，草草了事。

——琪钰（ST04-20211116）

在学生看来，虽然校园环境提供了学习技能的机会，但没有给出关于技能的评价和衡量标准。学生仅在名义层面掌握了相关技能，但并不清楚自身的掌握程度，这在一定程度上暴露了有关高等教育质量的问题。作为学生教育的直接负责人，部分教师在课堂教学之中并不能对学生的课堂表现和提交的内容予以高标准、严要求，同时缺乏及时且有针对性的反馈。这造成的结果是，虽然学生在校园生活中频繁使用相关技能，但只是低质量的重复实践，难以获得具体的改进意见，精进与提升更是无从谈起，最终在进入工作环境后导致了"水土不服"的结果。

学校里很多人讲PPT总是严重超时，而且里面的内容很多都是自说自话，听完之后脑子一片混乱。后来参与实习才知道，原来里面有这么多门道，感觉自己原来都是浑浑噩噩的……在实习中逐渐学到，展示是要有逻辑和顺序的，要符合听众接收信息的习惯，面对不同的听众，相同的信息被赋予的权重可能完全不同。你首先要判断不同信息的权重，然后进行排序。而且对于信息的展示也有技巧，比如有些总结式的内容就更倾向于比较醒目的数据结果，有些比较前沿式的拓展内容就适合放入具体案例中，所以归根结底就是在学习突出哪些重点以及如何突出，而不是自己一下子把所有内容都铺开。在学校里是没有这方面的学习机会的。

——以轩（ST08-20211202）

与此同时，实习提供了更为丰富且复杂的实践情景，需要学生加以适应。举例来说，人际交往之中的沟通交流一直都被视为个体在社会生活中的必备技能。在校园学习和活动实践中，一个人是否敢于在人前发言，发言是否足够流利，发言内容是否逻辑清晰，经常被视为衡量一个人沟通表达能力强弱的通用标准，学生也会依照这一标准对自己进行评价。但是当学生参与实习后，上述认知逐渐发生了改变。学生们意识到，自己过去所奉行的相对一致的能力评价标准来自相对单一的校园环境，而在工作实践之中，对能力的评价和培养是复杂的，一成不变的通用模式难以立足，更多的是具体问题具体分析，在不同场景中的学习、积累和调整是十分重要的。

> 在公司里你是作为一个员工来跟上级或者其他同事沟通，这种在学校里面是完全学不到的。不管理论知识怎么讲，你都不知道在那种情况下该如何行动，这没有一个通用的标准，只能自己一点点去摸索……比如要去跟同事沟通进度，不能只把现阶段做了什么直接一股脑儿给人家，可能要有所保留，并且除此之外还要跟人家讲清楚工作之外的进度，下次工作沟通大概在什么时间，而且要去主动做，只有这样才能体现自己的积极性。不能让人家觉得是自己这边不太想做这件事情，这样会很不好，完成工作后得到的评价也会大打折扣……再比如说给其他同事提供帮助时，哪怕是上级要求的，自己在沟通的时候也一定要注意，不能让人家觉得自己是来接替对方的，而且在最终汇报工作成果的时候要尽可能降低自己的曝光度……我这个东西不是说放之四海而皆准的，可能换了一个部门，换了一个领导，不同的场景下说的话或者办事风格就截然不同，但有一点是相似的，就是这些的确都需要自己在亲身经历中去学习和积累。
>
> ——华鹤（ST10-20211118）

在多元且复杂的实践情景中，一个人的能力并不是看得见的清晰数值，不会因为增加或减少一个标准化模块就带来对应数值的变化。更多的是个体对于当时情景的判断，是结合目标、场合和参与人员，甚至是部门或企业文化所做出的综合性决断，在具体情境中见招拆招，并不存在可以一直复用的公式和模板。

当学生对企业与高校之间差异的认识积累到一定程度时，其便会对工作环境中的复杂性进行内化。在校园生活中，学生的主要任务是学习，这一任务主要由学生个体独立完成，对成果进行评价的方式较为单一，除了标准化的考试成绩外，便是来自授课老师个人的其他评价，这使得个体能够相对容易地对于任务内容进行分解和规划，在相对稳定且连续的状态下完成任务。但是在工作中，个体往往需要同时面对多个任务，在并行处理的同时，与其他团队成员的协作更是常态，项目内容也需要接受不同相关主体的评价，并结合不同利益相关方的要求随时进行调整，这使得任务完成过程中的不确定性增强。

　　学校里有一种一言堂的感觉，如果你想要拿一个好成绩，那你就要去观察这个老师的喜好，调整自己的论文风格和汇报方式，结合上课老师给到的例子进行模仿，不用考虑其他东西。工作中情况就不太一样了，你手头的很多事情都需要其他人的配合才能完成，成果也要接受很多人的评价。原来我可能比较习惯抓大放小，抓住一个重点做到八九十分，剩下的工作能达到五六十分，只要老师点头就可以了。现在不说每个方面都要100分，但至少都得是85分往上，方方面面都要兼顾到，这就很考验人了。

　　　　　　　　　　　　　　　　　　　　——德清（ST12-20211215）

　　工作中所涉及的不同利益相关者的多方需求，以及工作过程中的不确定性，逐渐通过实习的方式被带入学生的决策安排之中，促使学生在主观感知和客观实践层面做出调整。对于那些尚不能适应这一转变的学生，企业中的工作人员会对其做出"学生气过重"的评价，这一评价进一步证明了高等教育与市场需要间存在的错配，以及实习对于学生非认知层面的能力提升的重要性。

　　有很多学生身上的学生气很重，这对我们来说是贬义词。交给他一项工作，他可能只考虑怎么样把这个项目做到最好，要涵盖尽可能多的内容，每一个细节都要展开，但对于时间或者资源上的限制不太敏感，也不太考虑这个项目的其他合作方的需求。比如别人帮你来做这个项目，这对于人家手头的工作有什么帮助，你怎么样在项目上把与人家利益相关的内容加进去，而不是单纯地让别人来辅助你。学生气就是按照自己的设想，在那里很理想地去做，有点完美主义的感觉……这可能是学校长期训练的结果，学校里你可以选一个自己感兴趣的研究领域，哪怕做上个十年二十年都没问题。但是工作中需要合作，需要考虑多重因素，最后得到一个妥协的结果，从校园到职场是需要这样一个转变的，这很重要。

——雅珍（WL03-20211225）

从上述的分析中可以看出，高校学生仅凭学校教育培养的能力无法满足工作的需要。在这里，能力不再是固定指标下的绝对得分，也并非单一任务的完成情况。学生在丰富了对于能力评价标准的多元认识后，积累应对不同情境的经验，通过实践提升应对能力，调整自己做决策的逻辑，进而对于市场与教育间的整体性差异进行内化。通过实习这一"垫脚石"，学生得以借助文凭，更好地解决高等教育与市场需要之间的错配问题，使自己具备攀登职业阶梯的能力。

2."敲门砖"：匹配判断与共同话语

在能力提升之外，实习也发挥着重要的象征性作用。过往实习的数量、所在公司、具体工作内容和成果，不仅在简历上的位置相对靠前，并且占据着较大篇幅，甚至在某些情况下比院校和专业信息更为重要。这是因为，实习象征着应聘者对相关工作环境和技能更加熟悉，能够更快上手承担具体工作，是潜在的合格劳动力。同时出于竞争的考虑，实习也能弥补学校、专业在岗位匹配度上的不足，增加加分项。

如果简历一张纸都填不满，那肯定一开始就被刷了，高低得用几段实习经历把简历填满，不能太难看……我面试的岗位和学校里学的专业并不对口，如果只看简历上的学校和专业就没戏了，哪怕校园活动经历再丰富也没用。但是如果有相关的实习经历在那里，就相当于我的一个背书：虽然我专业不对口，但是我有能力做好这份工作。而且我面对的竞争者不仅是人家本专业的学生，还有学校和专业都比你好的。这就像考试一样，学校档次和专业这种是一门考试，你已经没办法改变了；实习就相当于第二门考试，你必须在这方面拥有足够多的经历，才能拉高这两门考试的总分，去增加胜算。

——道远（ST09-20220108）

多数学生虽然意识到了实习的重要性，但大多将其简化为数量的加总。这间接导致了短时间内参与多个实习的"刷简历"行为的存在。对于企业招聘工作人员来说，招聘工作的时间和人员有限，需要在前期按照一定的标准筛选简历。但实习经历无法通过机器筛选，对实习经历的关注重点也并不是数量，而是具体的实习内容，以此来判断候选人与岗位是否匹配。

实习经历实际上看的是匹配度。具体来说，我拿到简历之后会先看实习期间做了什么内容，和目前在招岗位的匹配性如何，因为这里面其实有很多不确定的内容，首先要保证和岗位的匹配度。都是招数据分析师，可能其中会有侧重，有的是偏好有外企经验的，有的是偏好证券公司的，还有的对于特定类型的分析项目或工具有要求，比如有的是做数据报表的，还有的是参与搭建数据看板的，同一个岗位的需求相差很大……实习是不是在大公司、有几段实习经历都不是优先级比较高的信息，因为抛开岗位的具体需要，不同公司的业务侧重点不一样。虽然公司规模大，但是这方面不成熟、没有业界口碑的话可能还不如一个专精这一方向的小公司，这些都需要有专业经验的人来进行评估。

——凝云（HR08-20211212）

放眼整个招聘流程，简历筛选只是前期工作的一部分，最终结果只是简历通过筛选的人进入面试阶段。在后续面试中，实习同样在降低考察成本方面发挥着重要作用。对于面试官来说，面试过程并非简单机械的一问一答，他们不希望应聘者用提前准备好的标准化答案回答问题，而是更希望应聘者围绕问题，选择合适的自身经历进行陈述。因为这种应答方式能够为面试官提供具体事例，方便其对应聘者的工作能力、观念及习惯等方面进行了解，还能避免应聘者刻意迎合式的回答带来人岗不匹配的风险，同时这也是对应聘者临场应变能力的考察。

现在有很多辅导机构提供套路化的面试指导，教人用公式来应对面试问题，有点像推销话术，面试就像抽背课文。我希望的是候选人去讲述过去的经历，然后我从中来判断。一个很简单的例子，我询问抗压能力怎么样，你回答说抗压能力很强，能够承担时间紧、工作量大的任务，我听完之后没有什么感觉，很笼统的描述，我也没办法进一步验证。但如果你举一个之前工作的例子，几天之内完成了哪些内容，最后工作结果如何，这个就很有说服力，因为这是一段你在描述的经历。而且更重要的是，我还可以就其中的一些问题进行追问，便于我获得更加全面的认识……还有那种关于价值观的问题，如果直接问人家的性格，很多应聘者很容易会顺着你的问题回答。但当你问他之前和别人发生冲突的案例时，从冲突的具体事件中，你就能大致了解到这个人的价值观，对于矛盾的化解方法，再通过他的其他讲述内容进行验证，形成对这个人相对完整的认识，来决定要不要让他进入下一轮面试……因为面试这个东西是不对等的，很多应聘者为了拿到这份工作会有意迎合面试官，比如他说自己很抗压，但实际不行，等到最后真有压力了，无论是对他自己还是对公司都不利。

——晓慧（WL02-20211121）

另外，相较于学术研究和校园内的活动与经历，面试官对于工作环境中的内容、术语和行事逻辑较为熟悉。应聘者可以依托真实的工作场景展现自身素养，面试官则基于自身工作积累对项目细节进行深入了解，并在此基础上提出新的情景问题，增强考察的完整性和细致性。

> 有实习和没有实习的候选人可能就是两种面试方法。如果你有相关实习的话，我就会看你工作中具体上手做了什么，交付了什么结果。我也能够结合你做过的方向，来抛出一些我们目前工作中遇到的具体问题，让你思考一下如何解决和应对，这就能很直接地反映出一个人的能力了……没有实习经历的候选人也可以聊，但主要就是聊一些校园经历，或者是平时做的一些事情。这些项目我自己也不是很熟悉，没有办法直接判断你做工作时是什么样子。
>
> ——韵雯（HR06-20211212）

由此，实习经历成为学生步入市场所必备的"敲门砖"。对于企业的招聘者来说，应聘者院校和专业能够提供的信息相对有限。在简历评估和面试考察的过程中，招聘者更希望看到的是个体在基础素养之外所具备的软性素质，以及已经接受的劳动培训的程度，从而对于个体当下的人力资本积累状况进行准确评估，实现劳动力与工作岗位的精确匹配。

3. 小结

长期以来，高等教育与市场需要之间存在一定的适配与错配。当高等教育处于精英阶段，能够培养的劳动力的数量相对有限时，高校为维护自身教育过程的完整性，将文凭确定为高等教育与市场需要的边界。但是当高等教育步入大众化阶段，高素质劳动力逐渐由卖方市场向买方市场转变时，高等教育与市场需要之间的不匹配问题被逐渐放大，高等教育需要迎合市场需要。在这一过程中，实习这一原本辅助于课堂教学的实践，逐渐作为学生向劳动力市场过渡的必备经历，在缓解高等教育与市场需要的错配中发挥了重要作用。

具体而言，实习对于学生能力提升的实际性作用主要体现在三个方面。

第一，了解工作所需的标准化技能并提高其水平。工作环境中的高标准、严要求，和及时的工作反馈与成果迭代深化了学生对于技能的认知，为其评估自己目前所处的位置以及提升程度提供了重要的参考标准。

第二，除了深化对于特定技能的认识外，学生也在实习之中接触到了更为多元且复杂的实践情景。在将更多的情景因素纳入决策范围内的同时，学生也在修正过去对于技能的认识，开始尝试用不同情况下灵活应对的经验，替代一成不变的衡量标准。

第三，不确定性的内化适应。随着对具体技能和实践情景的认识不断深化，学生逐渐认识到，职场中需要适应多元主体在任务完成和成果评价中的存在，进行预期管理和需求平衡，并对其中可能出现的不确定性问题做出积极回应。由此可见，在劳动过程去标准化的背景下，学生院校和专业背景所代表的基本认知与学习能力并不能完全满足企业实际工作的需要，加之专业知识与实际操作之间存在脱节，以及低质量课堂教学所带来的技能缺失，文凭在学生能力提升方面的不足日益明显。实习的兴起改变了常规教育安排，使得学生能够在接受教育的过程中，提前针对市场需要接受具体领域的培训，从而降低毕业后进入市场的培训和适应成本。

在能力提升之外，实习本身也可以作为一种象征性信息。在简历筛选阶段，实习经历所包含的信息更为丰富，不同行业、公司、部门和岗位之间的异质性较强，能够直接评估候选人与岗位的匹配度。在之后的面试阶段，实习经历可以作为一种应聘者与招聘者沟通的共同话语，依托真实案例，便于招聘者进行理解和追问，降低了信息接收和沟通的成本，也能有效避免标准答案和迎合式回答带来的误判。因此，实习经历与工作场景的契合性以及其中包含的针对性信息，使得其得以发挥区别于文凭的象征性作用，成为劳动力市场中关注度日益升高的"敲门砖"。

二　成为常态：为什么实习越来越提前

上文讨论了实习能够发挥的实际性与象征性作用，有助于我们理解实习在特定时间节点存在的必要性（如毕业季、寒暑假），但不足以完全解释其在学期中间日趋常态化的趋势。从理论层面来看，实习的兴起与发展，与劳动过程去标准化所带来的市场变动，以及教育机构和个体对于这一变动的回应息息相关。但具体而言，这一变动和回应在不同主体之中是如何体现的，又在相互交织中经历了哪些改变与调整，以及如何促成了实习的常态化，这是本部分试图回答的问题。

1. 注重灵活：企业的生存之道

进入近代工业社会，对电子技术的运用突破了劳动时间和场所的限制，开启了从标准充分就业向灵活不充分就业的转变（Beck，1992：150）。市场主体以利润为导向，逐步对自身运作模式进行调整，促成了灵活劳动力市场的发展与完善。

具体而言，这一转变首先发生在劳动的具体过程中，技术革新为雇主提供了快速衡量和适应市场的新手段，也为生产过程的分散提供了可能，为在生产环节中引入临时劳动力创造了空间。与此同时，为了进一步提升自身在不稳定市场中的适应能力，企业开始将部分人力储备职能外放，推动产生了新型劳动中介，维系了灵活劳动力市场的持续运转。面对劳动者基于自身利益所形成的招聘回应方式，企业将招聘考察安排与灵活用工需要相结合，用日常分散考察替代集中校园招聘，从而最大限度地维持自身的议价能力并对已有的招聘结果加以巩固。

（1）吸纳临时劳动力

从企业的视角出发，降低日常运转中的雇工成本是实现收益最大化的重要一环。在大规模标准化生产时期，员工之于企业的价值与其自身持续稳定的经验增长成正比，为了避免员工流动带来的经济与技术损失，终身雇佣的员工数量占比较高。但随着劳动过程去标准化，企业可以对原本受制于时空的固定工作内容进行分解，弱化员工与工作流程之间的联结，对人员进行更为精准的安排。与此同时，日趋激烈的市场竞争迫使企业做出调整，以牺牲稳定性为代价来提升自身的适应能力。在这两方面的共同作用下，企业开始吸纳灵活劳动力以维持自身运转。

现在招一个正式员工不容易。满足岗位要求的比较少，还要经过六七轮面试，最后人家还要比较不同的 offer，一个流程走下来基本两三个月了。人没招到，但活不能不干。实习生虽然能力有限，但可以打下手，减少正式员工的工作量，我日常会在团队里储备几个实习生，以备不时之需。

——从筠（WL01-20211208）

在众多灵活劳动力群体中，在校学生尤为受到企业的青睐，其中一个重要因素就是雇佣成本低。与此同时，企业更加看重的是在校学生具备的素养与实际工作需要的契合性，如果对其进行总结的话，可以称之为"即插即用"。这一名词最初来自计算机系统的功能名称，当有外部硬件插入时，这一功能可以使用户无须对硬件进行手动配置即可使其被系统自动识别，十分便捷。作为实习生的学生之于雇主便就是这样的存在，这具体体现在两个方面。从客观需要来讲，虽然学生的综合能力相较于一般的正式员工存在较大差距，但就某项具体技能而言，尤其是团队目前缺乏，且不确定某项工作结束后是否继续需要的临时性技能，学生具有一定优势。那么这时，招聘具备一定专业知识的实习生便是解决这一问题的有效手段。

之前有次临时接到一个设计客户服务系统的项目，需要录制引导语，团队里根本就没有具备声音条件的。去外面请人一个小时要上千块，我们没有这笔钱，所以暂时招了一个播音专业的实习生，她既能帮我们配音，又能帮助我们分担一些项目工作，同时解决了很多问题。

——智云（WL04-20220118）

另外，在实习生与其他临时员工的对比中，"有活力""皮实"等形容词被频繁提及，这些都直接指向了学生所具备的主动性与可塑性。面对越发不确定的工作，雇主更希望新加入的劳动力能够以积极主动的姿态来面对问题，多数学生与这项要求的契合之处在于，他们对于实习的感知并不是工作，而是一个提前学习和证明自己的平台，因而愿意去主动学习甚至额外承担部分工作以达到锻炼自己的目的。进一步而言，学生从学校过渡到劳动力市场是一个重要的社会化过程，而实习正处于这一过程的起点。在这一阶段，学生对于工作本身的认知相对模糊，更容易受到雇主的影响，形成与雇主相似的工作观念和行为习惯，甚至在雇主的刻意引导下形成工作所需要的特质。

> 现在的工作之中团队合作很多，团队成员之间工作风格的匹配很重要，甚至在很多时候其优先级高于一个人的绝对能力。虽然实习生的能力往往不是特别出众的，但是没有一些固有的工作习惯，可塑性比较强。加之学生的学习能力比较强，主动学习的意愿也比较强，能很快融入整个团队。
>
> ——从筠（WL01-20211208）

除了学生群体普遍的特质与工作之中的切实需要相对应外，学生的身份特质也能在企业工作形象塑造中起到"即插即用"的作用，尤其是拥有名校背景的实习生。通常情况下，实习生都被认为是与正式员工存在差距的"潜力股"，只有足够优秀的实习生才能获得正式工作机会。因此这些名校实习生的存在，对于正式员工来说，是一件"倍儿有面子的事"，有助于提升其对工作的评价水平。在与其他企业或部门的合作及交涉之中，名校身份的存在能提高对方对建议的接受程度。

> 实习生都处于待考察的状态，需要努力达到考核标准。如果部门里有比较多知名院校的实习生的话，就证明部门有比较强的吸引力，这么多应届生都争着想进来，正式员工会提升对自身工作的重视度。而且在与其他部门合作的时候，会给人一种十分精英的感觉，连实习生都是名校的，正式员工的素质和部门工作产出也肯定是优质的，是一种对应关系。
>
> ——从筠（WL01-20211208）

这使得实习生的名校背景，在一定程度上被企业直接借用过来，延续学校在教育资源分配以及社会分层中所处的优势地位，使其成为企业合法化自身市场地位的捷径（Ho，2009），即对学生身份特质的"即插即用"。

（2）外放人力储备

劳力行（body shop）一词来源于项飙（2012：6）对印度 IT 产业工人跨国流动的研究，被视为全球信息产业得以持续运转的重要中介。不同于传统中介，劳力行不仅负责为客户输送工人，还会直接代表客户对工人进行管理。在有项目需要时，工人被劳力行"外派"到客户处工作，项目结束后立即返回劳力行坐板凳（benching）。在等待期间，工人可以接受劳力行提供的基本工作培训，也可以适当承接一些小工作来换取"板凳费"。这一中介组织的存在在一定程度上迎合了企业因市场不确定性的增强而产生的雇佣需要，这一过程被称为"猎身"。

具体而言，"身"与"头"相对，是指劳动力从事的工作内容并不是创造性的，而是一种简单的重复劳动，因而这类劳动者的招聘也与传统招聘中的"猎头"相对（项飙，2012：7）。虽然重复性强、创造性弱往往被人们与流水线工作联系到一起，但就其本质而言，劳动密集型产业原本意味着其吸纳劳动力就业能力较强，与产业自身的经营规模和科技水平并不互斥，即使在人们传统印象中"高大上"的计算机软件开发和金融投资领域，也存在较多数量的劳动者从事简单重复劳动的情况。随着劳动过程的去标准化，原来以终身或长期雇佣为主的合同模式，转变为短期的项目制，企业需要结合市场状况对项目方向及内容进行调整，并适当增加或减少人力投入。因而当一定数量的劳动力需要遇上不稳定的项目制工作模式时，企业便期望对劳动力做到"招之即来、挥之即去"，在扩大规模时以较低成本迅速获得劳动力，在缩小规模时规避解除劳动关系所带来的经济和法律风险，这便为中介机构提供了生存空间，其成了企业的劳动力储备库。

无论看起来多么高大上的工作，里面都会有一些 dirty work，比如很多精致的封面设计都是一点点抠图下来的，程序上线之前也需要大量人员来重复测试。很多比较资深的员工不爱做这种工作，认为是在降低工作效率，得不到经验或者能力积累，所以就需要其他人来做。现在专门有一些训练营机构会招募学生，一边培训，一边做一些这种工作。

——韵雯（HR06-20211212）

通常情况下，这些机构面向的主要是在校学生，他们仅需利用零散时间进行线上参与即可。这主要是因为，虽然企业提供了实习的机会，但大多要求学生到线下办公场所参与工作，且一周至少出席 3 个工作日。这便需要学生在学期中拥有相对完整的大段空余时间，否则将难以兼顾校内学习和校外实习。与此同时，多数行业中的头部公司主要集中在一线城市，不在这些城市就读的学生，即使在学期中拥有一定的空余时间，也难以去这些城市参与实习，需要寻找一些替代线下实习的方案。

具体而言，线上劳力行所推出的项目大致可以分为以下两类。第一类为付费课程班，以固定数量的课时为一个周期，由拥有丰富经验的从业人员担任导师，设计并提供体系化的知识内容。参与者则需要在学习完对应内容后，完成基于企业过往脱敏案例的课程作业。在完成全部学习内容后，参与者将与其他同学组队承接项目，按照要求在规定时间内完成，其中成果较好的参与者可以获得直通企业岗位的机会。除了强调知识与项目相结合的学以致用外，这类课程还会突出其在构建职业圈子方面的优势。参与者不仅可以与导师就实际项目进行沟通，还可以获取有关职业生涯的指导，并且可以与相同领域内的其他从业者建立联系，进而获得工作内推的机会。在这一过程中，机构也在不断强调这些课程之外的服务对于参与者未来职业发展的重要性。

课程优势：1.体系化思维：在学习知识时，重要的是理解背后的底层思维，只有具备思维能力，才能根据实际项目需要因地制宜地灵活运用，沉淀新的方法与工具；2.真实项目：在课程的学习中，导师将手把手带领大家利用所学知识操作真实项目，以某大型企业的小程序界面设计为例，使大家理解课程所学并积累项目经验；3.免费项目咨询：部分学员目前有正在进行的工作，如果与课程内容相关，可以在专门的咨询时间向老师免费咨询，老师会结合自己的从业经验给予专业层面的指导，从而帮助大家学以致用；4.工作推荐＋优质圈子：表现优秀的学员如有需要，可直接由机构推荐工作。参与课程的学员有一部分来自头部企业，加之课程最后一次是在线下进行的，参与课程将是一次建立优质圈子的绝佳机会。

——某机构课程介绍

第二类为项目训练营，参与者无须付费，但需要通过举办方的预先筛选。此类项目没有详细的日程计划，仅会在开始时确定一个大致的方向，后续具体安排视项目而定，根据举办方的需要随时进行调整。虽然训练过程中包含着一定的不确定性，不同项目间的主题也有所差异，但大多可以借助战略分析、行业调研、商业策划等常规手段来完成，在不同的企业中均具有一定的适用性。这里同样有导师存在，但这里的导师更多负责的是了解项目进度、评估项目完成情况，而不是对参与者进行细致指导，因而这些项目的完成更加依赖参与者本人。在持续一段时间后，举办方会综合比较多次项目的完成情况，直接推荐能力突出的参与者进入企业校招面试环节，或是给予参与者企业实习的免试名额。

训练营预计为期6个月，每周预计6~8小时，主要包括以下内容。1.趋势洞察：观察和捕捉与消费有关的趋势（每双周不少于1次）；2.趋势研讨：与业内从业者一起，就关键洞察或重要议题展开讨论（每双周1~2次，以线上会议等形式开展）；3.话题交流：在训练营社群内分享、交流、探讨最新的消费话题（随时开展、灵活参与）；4.独家培训：由经验丰富的从业者提供不同主题的，与商业、消费有关的专题培训。

训练营申请要求：高校在校学生，有较多消费相关经验，对消费这件事本身就很有兴趣（爱买、爱逛、爱关注消费），其他与项目有关的、你的不同之处也欢迎与我们分享。另外，与以下消费人群有联系为加分项：1.18岁及以下人群；2.生活在三、四线城市或县乡地区的人群；3.55岁及以上人群。

——某训练营宣传材料

无论是付费课程班还是项目训练营，这些项目的一个共同特点是，都在借助线上就业教育培训的形式为学生提供一个坐板凳的机会，既为企业的大型招聘提供直接的人才输送，又为企业暂时性的劳动力需要做好准备。在等待的过程中，中介机构为学生提供了相较于校园就业辅导更为专业化与个性化的培训，也将自身提供的服务包装为可以媲美实地实习的高含金量产品，使学生有了以低成本参与实习的备选方案。

（3）分散招聘考察

每年春季和秋季的毕业生双选会是企业进行校园招聘的主要渠道。虽然多数高校已经连续举办了多年的双选会，但效果并未得到招聘人员的肯定。主要原因在于，校园招聘的时间段过于集中，招聘人员要想在一到两周的时间内完成招聘任务，便只能选择相对传统的笔试和面试方法来对毕业生进行考察，这难以观察到学生在实际工作中的情况。而且招聘工作并不仅仅是把人招来，还要保证学生接收录用通知后不毁约。但在集中的招聘过程中，毕业生对企业缺乏深入了解，大多处于走马观花状态，海投简历。在这样的情况下，即使学生能够通过用人单位的考核，后续毁约以及个人能力与实际工作需要不匹配的风险依然存在。因而，招聘人员希望学生能够在签约前对用人单位进行深入了解后再做决定，这对双方来讲是共赢的结果。

面试不是实际工作，面对面交流得到的信息和在具体工作中去观察的结果是不一样的。但是这就是校园招聘，也没什么其他好办法，人家不可能直接去单位里面给你干活。比较好的情况是我们给一个小项目，让他三五天做出来给我们看一下，但还是和实际有差距，毕竟工作不仅仅是完成项目，与人交流、合作，包括跟整个团队的风格是否相符，能不能玩到一起，都是很重要的。

——向槐（HR03-20220109）

把人招来只是第一步，还得确保人家在毕业之前不毁约。很多学生会在双选会同时投递很多家企业，最后看哪个通过面试了再做决定。我更希望学生们能来实地看一看，岗位和单位是不是适合自己，来试试就知道了，听别人说再多也比不上自己来尝试。这样既方便他自己做决定，也避免匆忙决定之后再违约，对我们双方来讲都有好处。

——振海（HR04-20211130）

除了优化招聘考察方法和降低违约率之外，在与行业友商的竞争中取得优势也是影响招聘结果的重要因素。相对集中的招聘时段使得企业的招聘安排在多数情况下受制于人，具体的招聘日程以及对应岗位的薪资待遇需要依据竞争对手的情况做出调整，这无疑会提高招聘成本，同时也将行业内的非头部企业排除在这一竞争之外。

大公司的薪资待遇和各项保障都很好，我们根本没有竞争力，所以参加校园招聘的话我们就很被动，只能捡漏，有一些没通过大公司面试的可能会愿意来，我们就只能挑人家公司挑剩下的，这些学生的综合素质也往往不是很高。

——念云（HR01-20211219）

在时间过于集中的毕业生双选会存在诸多问题的背景下，企业开始寻找其他方式来将招聘时段分散化，为自己创造优势。鉴于秋季双选会更为重要，少数企业便开始举办暑期实习项目，从而一举多得。起初，暑期实习项目只面向即将毕业的应届生，通过这一项目，用人单位可以在实际的工作环境中考察毕业生，在最大限度地维持自己议价能力的同时，为通过考核的毕业生提前发放录用通知。在此期间，毕业生也可以利用假期的大段空余时间收获实际工作体验，增进对就业市场的了解，同时提升所需的工作能力。

鉴于暑期实习项目具备的诸多优势，用人单位对其的态度逐渐从抢占先机转变为不甘落后，纷纷开始开设项目，使之成为一种常态化的存在，但问题也随之而来。就一般的招聘过程而言，考察的细致程度与单次能够考察的候选人数量成反比。暑期实习项目相较于大型校园招聘，考察更为细致，选拔的人员数量也相对有限，为的便是优中选优。但是随着暑期实习项目越发普遍，越来越多的学生将其视为秋季校园招聘的"练兵场"，能够通过筛选的毕业生往往是同龄人中的佼佼者，更倾向于将暑期实习期间获得的录用证明作为跳板，为自己争取更好的工作机会，并不急于确定毕业去向。因而，起初具备先发优势的暑期实习项目，在成为一种行业普遍现象后面临的是提前招聘的失效。在劳动力市场供大于求的背景下，用人单位原本相对于求职者处于优势地位，但是当其在暑期实习项目中发放录用通知之后，用人单位便在一定程度上成了较为弱势的一方，这是招聘者不希望看到的局面。

> 越好的实习生越留不住，这个已经是我们现在的共识了。我们希望通过暑期实习项目找到一些不错的苗子，我们在考察的同时也会投入资源来提前培养，其实是双赢……但是发了 offer 以后，很多最后都没来。因为拿到之后就把这个作为保底，在秋招里面去投其他公司。在谈工资的时候，我们给人家发出的这个 offer 还可以用来去跟别人讨价还价，作为一个跳板。
>
> ——智云（WL04-20220118）

这使得本身为了弥补校园招聘不足而设立的暑期实习项目，逐渐成了校园招聘的预演，陷入了与双选会相似的尴尬境地。这归根结底在于，暑期实习是一种新的制度环境要求，虽然相对于校园招聘时间有所延长，但仍处于一个集中的招聘考察时段。为了解决这一问题，部分企业在降低暑期实习比重的同时，尝试将其与日常实习相结合，推动招聘考察在时间维度上的进一步分散化，并且通过划定最终时间界限或者直接提供录用通知并要求答复的方法，避免持续竞争带来招聘成本的上升。但这也将竞争与考察进一步常态化，形成了新的招聘模式和秩序。

> 暑期实习项目正常办，能留一个是一个，只要有留下的，就证明活动还是有意义的。而且大家都在办，如果你不办的话就落后了，还可能会给学生传递出一些不好的信号，人家会认为今年效益不好，岗位数量少，或者不如其他企业，这就不好了……虽然还会办（暑期实习项目），但没有原来那么重视了，更多的是通过日常实习来考察，对这一届学生的大致水平进行了解，从中挑选我们青睐的实习生，有的应届生会直接发 offer，来不来当时就确定下来，如果可以的话就一直实习到毕业。
>
> ——智云（WL04-20220118）

通过对招聘时间的逐步分散，企业能够摆脱相对集中的招聘时段所带来的考察不足和竞争成本过高等诸多弊端，将学生引入实际工作环境之中进行相对直接的了解，并在特定的时段内提升自身议价权。这一招聘策略的调整增加了日常实习机会的供给数量并增强了其重要性，进一步完善了灵活劳动力市场持续运转的招聘制度设计。

2. 面向就业：高校的默认结果

随着高等教育规模的扩大，高校毕业生就业政策的"去身份化"趋势越发明显。在就业政策由"统分统配"向"双向选择、自主择业"转变的过程中，高校逐渐成了就业工作的主体之一。在上级教育部门的行政管理中，学校、院系和专业的学生就业率成为招生计划审批、教育质量评估、学科奖项评比的重要参考依据，校园内部庞大的学生群体同样具有与就业相关的诉求，这都需要学校和院系对就业工作予以重视。在这之中，既有学校层面提供的满足学生基础就业需要的辅导与培训，又有院系层面辅导员促进学生就业的具体举措，同时还有作为高校学术群体代表的导师，在学术培养中为就业做出的不同类型的让步。这些都使得如今的高校在一定程度上向就业倾斜，为实习在高校中的常态化存在提供了空间。

（1）设置基础培训

为了应对就业的相关考核，高校大多在内部设立了专门机构分管学生就业工作，通常情况下为学校的就业指导中心，在学校层面为学生提供统一的就业辅导。这是学校在上级要求、市场需要以及学生诉求的共同作用下，针对就业问题提供给学生的直接帮助，理应能够在一定程度上缓解高等教育与市场需要之间的错配问题，但是在实际运行过程中，却难逃"食之无味、弃之可惜"的尴尬处境。

翻看就业指导中心的活动介绍与成果统计，得到的都是关于就业辅导的正面评价，对于那些有就业意向的学生来说，学校所提供的就业知识与指导确实是其了解市场状况和提升就业能力的首选，但是实际参与过相关的培训活动之后，认为就业辅导"无用"的学生并不占少数。究其原因，就业课程与活动的内容相对陈旧，更新迭代速度也较慢，学生能够明显感知到其与当下的现实状况存在一定差距。与此同时，多数就业辅导基于套路化的公式和概念，并以此作为学生规划职业生涯的依据，忽视了学生对于就业的理解成本和就业服务的个性化诉求，由此导致学生对于校园就业工作者专业性的质疑。

> 学院之前组织我们上就业课，老师张口闭口都是些情商、眼力见儿、沟通交流这些词，没有新意，又很空洞……当时还科普了就业选择方面的知识，说现在是互联网经济时代，求职者应该积极适应，我就觉得很搞笑，互联网时代这种还用老师来讲吗，大家都是天天借助互联网生活的……感觉很多都是老师臆想的工作场景，不了解市场现状，能提供的帮助很有限。
>
> ——道远（ST09-20220108）

校内的就业指导老师教你找工作，就有点像从来没有找过对象的人教你找对象的感觉。很多老师进入高校工作时间早，没经历过激烈竞争，而且工作又很安稳，不需要去学习新东西，自然就会和外面的现实社会脱节，很难给出有价值的指导。

——余妍（ST17-20211125）

学生的反馈与评价，并没有对学校中已有的就业辅导产生太大影响，除了将这一问题的原因简单归结为"懒政"和"低效"外，深入理解就业辅导之于学校的意义更为重要。从就业工作者的视角出发，就业辅导并不意味着一味追求专业性的指导，而是需要兼顾活动资源、覆盖范围和活动效果，然后做出综合判断。从校外邀请经验丰富的相关领域从业者无疑能增强就业辅导的专业性，但需要投入相当数量的经费，受制于经费和校外人员的身份，这类活动往往以单次讲座和课程为主，难以形成持续的培训体系。除非能够形成爆款活动，增强学生的参与意愿并提高影响力，否则面临的是专业性过强而导致的学生参与不足的风险。从另一个角度来说，如果想要吸引更多学生参与活动，提升活动的覆盖率，就势必要牺牲专业性，更多聚焦于对通用型技能的培训上。这样就不需要校外人士参与，能够减少资源投入，但无法针对学生的具体情况做出个性化规划并给出指导意见。

就业辅导面临的平衡专业性和普及性的难题，并非无法化解。如果就业指导中心的工作人员能够提升自身的专业水平，便能以较少的资源投入开展持续性的专业培训。但在这些工作人员看来，学生口中的"就业难"并不是能否就业的问题，而是就业质量的问题，其原因是学生自身预期过高，过高估计了自己的就业竞争力，从而陷入了"高不成低不就"的处境，迟迟无法确定工作去向。在就业工作中，主要的评价指标是就业率，即学生是否就业，只要提供的就业辅导不影响学生在就业问题上的表现，能够满足就业率的要求，那么学生对于就业质量的诉求，就不在就业工作的范围内了，而应该寄希望于学生的自我努力。就业指导中心的工作人员更倾向于认为，解决就业问题的核心在于降低学生过高的预期，将学生拉回到现实中，而非一味强调就业辅导的专业性以满足学生不切实际的需要。

> 现在都说就业难，我认为不是因为学生完全找不到工作，而是因为学生没找到自己心目中的好工作。只奔着那几个大企业去，不达目的不罢休；还有的是骑驴找马，不到最后一刻不确定。这些学生我们都帮不上忙，也没办法帮。
>
> ——奕巧（CD02-20211201）

因此，虽然学校中存在直接服务学生就业的辅导，但这些辅导更多被定义为就业的基本保障，是合格线而非优秀线。加之就业指导中心的工作人员对于学生就业结果的外归因倾向，使其缺乏对现有培训体系进行调整的动力，原本被用于应对高等教育与市场需要错配问题的就业辅导陷入失效的境地。

（2）提前就业部署

除学校层面的统一就业辅导之外，还有辅导员来承担就业工作。从招聘开始前的就业去向摸底调研，到校园招聘季前后的信息发布与资源链接，再到毕业前夕一对一的就业帮扶，辅导员时刻关注着毕业年级学生的就业动向。具体而言，辅导员的职责要求从直接和间接两个方面推动了其对于学生就业工作的参与。

从直接方面来看，就业率数据是辅导员工作的重要考核指标。不同于学校就业指导中心工作人员所面对的学校整体层面的就业率数据，院系辅导员面对的往往是具体专业甚至是班级层面的就业率数据，这一数据与同专业的不同班级、同专业的不同年级、同院系以及校内其他相似专业的就业率数据之间均有较强的可比性，能够直观地反映出辅导员当年的就业工作成效。加之就业率数据在个人工作考核以及学校对院系工作考核中的基础性作用，为了避免数据落后带来的诸多问题，辅导员需要尽可能在不同时段推出相应举措，将就业率维持在一个较高水平，甚至对于就业统计和去向进行"灵活处理"以达成预定就业目标。

就业率数据很重要，不仅要达标，与其他学院相比还不能落后。所以每年到毕业季对于就业率进行动态统计的时候，也是我们压力最大的时候。之前，有些学院会私下跟学生交代填写毕业去向的具体要求，填写的内容可能和学生的实际情况不太相符，但有利于学院的数据统计。

——秀易（SA02-20211213）

除了对就业情况进行直接的数据考核和比较外，辅导员对于就业问题的关注也来自校园管理的间接需要。辅导员需要避免校园危机事件的发生，保障学生在校期间的身心安全，而毕业年级的学生会因就业问题而产生焦虑情绪，如果不能得到有效排解，会对正常的校园活动造成负面影响。因此除就业率数据之外，尽快帮助毕业生确定就业去向是辅导员维护校园和班级正常秩序的关键一环。

学生就业这件事不仅仅是数据和指标考核的问题，还关乎学生在校期间的正常生活。如果工作一直没有着落，那后续论文写作，以及在校生活也不会安稳，包括宿舍关系可能都绷着一根弦。尤其是到了快毕业的时候，多方面压力一起来，很容易出现心理问题，如果出现危机事件就更不好办了。

——辰沛（SA03-20211119）

针对就业问题，辅导员群体摸索出来的对策是"未雨绸缪"，尝试将原本集中在毕业招聘季的就业工作，分散到日常中来，尤其是针对低年级学生群体进行提前的就业科普与准备。不仅提高低年级学生的就业紧迫度，使其向毕业年级学生看齐，还提前为这些学生提供实习项目的信息和面试经验，甚至学院会与企业建立专属实习渠道，鼓励学生主动参与其中。

我们会提前跟学生说，不能等工作而是主动找工作，日常有时间就要着手准备起来。一有机会，我们就会发一些实习信息和经验帖，让学生们自己去看看，就知道自己能做什么了，效果要比我们苦口婆心地讲好很多。

——秀易（SA02-20211213）

与辅导员就业工作同时推进的是学校将实习纳入课程体系中来，设立学分鼓励学生参与实践，以单位开具的实习证明为课程考核标准。这使得实习逐渐成了学生在校期间面向未来就业的一项"正事"。在此基础上，管理规章和习惯上也有调整，对学生的实习参与不做过多限制。虽然其中可能存在实习与校内课程学习相冲突的风险，但在多数情况下，辅导员仅会对挂科数量较多或严重干扰正常教学秩序的学生进行干涉。

学生一般在本地实习不需要向我们报备，除非是长期去外地实习的，是需要请假的。如果学生还有很多课程没有修完，这种我们是不会批准的。剩下的情况，基本上只要你遵守学校的规定，按时上课、通过考试，剩下的时间出去实习是没问题的。

——惜雪（SA01-20211114）

辅导员在对就业准备工作进行提前部署的过程中，从学校的角度赋予了学生参与实习以合法性，并在这一过程中扮演着领路人的角色，信息的提供以及管理模式的调整都在或多或少地减少学生参与实习所面临的阻碍。

（3）挤占学术培养

如果将高校视作具有明确目标、内部不同层级有序执行规章制度、为社会服务的重要组织，那么高校的持续有效运转便无法离开专职行政人员的参与。但如果将高校视为传承与创新学术知识的场所，那么教师便成了不可或缺的重要组成部分。自身价值、目标和立场等方面的不同使得行政群体与学术群体在高校日常工作安排中存在一定的矛盾与冲突

（王英杰，2007）。虽然上级教育主管部门明确考核就业率，但主要在行政范围内生效，对于教师并不适用。虽然教师也需要接受高校管理，但其更多处于行政体系之外，更看重的是自身所拥有的学术权力，即产出成果是否具有创新性、是否能够得到学术同行或权威的认可，因而导师对于学生的培养更多指向专业学科知识，以学术标准对学生进行评价。那么，在高校人才培养导向逐渐向就业转变的过程中，导师依据学术标准对学生进行培养的过程发生了怎样的改变，以及背后的原因是什么，便成了值得关注的问题。

从结果来看，目前对于学生的学术培养确实在一定程度上呈现向就业让路的趋势，按照导师在这一过程中发挥作用的不同，可以大致将推动这一趋势的原因简单总结为主动、半主动和被动三种类型。

主动型指的是导师对于学生的"放养"。具体而言，导师与学生的日常沟通交流较为有限，不为学生提供较多指导，确保学生能够达到培养标准的"及格线"。这些导师通常认为硕士阶段的学习更多依赖学生本人的主动探索，导师的作用十分有限。从教育功能来看，这些导师也认为，随着高等教育扩招，目前的硕士阶段学习已经很难称得上是学术培养，大多是学生为了就业岗位的普遍要求而被迫提升学历，因而在这些学生身上投入太多时间和精力是得不偿失的，严格的学术要求更应该被放在博士阶段。

> 现在好多学生读硕士就是为了混文凭，根本对学术研究没兴趣，也不想走这条路。指导就像是挤牙膏，推一步走一步，费时又费力。所以我对这些学生的要求就是，平时做什么我不管，只要能够按规定完成考核就可以了。这样我也能抽出更多的时间和精力放到对博士生的培养上，相对来讲博士阶段才是学术训练的重点。
>
> ——伟兆（NT01-20211202）

上述导师的培养模式，一定程度上为学校就业工作的开展和学生对于在校时间的自主规划提供了空间。但学术培养为就业的让路并不完全是导师层面的主动放弃。在与学生的交流与互动中，导师对于学生的个人意向进行了解，并对其中与学术培养相冲突的部分予以理解和包容，积极寻求平衡之道，这便是半主动型。对于部分导师来说，对于学生的学术培养固然重要，自己也愿意投入时间和精力进行手把手的指导，但教育毕竟不是单方面的工作，需要学生的配合与回应。当学生并非缺乏主动性而是受到客观因素的限制时，便无法全身心投入学习之中，就业便是其中的一项内容。导师能够理解在日趋激烈的就业竞争中学生面临的困难，也清楚就业去向大多被学生排在学术之前，甚至出现为了找到更好的工作而主动延迟毕业的情况。这使得导师需要进行部分退让，从而与学生在培养模式的问题上达成一致。

> 我觉得强行限制学生做研究效果反而不好，因为学生想去就业，工作迟迟没找到的话，根本没心思弄校内这些事，人在心不在没有意义。所以我和学生达成的一致是有空就多读书、多写论文，能写多少是多少，需要实习和找工作的时候我也不会阻拦和干涉。
>
> ——静槐（NT03-20211208）

除此之外，还有一部分导师严守自己对于学生的培养和考核标准，当这一标准与行政评价体系中的考核标准不发生冲突时，学术要求便得以存在。但当其对应届生就业率等关键性指标造成影响时，导师也会对学生"绿灯放行"，降低培养标准，从而适应其他外部群体的需要。这便是被动型。

3. 增添可能：学生的持续参与

市场主体所进行的灵活性调整增加了日常实习机会，并通过组织模式和制度设计的改变降低了实习的参与成本，高校内部的就业导向和行政与学术实践过程也为学生参与校外实习创造了空间，但这些仅仅是推动实习常态化存在的必要不充分条件。作为劳动者的学生是否具备动力参与其中，又为何愿意持续参与其中，弄清楚这些问题是解释实习常态化存在的重要一环。

这涉及三个具体问题。第一，尚未参与过实习的学生，是如何在校园之中形成对实习的具体认知的，尤其是如何判断自己该在什么时间寻找并参与实习。第二，已经参与过实习的学生，是如何看待过往的实习经历的，这对于其之后参与实习产生了怎样的影响。第三，除了主观层面的原因外，学生在行为实践过程中，面临着哪些客观阻碍，又是如何规避这些阻碍从而为参与实习创造有利条件的。

（1）超越同辈经历

> 有时在学校里并没有那么忙，一周有那么几天是没课的。那些要读博的同学会利用这些时间来看文献、做研究和申请学校，那对于我这种以后不走学术道路而是去就业的人来说，也应该利用这个时间去找点正事做，而不是在学校里面混日子。
>
> ——琪钰（ST04-20211116）

基于自身的应试教育经历，学生们深知要想取得一个不错的结果，就必然要经过激烈的竞争，希望尽可能利用毕业前的时间来提升竞争力。因为自身对就业市场了解有限，学生往往会求助于其他群体以获取信息，自己有关就业的看法和态度也在这一过程中被形塑。

通常情况下，人们倾向于通过直接客观的标准和信息来评估自己，但当这些标准和信息相对模糊或无法确定时，便需要在一种比较性的社会环境中获取意义（Festinger，1954；Goethals，1986）。对于大部分学生来说，周围的同学既是朝夕相处、共同参与活动的伙伴，同时也是自我评价的一面镜子。通过与周围同学的比较，个体能够对自身状况进行了解并做出针对性调整，从学习成绩到竞赛奖项，包括校外实习经历，都被涵盖在比较的范围内。在班级内其他同学劳动力市场参与率较高、实习经历较为丰富的情况下，个体会产生沮丧和焦虑的情绪，担心自己的就业能力与他人存在较大差距，影响最终的就业表现。

我实习算是比较晚的，这个晚是相对于我们专业其他同学来说的。别人都已经开始行动了，我还没啥准备，人外有人，好多更厉害的人可能我都没见过，到时候最后找工作要跟人家一起竞争。

——澎龙（ST02-20211117）

受制于自身经验，在个体无法对未来就业结果形成十分明确的预期，且缺乏具体的实践路径时，个体便会将注意力放到更有经验的群体上，并对其过往经历进行模仿。这时，同专业的师兄师姐往往成了替代比较（proxy comparison）的对象（Wheeler et al.，1997）。

在模仿之中存在着超越。抛开个体因自身预期较高的超越，在更多的情况下，这种超越是实习经验在不同年级间传递时所产生的向上偏差。一方面，众多就业宣传和讲座中邀请的学生代表，都是那些有较好就业去向的。这些活动的举办便在一定程度上限定了低年级同学的关注范围，无形之中提高了这些学生的就业预期，并促使其以这些高年级同学为模仿对象。另一方面，向上比较是这些学生在应试教育竞争中所保留的思维习惯。在这一习惯下，成功者备受关注，成为他人模仿的对象，失败者则是不被关注的。加之这些学生学校背景较好，本身就属于应试教育阶段的竞争优胜者，这使得个体选择的参照对象不仅高于平均水平，甚至可能位于前列。

学院里经常会举办一些经验分享活动，看完人家的履历就觉得人和人之间的差距真的太大了，看看那些比较优秀的人是怎么做的，多向人家学习。

——甘媛（ST15-20211215）

"比上不足比下有余"原本是一个中性词，强调这个人位于中游，但是在很多老师嘴里，这就是一个贬义词，和"不思进取"画等号。归根结底在于，如果你想取得一个好成绩，你就要向班级前几名看齐。就业也一样，大家肯定都想看一下厉害的人是怎么做的，参考下有没有捷径可走，而不是走别人走过的弯路。

——朝旭（ST06-20211226）

因而，在客观环境限制和主观模仿意愿的双重作用下，在低年级学生对于高年级学生实习经验的模仿中，向上偏差越发明显，对于实习经历的数量要求越来越多，参与实习的时间随之提前。

（2）积累试错经验

同年级与高年级同学的实习经历在校园中形塑了学生对于实习的认知，而对于那些已经参与过实习的同学来说，关于实习的认知在实习之中是否发生了改变，又与后续的实习有着怎样的联系，便成了需要解释的问题。

在询问学生对自身过往实习经历以及未来实习的看法时，无论过往实习经历如何，学生都对下一份实习工作抱有期望。当问及原因时，有一句话被反复提及——"实习总是越找越好的"。具体而言，这里的"越找越好"有两层含义。

第一层是从明确职业规划的角度出发，只有通过个体的亲身参与，才能获得最为直观的体验。实习是个体不断排除错误选项，找到真正适合自己的职业岗位的过程。同时为了尽量最大化利用自身应届生身份的优势，个体往往会选择利用在校时间尽可能早地参与到实习中去。因为相比于毕业后更换工作所带来的诸多问题，实习的试错成本更低，给自己留有更多调整和尝试其他选项的机会。

我之前就对人力资源的工作蛮感兴趣的，但去了之后发现和自己想的完全不一样，内容挺枯燥的，之后就去找其他的实习了。我觉得挺庆幸，庆幸的是我在正式工作之前就发现了这个问题，因为要是正式上班之后再去换工作，成本就要高很多……所以对我来说，实习的过程也是完善自己认知的过程，你能知道自己适合做什么，可以去及时选择和做出调整。

——以轩（ST08-20211202）

第二层则是从自身的相对竞争优势出发，在企业的招聘中，没人能确保自己能够收获心仪岗位的录用通知，招聘结果往往是由自己相对于其他竞争者的优势而决定的。绝大多数学生都难以在刚开始获得较好的机会，而是需要通过实习中的积累，像攀爬梯子一样一级一级往上爬，如此才能参与到头部公司的实习中去。但实习并不等同于正式工作录用，即使拥有丰富且出彩的实习经历，也不能保证没有其他竞争者比自己更加优秀。因而实习既是获取工作经验的机会，也是将自己的雪球不断滚大，为自己增加优势、提升录用概率的过程。因而对于许多学生来说，多一次尝试和经历就意味着为之后的结果增加更多的确定性。

> 实习就像是滚雪球，我本科时综合素质比较差，也不在一线城市读书，缺乏比较好的实习机会。所以硕士阶段开始找实习，从0到1的这个过程就很难。因为身边很多同学在本科就已经完成了这个过程，现在需要做的是去找下一份更好的实习，雪球就会越滚越大，找到好工作的确定性越来越强，当然是多多益善的。
>
> ——云飞（ST01-20211217）

（3）规避校内约束

实习生与正式员工的最大区别在于，实习生仍然保有学生身份，是高等教育系统中的在校学生，在遵守学校管理规章、完成各项学习任务的同时，依据实习单位的劳动纪律与岗位规定完成对应工作。这其中存在着学习与工作时间上的冲突，对学生参与实习造成阻碍。因而，规避约束为参与实习创造了条件，是学生能够在学期中间持续参与到实习中的关键。

在学期中间参与实习，首先面临的阻碍就是课程安排。针对这一问题，大部分学生会提前了解培养计划中的课程类型及学分，尽可能在前几个学期多修课程，在之后留出大段空余时间应对就业和升学事项。在进行学期内的选课时，学生会尽量将课程集中在同一天内，留下一定的空余天数以方便参与实习。部分学生还会在选课之前对课程内容，尤其是日常考核方式进行了解，从而选择日常和期末考核标准相对宽松的课程，进一步突破参与实习所面临的外部限制。

> 因为之前本科的时候已经有了经验，知道要赶早不赶晚，要不然最后找工作或者考研的时候还要上课就很浪费精力，所以会有意识地把课程往前选……研一入学三个月的时候，就意识到了自己不想做学术，所以研一就把所有的公共课都修完了，为的是之后能够出去实习，为就业做好准备。
>
> ——恺朗（ST14-20211201）

除了课程参与和考核要求外，学生校内生活的另一个重要部分就是学术研究。对于这一问题，学生也在与导师"斗智斗勇"。对于绝大部分学生来说，将自己实习的计划和情况告知导师并不是一个很好的选项。首先，这是因为在日常与导师直接或间接的交流中，学生能够明显感觉到多数导师对于学术道路的偏好，他们并没有对学生的实习和未来就业给予肯定。这使得很多学生担心自己参与实习会有违导师的期望，给导师对自己的评价和印象造成负面影响。

> 我的导师是很希望学生走学术道路的那种，师门里面一半以上的硕士都在毕业后跟他读博了。我还记得有一次我们去导师家里吃饭，导师一个一个问我们未来的打算是什么。问到我的时候，我说想去就业，感觉导师明显愣了一下……之前有一个师姐就比较有手段，当时导师给她一个大型项目，她高质量地提前完成之后，跟导师说有一个实习机会很不错，自己很想去，这样导师也没办法拒绝她。导师后来自己也会提起这件事，话里话外的意思就是不希望大家去实习，所以我后来自己偷偷去外地实习就没有跟他讲。
>
> ——云飞（ST01-20211217）

其次，导师虽然能够在学术之外为学生提供一定的经验指导，但在学生看来，受制于时代背景、校园环境及职业差异，多数导师对于当下就业市场的变化并不敏感，对于学生的就业方向与岗位需要也缺乏了解，难以提供切实有效的帮助，使得学生关于就业与导师交流所能得到的收获十分有限。

> 学校里老师们的项目都是别人求着他做，所以他会有很大的话语权，做好做坏其实甲方都能接受，这导致他对于细节就没有那么敏感，甲方也不会让他进行很大的改动。但我还是工作新人，有些执行上的细节要学习，这时候老师基本帮不上忙。
>
> ——金澄（ST05-20220115）

最后，"给导师干活"已经成了多数学生的共识，在学期中需要完成导师给自己布置的任务，其中既有跟自己的学习内容相关的，也有一些其他工作。学生担心将实习情况告知导师后，在任务完成情况不佳时会受到导师的批评，更会使导师将学生参与实习视为逃避任务的行为，破坏师生关系，最终影响毕业。虽然有些导师对于学生进行未来职业探索持肯定态度，但这样的导师数量十分有限。考虑到师生间相对敏感的关系，以及告知导师后带来的结果的前车之鉴，多数学生在进行权衡后会选择隐瞒自己的实习计划和参与情况，等到临近毕业的合适时机再予以公布。

> 因为在中国大家都会默认要给导师干活，那如果在明知道这个道理的情况下去外面实习，就会传递出一种不想给老师干活的信号，这样就不太好……所以我的策略就是先自己出去偷偷实习，导师布置的任务我也会做，但不会表现出对学术特别感兴趣。现在导师隐隐约约知道我不会读博，所以对我的期许也没有那么高，之后我临近毕业再跟他说就不会有那么大的压力了。
>
> ——澎龙（ST02-20211117）

通过"合理"规划日常课程和向导师隐瞒实习计划的方式，学生得以缓解校内学习和校外实习在时间上的冲突，从而为自己在学期中寻找并参与实习创造有利条件。

4. 小结

后福特主义时代，伴随着日益激烈的全球市场竞争，以稳定和协调为特征的福特主义逐渐陷入危机。传统科层制管理模式和大规模标准化生产模式难以适应瞬息万变的市场动态，更难满足消费者的个性化诉求（Crowley et al.，2010）。劳动技术的更新换代为市场主体尝试更为灵活的组织架构和管理模式提供了可能，使得宏观层面的劳动力市场变得越发不稳定。面对这一市场需要的变化，承担着社会服务功能的高校需要做出回应，作为劳动者的个体也在逐步内化规则，并积极调整自身的应对策略。

在劳动过程去标准化后，市场主体的继续理性化为实习机会的日常化奠定了基础。这一进程以企业改变组织人员结构为起点，在缩减员工总数、保留少数核心员工的同时，将数量庞大且基础素质较高的学生群体视作重要的灵活劳动力来源，并进一步依托市场中的新型中介机构来实现原本由企业自己承担的劳动力储备职能，从而以组织长期稳定和专业积累为代价换取灵活稳定的调整适应能力。为了在组织内部达成一致，同时在与劳动者的互动中进行调整，企业也在将原本集中的校园招聘通过实习的方式逐渐调整，在更加贴近自己日常的用工方式的同时，最大限度地维持自己在招聘谈判中的议价能力并对招聘结果进行巩固。

受到劳动力市场供求关系变化和劳动过程去标准化进程的影响，服务于社会需要的高校开始做出面向就业的调整。在学校层面，为满足上级教育主管部门要求和学生就业需要而设立的就业指导中心成了校级层面就业辅导的负责主体，但在实际工作中，其关于校内就业辅导的基础性定位难以满足日趋个性化和专业化的学生就业需求，对于高等教育与市场需要间错配的缓解作用较为有限。在学院层面，就业任务被层层分解为具体的工作内容，主要通过就业率数据对就业工作成果进行考核。在实际的工作执行过程中，辅导员逐渐摸索出"未雨绸缪"的行动策略，将毕业季的工作分散到日常学期，甚至从低年级学生群体抓起。辅导员在链接实习资源的同时，也在对实习管理方式进行调整，鼓励学生在校期间主动面向就业进行规划和实践。在行政系统之外，以教师为代表的学术系统也是高校中一股重要的力量，虽然对学生进行培养所依照的学术标准与就业无关，但通过教育理念实践、与学生达成一致和行政力量影响等方式，导师降低了学术培养标准，从而在一定程度上为就业让路。至此，高校内的不同群体通过直接或间接的方式赋予了在校期间的实习以合法性，高校现有举措的失效进一步为实习常态化存在创造了空间。

除了外部的环境因素外，作为劳动者的在校学生愿意且能够持续参与到实习中去，也是推动实习系统持续运转的重要动力。在校园生活中，学生对于实习的认识和参与受到其所关注的参照群体的影响，高年级同学的实习经验是重要的影响因素。在客观环境限制和主观模仿意愿的双重作用下，不同年级学生之间的经验传递发生了向上偏差，这在增强学生日常实习参与意愿的同时，也提供了可供模仿和借鉴的范本。在参与到实习之中后，学生将一定数量的实习经历视作明确职业规划的试错和求职竞争力的积累，愿意持续参与到其中以找到"越来越好"的实习。面对来自校园日程安排和导师学术管理的限制，学生尝试利用选课自主权为实习创造充足的空余时间，并采取隐瞒的方式来规避导师的阻拦和限制，从而在学期中间参与到校外实习中去。

由此可以看到，除了实习本身独立于文凭所发挥的实际性与象征性作用外，实习得以常态化存在的原因离不开市场、高校和学生个体之间的互动与调整。从本质上来说，这同样是劳动过程的不稳定性从劳动力市场向社会其他领域的蔓延。在这一过程中，不同主体对这一社会变化进行了解和内化，进而在互动之中对原有观念和行为策略进行调整，共同促成了实习的常态化结果。

三　构建规则：实习中的稳定性

实习的常态化丰富了从高等教育向劳动力市场的过渡方式，过去由学生和用人单位在特定时段集中进行的双向选择，如今通过实习实现了时间层面的分散化；以往由学校、用人单位和在校学生共同形成的制度结果，伴随着学校主体在实践层面的退出，在用人单位与在校学生的两方互动中受到了冲击，这集中体现为学生违约比例的上升。鉴于学生与私营企业签署的三方协议的违约成本较低，学生方违约率的逐年升高促使用人单位开始寻找新的方式以巩固招聘成果，增强学生在成为正式员工后的工作稳定性。通过对单次实习时长的强调，企业逐渐对在校学生的不稳定行为进行约束，发展出在实习冲击了原有校园招聘之后的一种新的制度性结果。

1. 上升的违约率

三方协议是应届毕业生第一次就业时，由毕业生本人、用人单位和学校共同签订的就业协议。原则上，每名学生只能签订一次三方协议以作为最终毕业去向的确认。学校和用人单位需要依据三方协议办理后续就业手续，开展户口和档案的迁移与接收工作。三方协议规定，三方中的任何一方都不能擅自解约，否则便需要支付一定数量的违约金。虽然企业在协议中已经将毕业生考取公务员或升学视作免责违约，但毕业生依然存在一定的违约行为，并在企业的招聘实践中呈现违约率逐年上升的趋势。

现在学生违反三方协议的概率很高，而且一年比一年高。现在大家的家庭条件都得到了普遍改善，数额比较小的违约金起不到什么实际作用。父母会说，如果能够找到一个更好的工作，花一点违约金也是无所谓的。一般我们秋招发了offer，基本上到春招就又是一个违约的集中期，很多同学可能在春招里面找到了更合适或者待遇更好的岗位。

——念云（HR01-20211219）

日常实习机会的增加，以及实习在招聘考察中重要性的增强，丰富了毕业生群体的就业途径。出于对教育回报的考量，他们更倾向于在毕业前的时间里进行尽可能多的尝试，不断试错以排除错误选项，提升能力以增加自己能够拥有的录用选项，从而在最后挑选出最优解，即使在获得录用通知后也不急于签约。

> 我是觉得现在三方协议没什么作用了，通常企业会在面试完之后只给你几天时间考虑是否签约，不会主动毁约。大家一般都是同时面试很多家，除非是那种真的不会考虑的公司，否则都想等等看，如果没有更好的才会签。
>
> ——华鹤（ST10-20211202）

对于学校而言，毕业生就业市场中的学校声誉十分重要，因为这不仅关乎学校的整体形象，还与用人单位提供的特招岗位数量和相关就业政策直接相关。虽然不同类型的用人单位需要签署三方协议，但不同的就业方向对于学校的意义存在较大差异。在相同情况下，学校更愿意优先维护自身在国家公务员招录以及国企和事业单位招聘中的名誉，除非是招录单位承诺的户口或其他待遇条件发生重大变动，否则学校不会同意学生的毁约申请。而对于私营企业，学校对于毁约的限制则相对有限，并且在历年的实践中摸索出了一定的规避手段，以帮助学生在最后阶段能够顺利就业。这也在一定程度上减少了学生在违约之中面临的阻碍，推动了实习机会增加后三方协议违约率的上升。

> 在我们这里，选调生是第一位的，然后是国企和事业单位，再往后就是私企，一般同学如果有（这个排序上的）更好的去向，或者原本承诺的条件现在没法兑现，学校也是会同意学生重新签订三方协议的，这个相对来讲严格一些……有一部分同学在找工作或者实习的过程中骑驴找马，找到更好的私企了，如果对方公司没有要求的话，我们会建议学生不签三方协议，直接跟下一家公司签两方协议，这样就能够避免违约，又不影响实际的就业。
>
> ——芮静（SA04-20211218）

2. 实习中的稳定性

在三方协议能够发挥的作用越发有限的背景下，实习逐渐在用人单位巩固招聘成果的过程中扮演重要角色，尤其是实习时长，正在逐渐成为衡量未来正式工作稳定性的标准。

企业发布的实习招聘启事通常会要求实习生至少完整实习三个月。在实习过程中，正式员工也会跟实习生强调保证实习时长的重要性，甚至会出现因为未到时间而不批准离职申请的情况。究其原因，同一个实习生的长期在岗能够减少正式员工在招聘和培训实习生中投入的时间与精力，提升整个团队的工作效率。因而企业从低成本的工作需求角度出发，更加偏好能够长期实习、具有稳定性的实习生。在正式工作中同样如此，正式员工承担的工作内容更多也更为重要，如果正式员工的流失率长期保持在一个较高水平，将会给企业的市场竞争力和人才积累带来损失。这便使得实习对于正式工作的预演不仅局限于工作内容，有关降低正式员工职业流动率的要求，同样以规定时长的形式被复制到实习中来。

> 稳定性这个东西很多时候比个人能力还重要，你个人能力再强，我留不住你也是白搭。可能之前在项目和你个人身上投入的资源就白费了，甚至会被带到下一家公司里去，我们内部的培训压力就会很大。只有各个级别的员工都有一定的稳定性的时候，才能实现低成本的传帮带。
>
> ——从筠（WL01-20211208）

因此，时长较短的实习经历可能会给个体带来诸多问题。首先，实习的提前终止可能会使个体无法获得企业开具的实习证明，并且有可能被企业进行标注，影响后续继续投递这家企业时的简历评估。其次，实习提前终止迫使正式员工需要立即着手招聘和培训新实习生，会给周围同事对于自己的工作评价带来负面影响。在招聘实习生的过程中，部分员工会依靠公司和自身拥有的资源对实习生进行背景调查，在确保信息真实性的同时，获取之前同事的评价作为参考，这在一定程度上限制了简历造假的行为。最后，招聘人员将实习时长视为未来工作稳定性的判断依据，时长较短的实习使得实习本身的含金量和候选人的性格品质均被赋予了诸多负面意义。这些都使得个体在做出具体签约或解约决定时，需要将稳定性作为一个关键的因素考虑在内。

> 比较短的实习经历还不如不写，这段实习经历每次都会被面试官挑出来问为什么时间不到 1 个月，本来想作为加分项，但感觉每次都是减分项。
>
> ——温楠（ST03-20221225）

> 稳定性这个东西从过往实习经历中就能大致判断出来，我们在招聘中会遇到很多院校专业背景好、实习经历丰富的同学。但如果很多实习都是一两个月时长的，我就会觉得很不稳妥，这个人可能更倾向于刷实习，跳到下一个更高的平台，而不是踏踏实实做事情。之后对待正式工作可能也是这样，没长劲，韧性会比较差，后劲不足。
>
> ——语梦（HR07-20211212）

在学生接到录用通知但还未毕业的这段时间里，企业有要求学生提前去实习的惯例，这是基于对工作适应和降低雇工成本的考量。除此之外，出于企业巩固招聘成果的需要，这一阶段的实习所具有的内涵随之丰富起来。对于企业来说，虽然学生接收了录用通知，但不代表学生手里没有其他录用通知，依然存在毁约的可能。这时如果要求学生来实习且学生也愿意来实习，便可以认为自家企业对于学生来讲是有足够吸引力的，甚至可能是学生心中的首选。反之则是学生有可能还在比较和等待之中，在这种情境下，实习成了一种主观意愿的确认方式。与此同时，在这类实习中，企业往往会按照正式员工的工作标准要求实习生，这就使得学生需要投入大量的时间和精力到工作中，很难全身心参与到其他的笔试和面试流程中去，在一定程度上阻碍了竞争对手的招聘工作，形成对自身招聘结果的保护。

　　一般发 offer 可能在前一年的十一二月这样，如果要实习的话基本都是来年三四月，这个时候有的学生可能已经去参加其他面试了，如果直接问的话学生肯定不会亲口告诉你面试的情况。但如果你让学生来实习，其实压力就到了学生那一边。学生需要考虑这个实习值不值得去，因为基本上三四月去了之后，实习结束就快毕业了，就是确定了会来这家公司工作才会来实习，否则就是还在犹豫。所以通过学生对于实习的回应我们就能大致有个判断，而且学生来实习之后，就没有那么多时间去准备其他面试了，这样这个应届生我们就基本算是确认下来了。

——雪瑶（HR02-20220105）

　　由此可见，对于尚未成为正式员工的实习生来说，企业对于实习时长的强调既直接服务于自身对于灵活劳动力稳定性的需要，避免由个体选择的不确定性带来的额外招聘培训成本，又能作为重要的社会化手段，让学生对于正式工作后的稳定性规则进行内化和适应，并且还能在校园招聘结束后的特定时间段内直接巩固招聘成果，使实习在企业主导下逐渐成为重要的规则载体。

　　3. 小结

　　高等教育与劳动力市场原有标准化路径的崩溃，为个体自行制定指导方针提供了可能。当然，这里的个体不仅仅指的是一个人，更多指的是在社会具体场域之中的相对微观主体，学生、企业都可以被包含在内。这些方针并不是完全随机的，而是依赖一定的社会制度。在实习丰富了学生向工作岗位过渡路径的同时，服务于传统双向选择模式的三方协议难以继续发挥有效作用，一个看似更为不稳定的劳动力市场正在形成，但其中依然保留着稳定性的内涵，并主要通过雇主的实践得以凸显。

　　一方面，正式招聘之前的实习是学生职业社会化的重要阶段。在这一阶段，实习生会对雇主制定的规则进行学习，从而更容易接受并内化后续正式工作中的类似规则，有利于企业降低招聘和内部培训成本。另一方面，招聘之后的实习是独立于录用通知和三方协议的一种确认方式，不仅能够以较为客观的方式获悉候选人的主观意愿，还便于雇主在后续过程中对实习生进行直接的劳动控制。从一定程度上来说，这既是实习对于原有模式破坏的过程，也是其自身作为新规则的载体，将不同主体间的互动重新嵌入制度化的过程。

四　结论与讨论

1. 研究结论

如今，学生于在校期间参与实习，接受特定领域内的专业培训，已然成了高等教育过程中的常态，这在一定程度上与教育传统所期望的"君子不器"相违背。与基于文凭划定的高校与市场的边界不同，实习强调在高校默许的情况下由学生与用人单位自行达成协议，不仅将学生接触实际工作的时间提前，而且强调"在做中学"，使学生以一种更为模糊的方式对待学习和工作，从而将职业培训融入学生在校期间的学习中去。这是劳动力市场供求关系改变后，市场主体在高等教育内容、过程和评价中话语权不断增强的缩影，也是缓解高等教育与市场需要错配的阶段性结果。本文尝试以985高校人文社科专业实习中的相关主体为研究对象，对目前高校中的实习常态化进行深入剖析。

首先，实习在文凭之外所发挥的实际性与象征性作用，能够有效缓解当下高等教育与市场需要间的错配。

就能力的实际性提升而言，学生在实习中面临着更为严格的考核标准和更为复杂的实践情景，在获取直接且严格的工作反馈并进行反思的同时，学生也在修正自身关于技能水平的认知。在标准化技能上，学生对原有的技能评价标准进行细化，并在采纳可操作化建议的过程中感受自身能力的切实提升。在非标准化技能上，学生尝试用不同情境下的灵活应对替代一成不变的衡量标准，从而进行经验积累。除此之外，能力的定义不仅局限于与生产需要直接相关的内容，学生在非认知维度与工作场所特点的契合同样被视为就业能力的重要组成部分。学生需要在实习过程中培养主动学习、适应和自我管理与激励等特质，以适应工作过程中的多元主体和不确定性的存在，从而顺利实现从学校向市场的全方位过渡。

就能力的象征性识别而言，简历筛选过程中不同实习经历间存在较强的异质性，使招聘者难以按照固定的标准进行筛选，更多的是在候选人的学校和专业信息之外，对人岗匹配的综合性进行评估。在后续的面试阶段，实习经历作为应聘者与面试官沟通的潜在话题，便于应聘者依托真实案例复述工作内容，展现工作能力与思路，也便于面试官进行理解和追问，从而做出更为贴近真实工作状态的判断，降低了信息接收和沟通成本。

其次，在劳动过程的不稳定性从劳动力市场向其他社会领域蔓延的过程中，市场、高校和学生主体间不同应对方式的交织、互动与冲突推动了实习常态化的产生与发展。

市场主体增强灵活性的举措为实习常态化奠定了基础。技术革新带来了工作内容的分解和日益激烈的市场竞争，为了提升自身在不稳定市场中的适应能力，更好地选拔满足市场新需要的劳动力，企业开始对组织构成和招聘安排进行调整。一方面，企业改变了长期雇佣的模式，开始吸纳灵活劳动力以维持对市场需要的"即插即用"，并将部分人力储备与培训职能外放，由新型的中介机构来承担。另一方面，企业试图通过分散招聘安排以规避集中校园招聘中的诸多弊端，面对暑期实习项目中学生基于自身利益所形成的招聘回应方式对企业造成的不利影响，企业开始将招聘安排与日常实习相结合，从而最大限度地维持自身的议价能力并巩固现有招聘结果。这在将规模庞大的在校学生群体纳入企业日常运转过程中的同时，推动了灵活劳动力市场的完善与发展。

高校主体面向就业的默认结果为实习在教育中的存在创造了空间。就行政系统而言，在学校层面，为了应对上级教育主管部门的考核和学生的就业需要，学校为学生设置了统一的就业培训。但受制于培训所面临的专业性与普及性难题，以及学校就业部门工作人员对于学生就业结果的理解与归因，这些培训更多发挥的是基础性作用，难以契合学生的针对性需要。在学院层面，辅导员面临着就业率及日常管理的双重考核，尝试将集中在毕业年级的工作"未雨绸缪"地做到非毕业年级中去，提前进行就业知识的科普和准备工作，链接实习资源并调整管理规章，通过直接或间接的方式鼓励学生参与其中。

学生的参与为实习制度的持续运转提供了动力。在学生参与实习前，高年级学生的实习经验是重要的信息来源，在客观环境引导和主观选择意愿的双重作用下，不同年级同学之间的经验传递发生了向上偏差，对于实习经历的数量要求越来越多，实习时间也随之提前，并构成了可供模仿和借鉴的样本。这种加码进一步通过同年级同学之间的比较进行传递，最终使实习在学生的认知中成了一种越发普遍的存在。学生在参与实习后，倾向于将实习视作明确职业规划的低成本试错，以及积累就业竞争优势的高效手段，从而愿意持续参与其中以找到"越来越好"的实习。在主观层面的认知外，学生也在尝试利用自身拥有的选课自主权以及校内代课市场为实习创造充足的空余时间，并采取隐瞒或谎报的方式来规避导师的阻拦和限制，从而摆脱客观行为层面的束缚。

最后，在官方制度规定缺位的情况下，实习本身出现了一定的制度化倾向。在互动之中处于优势地位的主体会尝试构建相应规则以维护自身利益，实习便成了传递和贯彻这一规则的重要工具。在招聘考察日益常态化的背景下，原本服务于节点式招聘的三方协议，难以适应企业在当下确认招聘成果的需要。为了避免人员过于频繁流动带来的招聘和人力培训成本的上升，企业开始将稳定性视作协议之外的新型承诺。通过将实习作为正式工作的预演，在强调实习时长的同时，也将其作为招聘结束后确认劳动者意愿和巩固招聘成果的手段。

综上所述，实习得以常态化存在的背后，既有实习在教育与市场链接中的独特性作用，又有不同相关主体的博弈、冲突与调整，经过演化形成了独特的组织方式和互动规则，共同构成了一个相对完整且持续运转的系统。

2.反思与展望

2011 年，Perlin 出版了《实习生国度：如何在美丽新经济中一无所获》一书。在书中，他聚焦于美国社会中多样且复杂的实习现象，通过对实习前身——学徒制的回顾，以及对当下推动实习制度发展壮大的力量的梳理，为读者展现了实习如何作为一种新的经济形态，服务于资本主义社会将年轻人从教室引向工厂和办公室的斗争，又带来了哪些经济和社会问题。在对特定产业的分析中，他重点提及了迪士尼乐园的实习工作，详细描述了这一看似世界上"最快乐"的实习工作背后，是极低的待遇和极为严苛的要求，前后形成的反差令人深思（Perlin，2011）。与实习越发普遍形成鲜明对比的是，人们对于实习知之甚少。如今，虽然实习无处不在，且呈现数量迅速增长的态势，但依然处于较为模糊和混乱的状态，不仅缺乏相关的准则与规定，就连实习本身的含义也是复杂且多样的。

在高等教育与工作场所变革的交汇点上，实习与不平等的再生产之间存在什么样的联系，在中国的社会背景下尚未得到足够的关注。目前基于招聘过程的研究发现，名企校招看似公平竞争，实际上从一开始就存在着不平等。机会的获得依赖精英和校友的相互举荐，具体的考核标准更加注重文化层面的匹配，这些都使得拥有社会经济特权的候选人更加受到青睐（Ho，2009；Rivera，2015）。作为正式工作的预演，实习机会的获得除了受到个人努力的影响外，作为相关主体的学校和家庭在资源上的差异同样不容忽视。

与此同时，除了本文所关注的特定类型高校学生的实习外，实习在更为广泛的学生群体中是否面临同样的境况？这些学生面临的实习机会是什么样的？对于他们而言实习又意味着什么？对这些问题的探究可能会得到与本文并不一致的答案。对于用人单位来讲，情况亦如此。从校园招聘中的竞争到实习项目的发布，独占鳌头的总是那些行业内的头部企业，因为这些企业往往可以通过局部垄断维护自身在这些项目中的预期利益。但对于更多的市场主体而言，实习项目之于日常工作的意义是什么？是否经历了与头部企业不同的演化路径？背后的逻辑是什么？归根结底，灵活劳动力在如今的市场中已不再是小众群众，而成为一种市场转型的大趋势。我们需要对不同主体间的异质性加以关注，这有助于丰富我们对于上述问题的认识。

　　现代生活充满不确定性，实习逐渐成了一个我们审视自身的学习、工作乃至生活的独特切入点，促使我们对高等教育与市场需要间的关系进行了解与反思。

参考文献

王英杰，2007，《大学学术权力和行政权力冲突解析——一个文化的视角》，《北京大学教育评论》第 1 期。

项飚，2012，《全球"猎身"——世界信息产业和印度的技术劳工》，王迪译，北京大学出版社。

Beck, U. 1992. *Risk Society: Towards a New Modernity*. London: SAGE.

Bills, D. B., V. Di Stasio & K. Gërxhani. 2017. "The Demand Side of Hiring: Employers in the Labor Market." *Annual Review of Sociology* 43.

Crowley, M., D. Tope, L. J. Chamberlain & R. Hodson. 2010. "Neo-Taylorism at Work: Occupational Change in the Post-Fordist Era." *Social Problems* 57(3).

Festinger, L. 1954. "A Theory of Social Comparison Processes." *Human Relations* 7(2).

Goethals, G. R. 1986. "Social Comparison Theory: Psychology from the Lost and Found." *Personality and Social Psychology Bulletin* 12(3).

Ho, K. 2009. *An Ethnography of Wall Street*. London and Durham: Duke University Press.

Perlin, R. 2011. *Intern Nation: How to Earn Nothing and Learn Little in the Brave New Economy*. Brooklyn: Verso.

Rivera, L. 2015. *Pedigree: How Elite Students Get Elite Jobs*. Princeton, NJ: Princeton University Press.

Wheeler, L., R. Martin & J. Suls. 1997. "The Proxy Model of Social Comparison for Self-Assessment of Ability." *Personality and Social Psychology Review* 1(1).

附录:

表 1 受访者基本信息

编码	受访者	性别	身份	地区 / 城市线	其他信息
ST01	云飞	男	学生	东部 / 新一线	管理学
ST02	澎龙	男	学生	东部 / 二线	法学
ST03	温楠	男	学生	东部 / 二线	哲学
ST04	琪钰	女	学生	东部 / 一线	法学
ST05	金澄	女	学生	东部 / 新一线	管理学
ST06	朝旭	女	学生	东部 / 一线	经济学
ST07	雅歌	女	学生	东部 / 一线	教育学
ST08	以轩	女	学生	西部 / 新一线	教育学
ST09	道远	男	学生	中部 / 新一线	管理学
ST10	华鹤	男	学生	西部 / 新一线	管理学
ST11	英彦	女	学生	中部 / 新一线	管理学
ST12	德清	女	学生	西部 / 二线	法学
ST13	子松	女	学生	东北 / 二线	文学
ST14	恺朗	男	学生	东部 / 一线	教育学
ST15	甘媛	女	学生	西部 / 新一线	法学
ST16	晨菲	女	学生	东部 / 二线	文学
ST17	余妍	女	学生	东北 / 二线	经济学
ST18	芳林	女	学生	东部 / 一线	管理学
HR01	念云	男	人资专员	东部 / 一线	地产
HR02	雪瑶	女	人资专员	西部 / 新一线	互联网
HR03	向槐	女	人资专员	东部 / 一线	地产
HR04	振海	男	人资专员	东部 / 新一线	互联网
HR05	灵珊	女	人资专员	中部 / 新一线	金融
HR06	韵雯	女	人资专员	东部 / 一线	金融

续表

编码	受访者	性别	身份	地区 / 城市线	其他信息
HR07	语梦	女	人资专员	东部 / 一线	通信
HR08	凝云	女	人资专员	东部 / 一线	零售
WL01	从筠	女	业务负责人	东部 / 一线	互联网
WL02	晓慧	男	业务负责人	东部 / 一线	金融
WL03	雅珍	女	业务负责人	西部 / 新一线	零售
WL04	智云	男	业务负责人	东部 / 一线	地产
SA01	惜雪	女	辅导员	东部 / 一线	法学
SA02	秀易	女	辅导员	中部 / 新一线	管理学
SA03	辰沛	男	辅导员	东部 / 一线	管理学
SA04	芮静	女	辅导员	东部 / 二线	文学
CD01	绮真	女	就业中心人员	东部 / 一线	/
CD02	奕巧	男	就业中心人员	西部 / 新一线	/
NT01	伟兆	男	导师	东部 / 新一线	法学 - 正高级
NT02	芳颖	女	导师	东部 / 一线	管理学 - 正高级
NT03	静槐	女	导师	中部 / 新一线	经济学 - 副高级
NT04	冬玉	女	导师	东部 / 一线	管理学 - 副高级
NT05	鸿志	男	导师	西部 / 新一线	教育学 - 副高级

注：表中城市线划分详见《城市商业魅力排行榜》，https://www.yicai.com/news/ 101063860. html，最后访问日期：2022 年 1 月 22 日；学科信息详见《授予博士、硕士学位和培养研究生的学科、专业目录》，www.chinadegrees.cn/xwyyjsjyxx/sy/glmd/264462.shtml，最后访问日期：2022 年 1 月 22 日。

工与艺的抉择

——青年漆艺师的职业身份认同

宁　进

中国人民大学社会学院 2023 届硕士毕业生

引　言

2022 年暑期，我报名参加了"中国非物质文化遗产传承人研修培训计划"传统漆艺髹饰技艺培训班（以下简称培训班），并以此为我撰写毕业论文的田野，寻找社会学在非遗这一议题之上的切入点。

在某一天下午的实践课上，授课老师讲到他在日本轮岛漆艺技术研究所的学习经历。他说："在研究所，面对那些'人间国宝'大师们，设计、创新、艺术这三个词是绝对不能提的。"因为受到了他的师父的影响，历经五年学成归国后，他对自己的定位是一个漆器的制作者，"我想成为的是一名'工匠'，而并不把自己作为一个'艺术家'"。

为何日本的那些"人间国宝"，在漆艺教学的过程中，对"艺术"这个词有如此强的抵触情绪呢？这让我感到一丝不解。在与班内众多学员接触的过程中，我发现，作为漆艺从业者，面对"工匠"与"艺术家"这两个身份，他们或多或少有着自己的矛盾、纠葛与摇摆。

后来，在与培训班另一名老师的聊天中我得知，漆艺从业者即将迎来由人力资源和社会保障部认定的职业名称——漆艺师，而他也参与到了这一新职业申请与认定的部分过程。从职业发展的视角上看，"工匠"与"艺术家"的抉择，便具有了更为重要的意义，代表着两条不同的发展路径。甚至，这样的抉择，是隐藏在影响漆艺及漆艺从业者们存续与发展过程中的"中轴"，是诸多矛盾问题的根源。例如，现代漆艺的发展应以"器"为主，还是以"画"或"塑"为主？漆制品应以"实用"为本，还是应更加关注"审美"与"展览"的特性？漆制品的制作应强调技艺的传承，还是应更多地融入制作者个人意识的表达？……这些都是我在漆艺研修过程中的矛盾观点，而它们似乎都能在"工与艺的抉择"这一议题中找到源头……

虽然"工匠"与"艺术家"并不是相互对立、没有交集的两种职业角色，就漆艺而言，对传统工艺技法的钻研与对艺术审美的表现并不构成冲突，但工与艺的抉择，仍是萦绕在众多漆艺从业者脑海中不可忽视的矛盾，特别是对于从事漆艺的青年群体而言。

究其原因，可能工与艺的职业身份认同，代表着职业发展的两条路径。工与艺虽然不能完全地划清界限，但在职业发展方向上，需要对侧重点进行考量与选择。对于青年群体来说，他们正处于职业生涯的起始阶段，一是面临着是否"以漆为生"的选择，即是否将漆艺师作为今后赖以为生的主要职业身份；二是面临着对漆艺师这一职业发展路径的抉择，即是将自身定位为工匠还是定位为艺术家。漆艺师作为一种新生职业，在职业的标准与要求方面尚未出台明确的规定，亦即青年漆艺师对自身所从事的职业活动拥有很大的自主权，可以在工与艺之间根据职业身份认同进行自主的选择。

根据漆艺师职业的现有定义，成为漆艺师需要熟练地掌握漆器制作各流程的工艺，独立完成漆器的设计与制造工作。根据此定义，漆艺师仅占漆艺从业者的一小部分。漆艺从业者的来源复杂，植根于他们工作的内容，他们对自身职业身份的想象与认同具有相当的差异。既然选择以青年漆艺师为研究对象，则需对漆艺师这一职业进行相对严格的界定，将研究焦点放在漆艺师而漆艺从业者身上。随着研究的开展，我发现，青年漆艺师大多将自身视为工匠而非艺术家。一般而言，艺术家拥有比工匠更高的社会地位与社会声望，无论中西，在漫长的历史长河中，获取艺术家的身份是工匠提高自身社会地位的路径之一。而当下漆艺师们却反其道而行之,强化了对自身工匠身份的认同。

　　经过一段时间的参与观察,我逐渐厘清了值得开展研究的中心问题:在工与艺的抉择中,青年漆艺师为何更偏向于工匠的职业身份认同?亦即,在此二者的界分下,对于青年漆艺师而言,工匠区别于艺术家又高于艺术家的原因为何?

　　在明晰了问题之后,我逐渐收集相关资料,与数名青年漆艺师展开深入的交流并对其进行访谈,还在一名访谈对象的带领下拜访了一名对该行业了解颇多的文玩店老板,形成了较为丰富的素材,完成了我毕业论文的写作。

一　技与艺的分歧

　　初至田野点,站在非物质文化遗产技能传承院(以下简称传承院)的大门口,浮现在我脑海中的第一个问题便是:为何在其名字中,特意添加了"技能"二字?在我的想象中,非遗这一概念所包含的内容极其广泛,在相关机构的命名上,完全可以"粗放化"一点,这样似乎也能显得更加"高大上"一些。传承院在其名字中添加了"技能"二字,是一种具有明确偏向性的指涉,彰显了其对技能传承的重视,而非对文化传承的研究。

图 1　荆楚非物质文化遗产技能传承院外景

在传承院学习的过程中，在与授课老师及众多学员接触时，我发现，真正够格能被称为漆艺师的人，大多对"工匠"所代表的意涵有较为强烈的精神向往，并将成为一名合格的匠人作为其职业生涯的追求。那么，在传承院之命名上，对技能的关切是否就是此类向往与追求的外化表现呢？如此说来，漆艺师们对于工匠的身份进行了怎样的界定呢？

同时，对所谓"艺术"的涉及是在培训课程中难以回避的内容，对作品的设计、创意、表现力等的探讨，亦是漆艺师们在制作漆工艺品时不可避免的进程。韩鉴堂（2009）在《中国汉字》中，对"艺"作为汉字的解释如下："艺"最初像一个人曲膝种树，此后逐渐引申为"技艺"。自周代始，"六艺"便被纳入教育体系，包含礼、乐、射、御、书、数。"术"在《说文解字》中的解释为"从行，术声"，引申为如果跟着师傅学习，便要掌握他的技巧，所谓熟能生巧、艺无止境。由此可见，"艺"与"术"的组合，在中国古代的发轫，在含义上与古希腊语中的"艺术"（techne）是相近的。"技"与"艺"之间的联系甚密，以至于互为表里，漆艺师作为手工艺人，又具有非物质文化遗产传承者的身份，与艺术打交道，理应是他们在职业活动中必须面对的重要内容。培训班中的众多学员对有关漆艺的艺术创造有着相当的热忱，他们对漆艺师这一职业的认同与想象，绝非仅停留在传统社会中"士农工商"划分体系下"工"所扮演的社会角色，参与从事艺术的生产亦是漆艺师职业活动的重要组成部分。

"工匠"与"艺术家"，既构成了漆艺师职业活动的一体两面，也是漆艺师在其职业生涯中需要面对的路径选择。罗伯特·莱顿（2017）基于艺术人类学的理论视角，在对山东乡村和城镇地区的传统艺术进行田野调查时，依照访谈材料，对民间手工艺人心中这二者的区别进行了总结，详见表1。

表 1　工匠与艺术家的对比

工匠	艺术家
用手制作	用心或灵感工作
制作同样的作品	创造新作品
制作日常用品	创造观看与欣赏用品
受教育较少	受过高等教育

相较于其他艺术形式，材质属性与工艺特征是手工艺所具备的特性。漆艺师们对"工匠"作为自身职业身份的底色持有较为坚定的信念，他们产生职业身份认同的缘起为何？或者说，在他们对漆艺师作为一类职业的认知中，相较于艺术家，工匠的独特性何在？

（一）"合此四者，然后可以为良"

"天有时，地有气，材有美，工有巧，合此四者，然后可以为良。"这是先秦时期的科技著作《考工记》中提及的对造物的基本要求（闻人军，2021）。顺应天时，适应地气，材料上佳，技艺精巧，这四个条件相加，才可以得到精良的器物，这在当今仍被各类传统手工艺者奉为经典，被视为基本的遵循。在进行生产制作的过程中，融会贯通此四者之要求，是众多漆艺师将自身视为工匠而非艺术家的一大原因。

"天有时"是指自然运行的时序，如节气、气候、阴晴、寒暑的变化等。"天有时以生，有时以杀；草木有时以生，有时以死；石有时以泐；水有时以凝，有时以泽；此天时也。"器物的制作需要顺应自然的规律，类似于田地的耕种需要顺应四时，春种夏长，秋收冬藏。

> 做漆器的时候真的会体会到节气的神奇之处。比方说在春天的时候，我们刚好有一批做好的器具需要刷漆，就如往常那样进行一道又一道的工序。但是在有一天的晚上，刷好漆放在阴房里阴干的器具全都结雾了，用术语来说就是"烧掉了"，结果就是这一批东西全都报废了，达不到我们制作的要求。当时还不知道是出于什么

原因，后来看到我们房间的镜子上也有水汽，这才意识到是到了雨水节气。天气回暖，冷热交替，器具上就结雾了……漆器制作是很辛苦的，经常需要连续很多天从早到晚在工作室里，不过我们会根据器具制作的周期来休息，比方说三月，我们就放下手头的工作，得闲去放松一下。（邱蔚[①]）

对于漆艺来说，手工制作并不似工业化流水线生产那般，通过人工干预控制变量的方法创造稳定的生产环境。对于自身要求较高、想要做出精品的漆艺师而言，"天时"便是其在制作过程中必须注意的变量之一。不同的工序对环境的要求亦有差别，对作为工匠的漆艺师而言，在自然的状态下制作器具，面对工序多样、流程复杂、制作周期较长的漆工艺品的生产，就需要掌握"天时"的规律，否则就会差之毫厘、谬以千里。

正如邱蔚所言，手工艺是务"实"的一种东西。不遵循规律就会得到坏的结果，制作出不尽如人意的东西；对规律遵循个大概，结果至少不会太坏。这样会使制作者有一种真实感，就像辛勤耕耘会有收获一样，不存在投机的可能性，人心也会安定一些。在制作器具的过程中遵循器物"养成"的规律，遵循隐藏在物背后的自然规律，人性、物性、自然性在劳作的过程中进行重新黏合，劳作的规范、社会的规范在自然的规范下被重新塑造，这是手工艺的存续对人与社会的意义之一。

"地有气"是指不同区域的地理、气候、生态环境等要素。"天时"强调的是时节、节气等，是一种时间上的观念；而"地气"则关注的是某地自然地理环境的风貌，以及这样的风貌对手工艺制作所带来的影响。在传承院学习的那段时间，正值长江中下游流域伏旱的酷暑时节，某名同学忍不住抱怨，"这里的地气太过燥热了"。这引起了我的兴趣，与之展开了关于地气的讨论。

---

① 文中人名均为化名。

地气是中国非常传统的一种自然概念，每个地方由于它的地理环境都具有一定的特性。此地南临长江，北面有大湖，夏季炎热，水汽蒸腾，平原地带又没有大风，就像蒸笼一样，在这里待久了难免会感觉燥热上火……这样的地理环境特性又会影响生物的生长过程与结果，比如"橘生淮南则为橘，橘生淮北则为枳"。漆工艺选取自然的材料，地气对材料有影响，比方说最重要的生漆，是漆树躯干上流出的汁液，陕西的漆、东南亚的漆、恩施的漆会有不同……还有一点，地气对漆工艺品制作的过程也会有影响。像这里从古至今都是漆器生产的重镇，因为它的地理环境适合做漆器。刷漆后的阴干并不是要在干燥的环境下，而是要保持空气的湿润，这样刷上的漆才会凝固、干燥变成坚固的覆盖膜。例如福州、成都等地也是这样，虽然成为漆器生产中心有很多因素的相互作用与加持，但地气的影响是不可忽视的。（林简）

从与该同学的交谈中我得知，地气对于漆工艺品生产制作的影响，一是在于制作所需的材料的特性，二是在于与漆工艺品制作工艺流程的契合。地气是相对固定的一种自然条件，在其影响下，经历史的演化，形成了漆艺所需的各类原材料的供给地，以及漆工艺品制作的聚集地。历史上出现的漆艺重镇，在某种程度上，也是受到了地气的影响而形成的。

天时与地气一道，构成了漆艺师们所需要认知与遵循的自然规律。自我认同为工匠的漆艺师，所从事的是"造物"的工作，其中蕴含"天人合一"的观念，反映出人与自然的相通。在漆艺师制作器具的过程中，人的全部活动都必须遵循自然规律，达到人与自然的和谐。正如《考工记》中所言，"材美工巧，然而不良，则不时，不得地气也"。在制作器具的过程中，仅有"材美"与"工巧"是远远不够的，对"天时"与"地气"的考虑必须被囊括在工匠们的生产制作活动之中，如此方可保证器具之"良"。

在这个意义上，漆艺师作为工匠所制作出的器具，不是以实用为单一目的的工具，其中蕴含了礼之教化的作用。所谓文以载道、器以藏礼，对"实用性"的追求固然是工匠区别于艺术家的显性因素，但蕴含在其中的，对自然规律的遵循、对"天人合一"的追求，可能才是对二者进行区分的更为深层次的文化因素。

"材有美"是指材料本身具有的良好的自然品质，涉及色泽、纹理、手感、密度、强度、硬度等方面。对材料属性的要求是工匠在造物的过程中区别于艺术家的关键之一。在材料的选取上，出于实用的目的，并不能仅关注外在的表现，对材料所具备的内在特性的关注是成为一名合格工匠的基本要求。传统手工艺就是以手工劳动的方式对材料施以某种手段以改变其形态的过程和结果，在传统手工艺的知识体系中，对"物性"的认识占据了非常重要的地位，即"物各有性，性各有极"。在长期的生产与实践过程中，工匠们对自然材料的特性进行了精确的归纳与总结，如在《考工记》中的记录："燕之角，荆之干，妢胡之笴，吴粤之金、锡，此材之美者也。"

"漆可用，故割之。"生漆作为漆树的汁液，与人类社会产生联结也是基于其作为材料的独特性征，从而融入造物的活动之中，被各类手工艺者研究和运用。相较于审美意义上的表现，将自身视为工匠的漆艺师对漆的运用，更关注其作为制作材料的特性，以及对它的物性的掌握与运用。例如，在传承院学习髹漆的过程中，需要将生漆一层又一层地髹涂在器具的表面。在这一过程中，同组里经验颇为丰富的同学对我给予了很多指导。通过漆液的稠度、颜色等可以判断出生漆的含水量，前几道的刷漆，需要用酒精对其进行稀释，让漆液能更好地渗透进木胎之中，发挥黏合的作用。在最后几道刷漆中，又要在日光下晒漆、炼漆，减少漆液中的含水量，制成"透明漆"，这样髹涂于器物的表面才会有光泽感。从这个事例中可以看出，仅仅髹漆这一道工序，在对生漆作为材料的运用之中，在不同的阶段就会根据材料本身的物性进行相应的处理，使其发挥出更好的功效。这对制作者提出了很高的要求，他们需要凭借自身积累的经验，植根于器具的实用性，选取适宜的材料，并对材料进行相应的处理。

图2　笔者在晒制透明漆

我们开设自己的漆艺工作室后，定制的第一件器具是一个结婚戒指盒，客户的对象姓柳，所以我们决定用柳树来做漆盒的胎体。他的老家在哈尔滨，我们就选择在冬天最寒冷的时候，-17℃，去哈尔滨砍树。这个时候树木的养分最少，材料最稳定，砍了树之后又用传统的古法自然干燥半年，放在屋顶上风吹日晒，然后才开始用这个木材来制胎。（邱蔚）

在漆工艺品制作的过程中，需要用到纷繁多样的自然材料，材料本身所具有的自然特性又与前文所述的天时、地气产生了联系。在造物的过程中，选取的材料生长于何地、在何时进行采集、对材料进行怎样的工艺处理，都是工匠们所需要掌握的知识体系中的重要内容。对物的特性的关注，以及在长期的实践中所形成并代代相传的知识体系，便是漆艺师将自身区别于艺术家的原因之一。

"工有巧"是指制作过程中的智慧和技艺，要求手工艺人做到心到眼到、眼到手到。天时、地气、材美是造物过程中的客观因素，工巧则是工匠们凭借自身的技艺对这些客观因素的独到处理。一般而言，工匠们的造物实践并不是具有探索意义的创造性活动，而是遵循一定的规矩，承袭从古至今的技术规范和操作要求，以手工为主要方式循序渐进地完成器具的制作。

匠人们所追寻与恪守的工巧，其主要特点有二。其一是对古法的遵循。匠艺历经千百年的传承与发展，形成了较为完善的操作规范体系。流传至今的工艺技巧，久经时间的考验，在造物的实践中不断得到完善与修正，在匠人群体中获得了广泛的认同。在器具的制造中，对古法的遵循成为匠人们的普遍意识。出于某些原因，许多工艺已湮没在历史的长河之中，并未能系统地传承下来。因此，对古法的挖掘与复原就成了有追求的匠人们的努力方向。许多漆艺师在进行造物的活动时也注重对古籍的查阅，并与相关领域的研究人员进行交流，致力于复原古时已达巅峰的技艺。其二是对手作的执念。流传至今的工巧技艺属于造物的专有知识，这种知识不能仅存在于书本或脑海之中，还要落实到以手为工具的造物实践中。手的独特性与感受能力被许多漆艺师所强调，在他们的观念中，这也是许多传统工艺的工序至今不能被机器替代的原因之一。在一节课上，老师现场展示了用以刮漆的木质刮锹的制作。木质刮锹的顶端需要在保持坚固的条件下尽可能薄且平整，木材表面也需要被处理得极尽光滑。老师用木工的刨刀来完成制作，在制作之前，拿出小锤子敲打刨刀的刀片，将其调整到合适的角度。在刨木材的过程中老师时常停歇一下，用小锤子对刨刀进行细微的调整。"用眼去看，用手去感受。"

　　手有着非常丰富且灵敏的感受能力，经过一定的训练可以保持极高的精度。成为一名手工艺人就需要不断地锻炼自己的手感，手感的缺失会导致工艺技术的倒退。现在很多人为了省事，会使用机器来完成部分工序，我不太建议大家对机器产生依赖，机器也是人制造的，是人制造的就会有误差，这样的误差层层放大，传递到你最终完成的器具上就相当大了。这也是我选择自己手工制作各类漆工艺工具的原

因。对工具需保持严谨的态度，这样在使用的时候才会更趁手、更好用，通过这些工具制造出来的器具才能达到要求。（邱蔚）

对天时、地气、材美、工巧的重视，构成了传统手工艺的独特价值，是传统手工匠人在职业活动中需要熟习与恪守的要求和准则。工匠所从事的造物活动，以制作实用器具为主要内容，此四者亦彰显了工匠对"实用性"的追求。漆艺师们将自身视为工匠而非艺术家，实用与审美的矛盾固然是导致其站队的重要因素，但在这背后隐藏的"天人合一"的观念和有关"物性"的传统知识体系，可能才是他们自视为工匠的重要原因。有访谈对象与我言及，东方民族的礼节的形成，儒家的教育是一方面，与手工艺者打交道则是另一方面。比如在学习过程中对师傅的伺候，在这样的过程中礼节被广泛传播与塑造，工艺的规矩与社会的规矩在其中逐渐养成。这样的观点体现出工匠在技术评价上的伦理化取向，反映了中国文化中"重道轻器"的道德评价标准，侧重于彰显高水平的工匠所毕生追求的"匠师""哲匠"形象。匠人在造物的过程中，参悟自然的道理，巧用物之特性，并力求在社会中扮演重要的角色，参与社会规范的塑造。这些是奉行创新创意与审美表达原则的艺术家难以真正触及的东西，构成了工匠区别于一般艺术家的壁垒。

（二）"功致为上"

天时、地气、材美、工巧是对造物的基本要求，"功致为上"则是验证造物之结果的标准（徐艺乙，2015）。"功致为上"，即制造器具需要以坚固细密为主要的标准，人们对这一标准的广泛认同和运用与古代朴素的造物思想是一脉相承的。

遵循"功致为上"的标准，其目的就是要保证器具的经久耐用。生漆作为材料具有极强的稳定性，经髹饰附着在器具之上，可以对器具起到包裹与保护的作用。一件工艺上乘、制作精良的漆器能做到深埋于地下而千年不坏、千年不腐，以千年为时间跨度的造物成就，亦是漆器令漆艺师着迷的特点。这种对历时性近乎夸张的追求，也是旁人所难以理解的。

有一天老师过来检查我们现阶段做出的成品，在旁边那一桌看的时候，他跟一个本职做陶艺的同学说："你这样做，十年之后漆层就会起泡。"后来那个同学跟我吐槽，"十年？管它个鬼！"这就是我们做漆艺的人和其他手艺人的一个不同的点吧，我们可能在时间线上会放得很长，会不由自主地去考虑很多年很多年之后的事，希望我们做的东西能"传宗接代"，能像现在放在博物馆展台里的古代漆器一样，千百年后还能和人们见面。（刘曼）

　　我们研究所的创办人松田权六曾说，器物的寿命，应该至少以100年为一个单位来计算。我们学成之后，在自己制作器具的时候，也一直以这个标准要求自己。我们之前做的那个戒指盒，从选料到制作工艺，都参照了传承至今的古代漆器所使用的方法，我们对它的稳定性非常有信心。在制作完成交付给客户的时候，我们就跟他说，保存1000年没问题，我们有信心它可以撑那么久，因为正仓院中的漆器也保存了上千年，我们就是按照那个古法去做的。（邱蔚）

　　由此观之，"功致为上"与天时、地气、材美、工巧是紧密结合在一起的。为了能制作出坚固、细密、经久耐用的器具，需要充分地了解所使用的各种材料的特性，手工艺者需要"因材施艺"，运用在长期生产实践中摸索与总结出的经验技巧，使材料所具备的特性得到充分发挥，从而生产出历久弥新的"良器"。

　　漆艺师们所理解的"功致为上"，包含了对器具所应有的功能的需求，对实用性的密切关注也就成了题中应有之义。正如访谈对象孔尚所说："我们对器具的寿命的追求，并不是说要让它成为博物馆的展品，藏在玻璃柜台中与人隔离开来，在恒温恒湿的保存条件下传承千百年。我们要做的就是实用的器具，它是要与人接触的，是要在实际的使用过程中经受考验的。"对实用性的追求贯穿了工匠们的职业活动，将器具从高高在上并与人相区隔的玻璃柜台中"解救"出来，让器具应有的工具价值融入人们的日常生活之中，是工匠们一以贯之的造物观念。制造出贴合人们使用场景、符合功能需求的器具，就必须深入仔细地观察器具的使用情况，并认真总结经验进行改进。用他们的话来说，就是在制作器具的过程中，一定要怀有"对人的观照"。

在传承院学习的过程中，我曾想要尝试做几个漆杯，于是自己在网上选购了几个杯具木胎。在买回来之后，同组的同学便上手把玩与感受了一下，说："泡桐木的吧？太轻了，拿在手上没有实感，不称手。""其中这一个杯形，你用来喝茶的话可能不太好，握着不方便。"在对木胎的这些评判中可以看出，对材料和器型的考量，都是以实用性为根本目的，通过手与眼的感官判断，代入使用者的使用场景进行模拟的体验而做出的。随后在制作的过程中，依据器具的功能性与实用性进行了相应的改制，如在对杯子内壁进行刮灰时，杯底留有一定的厚度用以增加整体的重量；在对外侧杯底髹漆的过程中撒了一层瓦灰，增强杯子成品的整体质感与杯底的摩擦力；在对杯子口沿进行打磨的过程中，亦需特别注意其整体的弧度及薄厚程度，以增强嘴唇的触感。这些关注与在意都是落实于非常细微的感受与体验之上的，如若不参与到这样的生活器具的生产中来，在平时我可能不太会主动关注这些"细枝末节"。

你作为使用者，你不去想这些事，不代表你感受不到，身体会主动地投票。什么器具好用，什么器具不好用，这样的评判都是基于你在使用它的过程中身体接收到的反馈而产生的。这些细微的感受构成了我们对器具使用的生活经验，其中很多生活经验都是共通的，是基于器具的使用场景而产生的普遍的需求。我们作为制造器具的人，就需要将自己代入这样的场景中，融入自己的生活经验与感受，用心地去做这件作品，展现出器具对人的观照。（刘曼）

另外，还有漆艺师认为，作为生活用具的器具，在对人的观照之中，不仅是对人们生活经验与习惯的遵循，在某种程度上，器具甚至对人的习惯具有规范与养成的作用，基于对器具的使用，形成一种普遍的社会规矩。如先秦时代的饮酒器——耳杯，祝酒之时需双手持握，"谁知道在宴会上喝酒的时候，你左手举杯，右手是不是还攥着一把匕首准备冲过来捅我呢？"（林简）由此形成了我们当今仍在恪守的社会规范，敬酒敬茶的时候需双手持杯。尽管当下我们使用的杯具在设计上是为了方便单手持握，但这样的规矩仍然是通用的，脱离了耳杯这一实物载体仍旧被社会广泛认同。

基于生活经验与器具的实用性，一名访谈对象举了一个更为独特的例子。

古时有一个器具叫水盂，就是丫鬟举起来倒水给主子洗手用的。这类器具有一个出水口，有一件文物是在出水口内绘有一条游动的鱼，这个器具现在的仿制品有很多，大家都觉得画上一条鱼非常有意境，这个器具也就变得很生动。但是很多仿制品存在一个问题，就是把鱼给画反了。

我先问你一个问题：鱼是顺着水流游动还是逆着水流游动？如果你观察过，你有这方面生活经验的话，你就会知道鱼都是逆水而游的。很多仿品的制作者就想当然地认为鱼是顺水而下的，他绘制的鱼，鱼头朝着出水口，这个方向就反了。

如果你没有这个生活经验，你可能不会在意鱼头是朝里还是朝外。但是今天我给你说了之后，今后你看到用到那些仿制品的时候，你一定会回想起来，你就会觉得这个东西不对，就会觉得有那么一点膈应。

但是我们回归到这个器具之上，这个彩绘上去的鱼头的朝向，对于它的使用而言没有任何影响，甚至在审美上也不造成影响，鱼都是一样的，只不过朝向有变动。但是这个东西违背了我们的生活经验，它与现实不符，你在使用的过程中就会感到不舒服。（孔尚）

虽然这个例子稍显"剑走偏锋"，水盂中彩绘的鱼对其作为一件实用器具的功能性而言并未产生任何影响，但这条鱼的朝向会对器具使用者的使用体验产生作用。依托于制作者和使用者的共通的生活经验，器具所具备的实用性在概念意涵上得到了拓展。器具所应然具备的功能性是其作为客体的外显特性，而实用性，是作为主体的使用者在对作为客体的器具的接触之中所形成的一种主观体验与感受。这样的体验与感受，在很大程度上源于功能需求的满足，但在生活经验作为一种变量的情况之下，使用者主体对器具实用性的感受就可能会发生偏移。

"功致为上"作为漆艺师们共同追求的质量标准，激励着作为手工艺者的漆艺师们对天时、地气的熟习，选取优质契合的材料，采取精密准确的工巧手段进行造物的实践活动。遵循"功致为上"的指导方针，将自身视作工匠的漆艺师们醉心于制造出经典的、能流传千百年的器具。打造出满足人们日常使用的需求、具备较强的实用性的器具，亦是"功致为上"的方针所引申出的目标。加强对人的观照，在制作过程中注重生活经验的融入，是工匠们在追求"功致为上"的造物实践中总结归纳出的经验，并成为其职业操守。

天时、地气、材美、工巧的造物要求与"功致为上"的造物标准，是传统手工艺所内含的，是千百年来各类手工艺者代代相传的基本遵循。漆艺师们将自身视为工匠而非艺术家，从表面上看源自"实用"与"审美"这两类价值取向中的抉择，从深层次来看是漆艺师们在长期的造物实践中，所构建与传承的有关物性的传统知识体系、基于实用性的对人的观照，以及其背后蕴含的"天人合一"的观念。自然性、物性、人性，此三者的结合构成了漆艺师作为工匠的立身之基，是一般艺术家在创作的过程中难以融合的职业素养，成为他们自视为工匠而非艺术家的本源因素。

二　漆艺的时代变迁

青年漆艺师们坚定地将自身视作工匠而非艺术家，向古时的传统工匠看齐，蕴含了对其处世之道的认可与继承，体现了对"由技入道"的哲匠、艺匠的追求。但随着时代的发展，传统手工艺在传承的过程中发生了诸多变化，手工艺品亦被赋予了除实用性之外的更多价值。作为传统手工艺的从业者，作为手工艺品的制造者，当代的漆艺师们无法在这样的变迁之中坚守阵地。青年漆艺师们正是当代传统手工艺巨变的第一见证者，也是在这样的影响下成长起来的新一代手工艺人。他们将自身仍视为工匠，是传统工匠的当代延续，但时代的变迁必定会对他们的职业活动与职业角色产生影响。漆艺的时代变迁主要体现在三个方面，分别是漆工聚落的变迁、职业分工的变迁，以及漆工艺品市场的变迁。以下将分别对此三类变迁进行阐述，并探讨其对青年漆艺师们的影响。

（一）漆工聚落变迁

最早的漆器，出自部落中拥有技能的人。随着时间的流逝与工艺的发展，漆艺从业者自然分为百工，漆工个体形成漆工聚落（林森，2014）。历史上的漆工聚落先后有工官制、贸易集散地和国营漆工厂等，这些聚落都形成了独特的传承方式和体系（张培枫，2020）。随着时代的发展，当今的漆工聚落已经逐渐转移至院校，在高等教育的体系下培养漆艺行业的优质人才。

漆艺作为传统手工艺的一种，其知识体系更多以隐性知识的形式呈现。对各种材料的认识与运用以及对各类工艺技法的掌握，都是基于在造物过程中逐渐积累的实践经验而实现的。以往这类隐性知识的传承都是依赖师徒制来完成的，通过在具体的造物实践中以言传身教的形式进行经验性的传递。有关造物的隐性知识通常被神化为"只可意会，不可言传"，而现代院校出于教学的需要，通过分学科的研究与专业课程的设计，将隐性知识通过标准化教学的步骤逐步转化为显性知识、客观知识，完成了对传统工艺知识与技能的"祛魅"。在这样的努力下，漆艺的传承摆脱了师徒制的捆绑，在院校中进行学习成了现代最重要也是效率最高的传承路径。

现代的院校作为特殊的聚落形式，相较于以往的漆工聚落，具有更强的开放性，可以进行多学科的交流与融合，对漆艺的运用也就不仅限于漆器的生产制造，艺术学科的介入使漆艺形成了漆器、漆画、漆立体三足鼎立的格局，工艺与艺术的矛盾由此加深。并且，在院校的体系中，漆的艺术与审美价值被更为广泛地延伸，形成了"重画轻器"的局面。国内有漆艺专业的院校根据学校等级的不同，对"工"与"艺"有不同的规划和教学重点。一般而言，高职或中专院校以学生对漆艺的熟练与掌握为目的，本科及以上院校则更注重教学过程中艺术审美的融入，以实现各种艺术表现为目的。然而，对于众多职业院校而言，其对制造工艺的教学效果无法得到保证，行业内尚缺乏标准化的流程和考核方式，对工艺与艺术的矛盾无力进行调解。

在访谈中，我了解到国内某开设漆艺专业的院校就将工作室运营列为主干课程。由此可以看出，对漆艺的学习只是院校培养的一方面，学生在系统地学习漆艺并走出学校之后，要以漆艺为生，所习得的工艺技能只是基础，其在后面的职业生涯中会面临更多复杂的活动，这是学校需要为学生重点考虑的事项。

当代以院校为主的漆工聚落，对青年漆艺师的职业活动与身份认同造成了相当可观的影响。无论青年漆艺师自身是不是从院校中走出的"学院派"，身处这个小圈子，在业界"初出茅庐"时不可避免地要与院校或植根于院校体系的同行们打交道，并在交往的过程中或多或少地受到其影响。在这样的影响下，青年漆艺师们在造物实践中越来越注重审美导向，在作品中融入其想要表达的理念。他们在专注于漆工艺品的制作之外，能够以漆艺师的职业身份，游刃有余地从事复杂多样的职业活动。

（二）职业分工的变迁

《中国大百科全书·考古学》中刊载了古代漆器铭文对漆器制作相关人员的划分：工人分素工、髤工、上工、黄涂工、画工、泪工、清工和造工等工种，监督和管理的官员除长、丞、掾、令史以外，还有少府派来的护工卒史。由此可见漆器制作的分工之细。

作为一种新职业，漆艺师与漆器制作工的区别在于，按照工艺流程和工艺种类，漆器制作工的工作内容分为制胎、髹漆、髹饰（彩绘雕填、螺钿镶嵌）三阶段四工种，实行工业化生产方式；而漆艺师的工作内容完整包括制胎、髹漆，髹饰根据需要采用某种或多种技法，是漆器制作工多个工作内容的融合。

图3　采集生漆

职业分工的重新聚合，在某种程度上由时代背景因素所致。漆工艺品成为小众的玩物，消费市场的低迷倒逼生产制作端的变迁，市场已无法供给产业庞大、分工细致的漆工行业。漆艺师作为一种复合型的新型职业，对漆艺从业者提出了更高的要求，拓展了职业活动的空间。漆艺师在漆工艺品的制作上，需要贯穿全程，熟练掌握各个工艺流程并独立完成漆工艺品的制作，而不再像旧时漆工一般从事某一个工艺流程，类似于流水线的工作。因此，漆艺师在作品的设计、制作上有了更大的独立自主的空间，在作品的表达上有了更强的自我意识。

　　如果是在原来的那种漆器厂里，制作一样东西，每一道工序都是有专门的人来完成的，这样的好处是每个人只从事一样工作，日复一日地精进自己这块范围的技巧，他的技法就会修炼得非常高超。但是一旦固化于自己所负责的那块范围，不去学习，不去从事别的工序，那就永远没办法独立完成一件好的漆器作品，只是一个流水线工人。（孔尚）

学习漆艺肯定是要从基础开始，我刚接触漆艺的时候就是跟着老师每个工序都照猫画虎地去练习，比方说髹漆之后需要打磨，这一堆小梳子，我们几个就在那儿拿着砂纸磨一天。从头到尾的工序走完，基本的技法就掌握了……后面就需要自己做东西，去比赛、去参展，从设计到制作，就会有很多想法。比方说在设计的时候我想要表现什么主题，贴合这个主题需要使用什么材料、使用哪种技法，就是在做东西时，自己要多想，制作漆器的流程很多，时间跨度很大，如果不提前构思的话，很容易出问题。（刘曼）

随着以国营漆器厂为代表的大规模漆器生产场所逐步退出历史舞台，漆艺个人工作室的运作成为时代新风，漆器的生产已然不具备"流水线"化的生产条件。原来可能大多数的漆艺手工艺者只需要负责相对单一且固定的工艺流程，在自己所负责的那部分生产过程磨炼相对单一的本领与技艺。但现今对漆艺手工艺者的要求则是能够独立完成漆器的制作，需要其掌握从制胎到髹漆再到髹饰各个流程所需要掌握的工艺技能。掌握各个流程所需的工艺技能是基础，想要制作一件合格的漆器，还需在此基础上融会贯通，深入考虑各个流程之间的衔接，在造物实践中积累经验，对漆器制造的整个流程进行通盘的考虑，如此方能跨过成为一名漆艺师的门槛。

现在大规模的漆艺工作室比较少，一般就是几个人或者一个人。我现在的工作室就是我自己去做点东西，以前有段时间雇了个熟练工给我打打下手，但是后来发现一是有点雇不起，二是与我想做的东西总归是有出入。自己的工作室嘛，我弄这个也不是为了做什么标准化产品。做东西的时候我经常会有新的想法，不只是做的东西的外表，制作过程的工艺很多时候也需要自己去摸索，摸索来摸索去，可能就创新出一些不一样的东西了。所以最后还是我自己单干了。（林简）

由于工艺流程的复杂与个人精力的有限，很多开设个人工作室的漆艺师都会考虑聘请从事漆艺的熟练工人来分担工作室的生产压力。但从上述访谈内容中可以看出，当下的青年漆艺师已然在个人的摸索与实践中养成了自身对漆器制作的"脾气"，对成品的表现有强烈的个人风格上的追求。在造物的过程中，与人共事需要"臭味相投"，需要相互之间的认可与磨合，而在进行漆器制造的过程中，这样的"同事"往往是可遇而不可求的。

对于漆艺而言，历史上在造物过程中形成了庞杂的分工体系，但随着近现代漆艺行业的萎缩，市场已经无力供给这样的分工。随着市场化体制改革之后众多国营漆器工厂的轰然倒闭，成立个人工作室成为现今优秀的漆艺从业者的主要就业形式。旧有的职业分工随时代与行业的发展重新聚合，要求当代漆艺师具备对器具设计与思考的能力。相较而言，传统的工匠就像流水线上的工作人员，精益求精地完成规定的任务，这要求他们将所负责的工艺模式化、流程化，尽可能地减少差异与变动，用以规避对后续的制作流程可能产生的影响。而当代的漆艺师可以在造物过程中恣意发挥，对所制造的器具葆有充足的想象力。而且，相较于传统工匠，开设个人工作室的漆艺师，可以在职业活动中减少人身依附，生产出的漆工艺品无须对他人负责。这为漆艺师在生产过程中提供了更多的试错空间，使其可以进行打破常规的、更为多样的、更具创造力的尝试。在这些因素的加持下，漆艺师们在造物的实践中，可以不拘泥于传统的工艺技法，不生产复刻传统形制的器具，充分地发挥创造力与想象力。

作为一种与古代工匠既有承接又有发展与区别的新职业，许多漆艺师并不甘于拘泥在手工艺的范畴中，看重在艺术层面的观念表达和交流，注重器具的审美表现与艺术表达，在生产制作中融入了更多的设计观念，漆艺也获得了向艺术靠近的机会。

（三）漆工艺品市场的变迁

使用天然原料、采取纯手工制作方式的漆工艺品由于原材料价格高昂、制作周期较长、难以实现规模化标准化量产等，在作为实用物的层面已然不具备与同类物竞争的相对优势。虽然实用是当下众多漆艺师所追求的生产制作目标，但具备实用功能的漆工艺品已然脱离了日用消费品市场。举例来说，瓷盘瓷碗作为家庭常用的生活器具，在超市、商场等消费场所随处可见，但漆盘漆碗这类具备实用性质的漆制品，则大多倚仗艺术市场完成流通。

> 漆器已经很难融入平民百姓的生活场景了。虽然我们经常会说漆碗在材料上具备某些优点与特性，比方说保温隔热啊、抑菌啊之类的，相对于瓷碗来说更加"称手"，持握的时候不会那么冷冰冰的，更加舒适……但不可否认的是，绝大多数家庭不会考虑将漆器作为一种生活日用品，漆器的受众范围相对来说还是很小的。（孔尚）
>
> 日本的很多家庭会藏有一整套的漆制餐具，但是他们不会在平日里使用，而是在相对重要的节日里，当作一种有仪式感的器具来使用，就像是在盛大的日子里一种烘托氛围感的重要工具……现在在国内也有一些比较高级的餐饮店会使用漆器作为餐具。（邱蔚）

由此可见，当下漆工艺品在日用消费市场中已呈现式微的境地，漆器的"受众范围小"成为其难以拓展销路的重要原因，且这一特征在当下仍未见有逆转的势头。作为实用器具的漆器，在使用场景之上，在很大程度上依凭烘托"仪式感"、彰显"格调"等价值需求。漆器飞入寻常百姓家是众多漆艺从业者的美好愿景，但在我与他们交谈的过程中，他们也坦言这样的愿景实际上难以实现，漆器不可避免地成了小众的玩物。

日本民艺家柳宗悦（2018）对工艺进行了划分，分为贵族的工艺、个人的工艺、民众的工艺。前两者属于欣赏工艺，只有民众的工艺属于实用的工艺。在历史上，国内漆艺似乎只保留了供给皇室宫廷的、讲究奇珍异巧的"贵族"漆艺，在数百年的时间中与平民百姓的寻常生活保持了相当的距离，已然丧失了使用漆制品的文化根基。而作为类比，日本在漆艺的传承上保持了双线并举的路径，因此在民间仍有使用漆器的沃土。培训班的一名同学曾与我谈及："漆器在人们的印象中就是在博物馆、艺术馆里的东西了，要么刻有沉重的历史印记，要么就是不知所云的高雅艺术的表现，已经成为一种刻板印象了。"造成此种境地的文化根基，仅凭个别漆艺从业者的努力，在短时间内是难以被改变的。

　　就算我们做的是实用器具，但实用性只是这个器具所展现在你面前的一方面。对细节的处理都源于我们在使用这类器具过程中形成的生活经验，并将这些经验运用到制作的过程中。这样的器具，它既是实用的，也是美的，你把它摆在那里观赏是赏心悦目的，实用本身就是一种美。（刘曼）

作为实用器具的漆器，在实用与审美两大价值取向上，可以相互转换。据此，在制作过程中直指实用性的产物，在最终的呈现上，亦能融入审美意味的表达，给人带来触感、观感、体验感上的多重享受。"生活经验的融入"是众多漆艺师强调的重点，加上共通的生活经验，贯穿了实用与审美两大价值取向，是传统工匠所恪守的"器以藏礼"的流变。但在某种程度上，这样的说法不啻于给作为实用器具的漆器写了一首挽歌，近乎于一种被驱逐出日用消费市场之后的自我挣扎。实用与审美的叠加，背后隐含的突出问题是销售通路的阻塞，漆艺师寄期望于通过审美的召唤，彰显手作器具相较于大规模机器生产产品的突出特性与优势。在这样的话语情境中，漆器的观赏性得到了增强，实用性沦为审美取向的补充，具备实用价值的漆器被当作观赏与把玩的摆件，成为审美与艺术趣味的载体。

由此，漆工艺品所具备的实用价值日渐衰退而居于幕后，漆艺师们心怀对人的观照，通过融入共通的生活经验制造而成的具备实用性、功能性的器具，最终难以真正地以实用器具的身份留在人们的日常生活之中。漆工艺品作为商品现已难以在普通消费市场中得到广泛的认可，与之相伴的是，基于生漆作为材料的独特表现力，以及代代相传的具备艺术欣赏性的各类工艺技法，在非物质文化遗产保护的风口，获得了新的生命力，在艺术市场中得以突围。

图 4　工作台一角

综上，漆艺随时代发展已产生了诸多变化。其中，漆工聚落向院校的迁移、漆工职业分工的重新聚合、漆工艺品市场的转换是较为突出的三个方面。这样的变化对漆艺从业者的影响是巨大的，作为个体的从业者不可能脱离整个行业的变化而原地踱步。青年漆艺师作为漆艺界的初生牛犊，对漆艺作为传统手工艺的构想受到了这样的变化的直接形塑。相较于老一辈，青年漆艺师们对漆艺的认知、对待漆艺的方式、以漆艺为生的路径都产生了流变。虽以工匠的身份进行自我塑造与规范，但事实上，他们的职业活动与传统的工匠或手工艺者相比仍有较大的差异。漆工艺品所独有的审美价值，在当下非物质文化遗产保护的大潮中备受艺术市场的关注，漆艺师们作为具备专业技术和艺术特长的手工艺劳动者，被外界视为艺术品或具有艺术意涵的制品的创作者。在此情形下，青年漆艺师们接受了这样的角色，直面更为广阔的职业活动空间，投身于更为丰富的职业活动，产生了更为多元的职业联系。他们仍自视为工匠，以工匠身份自居，这可能是一种基于职业传承的"惯性"，或是将工匠作为一种职业的标签。而实际上，他们与大众认知中的工匠具有较为明显的差异。

三　卷入"艺术界"的漆艺师

虽然青年漆艺师们自视为工匠，但随着时代的变迁，漆艺师的工作发生了较大的变化。漆艺师并不只是作为漆器及其他漆工艺品的生产者而存在，"造物"的实践活动仅是其工作内容的一部分。在当下，作为一名以漆艺为生的漆艺师，需要参与到漆工艺品生产、展陈、销售的整个过程中，并在此过程中扮演不同的角色。在职业发展与市场导向的影响之下，作为一种社会职业的漆艺师，已经脱离了传统工匠那般作为单一的手工艺人、技术工人的层面，具备了诸如工艺家、非遗传承人、工作室负责人乃至艺术中介的多重身份。如何在多重的身份之中进行管理与塑造，成为青年漆艺师们在其职业生涯中必须认真对待的一项课题。

（一）漆工艺品的产出与销售

漆艺师对漆艺的运用，主要是以造物的方式，制作出具备实用性的器具。但艺术或工艺的要素，是其在生产实践中必须具备且灵活运用的方面。成为集艺术构思、艺术设计和专业制作三者于一身的"艺匠"，是从古至今的匠人们共同的理想追求。当今的漆艺师们大多并非人们印象中受教育水平较低的传统手工艺者，而是与各类艺术院校有相当多的联系，或多或少地受到了专业的艺术教育或职业教育的影响。因此，他们在艺术风格、艺术流派、艺术理论方面有一定的知识积累。这种从西方舶来的艺术知识体系，与他们在实践中构建的传统手工艺知识体系相结合，对他们的工艺实操产生了不可忽视的影响。

漆艺师们的作品被赋予艺术的价值，固然有其本身作为制作者，在制作过程中所投入的审美取向的影响。但一件漆工艺品能成为艺术品且被人欣赏，并不发生在制作完成的那一瞬，而是经历了设计、生产、作为成品的展现、被受众解读这样一个过程；将它生产制作为一件艺术品的，也不是作为制作者的漆艺师一人，而是融入了多方的合作，是在合力之下完成的。

正如霍华德·贝克尔（Becker，1982）所指出的，是艺术界，而不是艺术家，制作了艺术品。所谓艺术界，就是由一群人根据对行事惯例的共识而结成的网络或圈子，艺术品是由在艺术界中扮演各种角色的众多成员共同完成的。在贝克尔的引领下，艺术社会学研究的中心问题，从"艺术品是什么"变为"艺术品是如何产生的"。在传承院学习期间，我亲身体验到了蕴藏在漆艺中的艺术创作的合力。

在课程学习的过程中，每名同学需要选取相应的器具，形成自己的设计制作方案。我自己原先的构想是在瓶身上彩绘出蝴蝶、树叶等图案，然后用简单的线条勾画出"牢笼"，表现出人对自然的禁锢的主旨。当然，由于先前我并未对漆艺有过接触，属于初次涉猎，就设计而言非常不成熟，对于制作所需要用到的工艺和材料选取十分茫然。

在提出这个构想之后，与培训班的数名同学进行了频繁交流与讨论，得到了很多的帮助。有同学建议，树叶可以不用彩绘，可以使用一种名为"彰髹"的技艺，用现成的叶脉材料直接刷色漆贴上去，拓印好髹漆打磨后就能得到需要的纹样。另有同学建议，既然想要展现这样的主题，在纹样的选取上可以多做考虑，后来在讨论中联想到楚式漆器的经典纹样——羽人，即神话传说中身长羽毛或披羽毛外衣能飞翔的人，这样的纹样对主题的表现又有了加持的作用。还有同学建议，表现为牢笼的线条，可以贴螺钿条，相较于彩绘，在表现上更加立体、有层次感……后来的讨论变得越发激进，有同学说，"你直接把这个木胎的瓶子竖着对半劈开，在成品展示的时候，把两半瓶身错开摆放，这不更有割裂的色彩了吗？"听闻此话，旁边的同学也来了兴致："你都劈开了纹样还画在外面干吗呢？你画在瓶身内侧，那不更有禁锢的味道了？""那你也别贴螺钿条了，你把瓶底削掉，然后做个底座，就用铁丝固定在瓶子内侧，把瓶子插在底座上，这牢笼的感觉就出来了。"……

在这样的讨论中，你一言、我一语，提出了非常多的构想，最后的结果与我原初的构想相比可以说发生了天翻地覆的变化。理查德·桑内特（2015）在《匠人》一书中指出："艺术作品是独一无二的，或者至少是具有鲜明特征的，而匠艺则是一种不带个人色彩的、集体的、持续的实践。"原先我自己对花瓶的设计，是将其作为一个实用器具，在其表面上进行纹样的绘制，展现出一个相对确定的主题。而在这样的讨论交流之中，作品的设计与表现变得越来越"猎奇"，以至于最后完全放弃了其作为器具的本来面目，完全割舍了花瓶本身应具备的功能性与实用性。对于设计稿，对最终做出的成品的想象，脱离了器具所应处的生活场景，而是为了策展而设计，将它设定为展览的展品、艺术品，以此进行设计上的逐步完善。花瓶作为器具，在最终的设计之中，已然失去了其作为设计的"基底"的身份，所要展现的主题占据了中心的地位，将花瓶本身视为了创作的材料，对艺术表现的重视超越了对实用的专注。设计的着眼点，从最初的平面彩绘，演变成立体的表现，最终整体化身为一个非常抽象的装置艺术。最后，这个设计稿呈现在老师的眼前，让他抓耳挠腮、倒吸一口凉气，即使老师作为创作理念算得上先锋的"学院派"，但两代漆艺人在对待制作漆工艺品的观念上，似乎也有区分与隔阂。

上述的历程展现了创作者们在设计构思中的合作，正是这样的讨论与交流，诞生了很多富有艺术创造力的想法，作品的主要创作者会对这些意见和建议进行总结、归纳与评估，其中富有见地的意见和建议会被融入作品的制作过程之中，形成最终的成果。但是，一件作品被赋予"艺术品"的身份，并不是由进行设计、制作的人所决定的，完成制作仅是其成为艺术品的开端，作品被视为艺术品需经历一个复杂而漫长的过程，牵涉各方人群与各类活动。在这之中，对作品的鉴赏、对作品所蕴藏的含义的解读，是非常重要的一个方面。作为鉴赏者的艺术评论人和作为观赏者的观众，他们对作品的评价，是赋予其艺术性的主要来源。我在传承院的一段经历也展现出这样的事实。

由于技艺生疏，又没有美术的基础，结课的作品我选择以技法板的方式呈现，用彰髹的方式在漆板上拓印出两片树叶，撒上金粉、填上色漆再进行打磨，然后请老师帮忙在其上绘制出蜉蝣的草图，再以螺钿镶嵌的方式将蜉蝣制作出来，最后刷上一层透明漆并抛光，最终的成品如图5所示。

图5　笔者结业作品——《水镜》

在这件作品被制作完毕之后，老师与同学们给出了较高的评价。刷上透明漆并抛光的漆面有一种深邃感，黑色的漆面像镜子一样有反射的作用，舒展开来的蜉蝣就像停驻在水面上一样，两片残破的落叶就像是落于湖中正在被腐蚀。我被夸赞为非常巧妙地运用了生漆的材料特性，在颜色的运用上也恰到好处，展现出了一种"静中有动"的自然图景。最终，我将这件作品取名为《水镜》参与结课展，后续听说其被选为代表之一去外地参加了非物质文化遗产传承人研修培训计划的全国教学成果展。

然而，我在创作与制作过程中，其实并未充分考虑评论中所夸赞的那些效果。树叶的颜色，是我以红配绿的"恶趣味"的随意填涂；熠熠生辉的金粉，是我模仿同组同学做法的偶然尝试；残破腐败的叶脉，是我在打磨过程中用力过猛的抱憾失误；深邃透光的漆面，是我在制作当天心情烦闷，埋首在桌前用手指蘸着抛光粉赌气般搓了一下午的意外结果……

正如霍华德·贝克尔（Becker，1982）所言，艺术界是一个艺术界公众通过协商而合作的关系网络，他认为不存在所谓的"作品本身"，只存在作品被演出、被阅读和被观看的众多场合，他将此称作"艺术品的根本不确定性原理"。在创作与制作的过程中，我未曾构思、设想过如评论所言的那些表现意图。甚至，如若没有他们对作品的评论与鉴析，我都不会意识到自己的作品能有那样的审美表现，在听完那些评论之后，我才猛然意识到——"确实是像水面、镜面一样"，于是将作品命名为《水镜》。这样的命名，也会引导后续的参观者以此为鉴析的视角对作品的主旨表现展开联想。由此观之，一件作品成为艺术品，具备令人赞赏的艺术表现与审美价值，并不一定是出于作者的主观意图，在有些情况下是误打误撞的结果，是意料之外的呈现。艺术品的生成，是不同群体之间社会互动作用下的产物，并不全然是艺术家运用自己的聪明才智与精工巧艺的主动创作。

罗伯特·莱顿（2017）在对山东莱州地区的面塑艺人访谈时，问到他们所做的面塑是艺术还是手工艺，得到的回答是："我们做的是手工，但是成品是艺术。"对于漆艺师而言可能也是如此，他们并不自视为艺术家，在他们的造物实践中，也许并未专注于艺术与审美的表现，他们只是在运用自己所熟习的工巧技艺进行手工艺的活动。但在社会的评价体系中，他们的产出被赋予了艺术审美的价值，漆艺师们作为艺术品的创作者，也就被冠以了艺术家的名号。当然，自视为工匠的青年漆艺师们对"艺术家"身份并不排斥，甚至这是他们出于职业发展的需要而主动去追求的。

前文已述，漆工艺品已然在日用消费品市场上销声匿迹，自视为工匠的漆艺师及其作品对艺术市场投怀送抱成为普遍的趋势，在漆工艺品的销售上也呈现这样的特征。

> 漆工艺品要在市场上被认可、被民众所广泛接受，一方面要扎根于实用性的追求，另一方面要在文化和符号意义上进行把关……大批量工业化的生产对漆工艺品来说是不现实的，它一定得是手工的，因此漆工艺品的价格是没办法降下去的。但是高价格的东西就一定不能被大众所接受吗？漆工艺品不能自降身价，而是要定位于较为高端的市场。假如老百姓们都认可漆工艺品的价值，那大家就都会对其产生需求。比方说玉，玉石工艺制品多贵啊，还有钻石，其实就原料的稀缺性来说，它们都不值那个价，是被炒作起来的，只不过大家都受市场和文化的影响，对它们的价值产生认可，所以才会有那么旺盛的购买需求。玉石在中国有特殊的文化意涵，君子如玉，它象征了高洁的品质和个人的理想追求；钻石象征婚姻与爱情，代表了人与人之间的联系，这是大家对玉石和钻石基于文化与符号意义上的认同所产生的需求和旺盛的购买力。现在大家都不去购买漆器，就是因为大家没有产生认可，把漆器的好都给忘了。（孔尚）

对漆工艺品文化和符号意义的重塑，是当下漆艺师们的共同关注。他们并不认为漆艺应该自降身价，通过批量工业化生产的方式降低生产的成本。一名老师在课上曾说过，"现在有鼓励漆艺往工业化方向发展的声音，但这是一条死路，日本就是前车之鉴，日本宣传的大漆喷漆，其实就是作假的，添加了化学用剂，不是纯天然无害化材料。现在有工业化生产的漆艺文创产品，一眼就能看出来那些产品与我们手工作品的区别"。漆艺师们也在他们的职业活动中身体力行地传承"大漆之美"，凸显大漆的文化符号意义，如日本当代漆艺大师大西长利就著有一本名为《漆·亚洲血液》的书，从书名即可看出其作为漆艺师对大漆文化的深掘，将大漆与亚洲特别是东亚的文化源脉深度绑定，用以唤醒人们对大漆及其制品的文化认同。注重手工艺品文化意涵的传递，当下的漆艺师已然区别于钻研工巧技艺、埋首于器具制造的传统工匠。用文化和符号包装自身及其手作制品，也是他们主动投身于艺术市场的又一明证。

青年漆艺师们深度参与到漆工艺品从设计到制作再到流通的各个环节，流通的环节包括漆工艺品作为艺术品的展设以及其作为商品的流通。对于倾注了心血的手作制品，青年漆艺师们希望实现"好鞍配好马"，使漆工艺品的流通不是一手交钱一手交货的市场买卖行为，而是基于文化理念的认同所产生的交流。当然，达成这样理想状态的"交流"，毕竟是可遇而不可求的，大多数漆艺师难以仅凭为数不多的订单而维持生计，由此带来的一个问题就是作品与产品的区分。

粗浅来说，作品就是融入了漆艺师更多表达意图的，或在制作技艺上更加精益求精的物件，这样的物件在制作过程中所投入的心力更多，产出则较少，甚至作为"孤品"而存在。而产品就是相对更规模化生产的、融入设计与表达较少的、"照葫芦画瓢"的物件。值得注意的是，就艺术价值和市场反响而言，作品并不一定比产品更强。正如前文所述，艺术品的生成并不是由艺术家本人所决定的，也许漆艺师对某件作品投入了非常多的巧思，寄托了更富创造性的艺术表达，但最终并不被艺术市场所认可而反响平平；而一件泥古的、未经思考的、并无时代新意的产品，反而可能在机缘巧合下受到市场的追捧，拥有引人注目的艺术价值或商业价值。

我曾在一名访谈对象的带领下，去往一家与其交往合作甚多的文玩店拜访，在与文玩店老板胡福的交流中，谈到了作品与产品的问题。

我前段时间刚去了一家茶室，那家茶室可以说是全中国最高端的茶室，都是大老板在那里谈生意。里面的装修和布局非常奢华，据说投资有大几千万上亿元，泡茶的茶壶都是贴了大面积金箔的，这还是他们那最普通的茶壶，有几十上百把……我是真看不上他们那的茶壶，俗，太俗了，一点都不好看。但是你不得不承认，这个金箔一贴，你也不用管这个茶壶有没有风格、艺术不艺术，这东西往茶桌上一放，就符合他们那个场景的定位，他们想要的就是这种东西……我是真被你们几个给带歪了，我现在就不喜欢那种非常"规整"的东西，觉得这样的东西太死板，没有生命力和表现力。你们做的东西我喜欢，但是在店里就是卖不出去，你也别装清高自认为"老子天下第一"，在小圈子里自嗨，人家根本都不搭理你。（胡福）

在交谈中，文玩店老板力劝在场的漆艺师对作品与产品要有清醒的划分，在他的眼中，青年漆艺师们过分热衷于"夹带私货"，在造物的过程中加入了过多的个人风格，过分强调基于自身审美旨趣的艺术表达。而这样的作品并不一定能被市场与大众所认可和接受，有时一些"恶俗的""规矩的"器具反而能取得不错的反响。由此，漆艺师们作为器具生产者，必须厘清作品与产品的界限，在其中做出一定的取舍。

另外，无论是作品还是产品，其在艺术市场和消费市场中受到追捧，需要倚赖漆艺师本人的名望与成就。正如胡福所说，"只要你的名号打出来了，无论别人是否能看得懂你的作品，它都好卖"。因此，漆艺师们不能仅停驻在他们的"生产车间"之内专职造物，而是要走出室外，为自身的职业发展考虑，深度参与到包括漆工艺品展销在内的各类活动之中，漆艺师的个人营造也是非常必要的内容。

（二）漆艺师的个人营造

漆艺师们因其制作的漆工艺品所独有的艺术价值，已然被卷入了艺术市场，成为艺术界中的一员。在他们创作与制作的过程中，又力图融入自身的匠艺表达与审美偏好，想要让其付诸心血的作品收获更多的认可，创造出自己的天地。在这样的情况下，漆艺师需要注重自身职业发展和个人形象的塑造。

提升自己的知名度，最有效的方式就是取得具有官方背书性质的荣誉或称号，这是漆艺师们在自身职业发展上的路径追求，也是为其作品与产品打开市场、获取更多"曝光度"的有效法则。取得这样的荣誉或称号主要有两条路径。一是基于漆艺作为非物质文化遗产的重要组成部分，跻身于非遗的圈子，取得非遗传承人的身份认定。但能取得非遗传承人身份认定的毕竟只是凤毛麟角，据一名被访者透露，非遗圈子非常讲究派系与师承，外人很难挤进去。作为非物质文化遗产的传统手工艺，具有非常强烈的地域性，从某种程度上来说，这样的地域性伴随着封闭性，对门派的划分就是其突出表现。各门派间的交流较少，且在传承的方式上偏向保守。

> 我其实不愿意跟这帮老古董掺和在一起，我就想自己做东西，没必要搞得像拉帮结派一样。但是有时候也没办法，非遗就是很注重师承的，比方说有些资格评定啊、一些比赛和展览的报名资格啊，还有政府的专项补贴扶持啊什么的，有师承的话才能有"入场券"，所以我后来还是在朋友的介绍下，找了一个脾气比较对付的老爷子拜了师……但是他们其中很多人是有些故步自封的，现在信息渠道这么广，想要学什么东西、查什么资料，网上都可以搜到，自己去尝试去试验就行了，他们这些在自家门派里传下来的东西反倒是落后的了。我拜师也就是为了一个名号，名正言顺一些。（林简）

而除了非遗的路径，还可以选择工艺美术的路径，通过参与各类职业技能大赛，在其中获得名次以得到"全国技术能手""全国轻工技术能手"等荣誉或称号，并以此来评定相应的职称。从完赛的难度与竞争的激烈性来说，能在这样的比赛中获得名次，是非常有说服力、非常有分量的。而且，无论是理论知识还是实践操作，都包含对漆艺师在"造物"这一层面的考量，对他们所掌握的技艺提出了较高的要求。当然，对完赛成品在美学上的考量亦是评判的重要参考，但在相当大的程度上，此类比赛所重点考察的仍是参赛的手工艺者作为工匠所应有的本领。海德格尔（1997）在论述艺术的物性时曾指出，无论是艺术作品还是手工艺品、器具，它们都是生产出来的；无论是作品的制造，还是器具的制造，都是在生产中发生的。据此，在一定程度上，此类比赛也推动着漆艺师们对自身工匠本职的关注，敦促其在造物实践中磨炼本领。

为了在职业活动中获得更大的成就，获取更高的知名度，让自己的漆艺作品被更多人看见与接受，有追求的漆艺师对参与这样的比赛寄予了极高的期望。正如有名访谈对象所说，"去年参加这个比赛，当时就把这看作是我在漆艺道路上的最后一搏了，这么多年投入这么多时间、精力、金钱，如果还是出不了成绩，那我就没办法和我的家人交代了，而且我也需要这个成绩来支持我继续做漆艺"。（林简）

可以说，取得这样的成就是他们迈入艺术市场的通行证。虽然比赛本身考核的主要是他们作为工匠的职业技能，强化了他们对作为工匠的自我认同，他们依靠工匠所掌握的工巧技艺取得成绩与获得认可，最终以此为凭在艺术市场上开辟天地，但此二者是并行不悖的。

与非遗圈产生联系，或通过工艺美术比赛取得成绩，除了这两条主要的路径之外，与高校加强联系与合作亦可作为一种行之有效的方式。高校坐拥丰厚的学术资源，并有众多对外交流的机会，漆艺师通过在高校内相关系所任职等方式，可以拓展自己的人脉，获取更多交流与参展的机会，等等。例如，传承院吸引了某著名高校的艺术学院驻站以提供学术指导，数名能力出众的青年漆艺师在某职业学院任教。

以上均是青年漆艺师们通过获取外界的成就、成绩、职务等，以提升自身的地位来获取更多的关注与认可，从而拓展其职业发展空间的方式。青年漆艺师们在其职业活动与日常生活中亦会关注其职业形象的塑造。可能这样的塑造只是其内化素养的外在表现，并不一定是他们刻意而为之，但在客观上确实起到了不可忽视的效用，迎合了外界对手工艺者"艺术家"身份气质的想象。

这样的塑造包括他们在职业活动中的表演成分。根据相关定义，漆艺师就是运用传统工艺技法，以天然原材料设计、制作漆器，展演传统工艺技法的人员。对传统工艺技法的展演，本就是他们职业活动的重要组成部分。区别于传统工匠，漆艺师们不仅需要将制作的技艺烂熟于心，也需要学会如何将这些复杂的技法以适当的方式展示在人前，对漆艺进行宣传和普及，这是一种带有一定文化意涵的表演。一个成功的表演当然不仅限于对制作技艺的平铺直叙，还要通过对造物实践的呈现，融入漆艺师们恪守遵循的文化准绳，展演出传承千百年而历久弥新的漆艺之美，以及漆艺师作为从业者的内在要求及特性。

这样具有表演性质或客观上发挥表演作用的行为，不仅限于漆艺师们技艺上的展演，还融入了其生活中的方方面面。例如，他们作为手工艺者对于工具的珍视，"工欲善其事必先利其器"，对于工具的钻研与护养，是每个漆艺师的必修功课。在传承院研习的课上，老师就展示了各种技艺所需的工具，现场进行制作工具的教学，以及对工具的清理和保养。成套的专门工具所内含的是漆艺师多年经验的积累和漆艺作为传统手工艺代代相传所倚赖的"隐性知识"。漆艺师们对工具的珍惜、爱护甚至敬畏，虽说是其作为手工艺匠人的内在要求，但对这一议题在公众面前的强调，也带有一丝表演的意味。

另外，还有漆艺师们对各类操作规范的强调，如在操作完毕后对工作台面的整理，这是授课老师非常关注的一点，其认为这是一名合格的漆艺师最基本的操守，并以每天下课后桌面的整洁程度为判断各组是否达标的方式，据说这也是很多职业技能比赛中裁判对实践操作综合的一个隐藏的赋分点。台面是否整洁，可能与造物的技艺并无太大的关联，但这成了判定一名漆艺师是否合格的重要标准。正如一名访谈对象所言，"你作为一名潜在的顾客来工作室里洽谈，如果工作室里杂乱得没地方落脚，你会作何考虑？"（刘曼）

就像前些年在网络上被热议的日本"寿司之神""米饭之神"等，他们在某一活动中所展演出的极端苛求，在某种程度上可被理解为基于我们所称颂的"工匠精神"的艺术化表达。技近乎艺，艺近乎道，对技艺的卓越追求，会成为一种艺术般的呈现，再进一步便上升为天地规律的"道"。对于青年漆艺师们而言，这样的追求并不仅局限在狭隘的"技"之中，还拓展到了他们的各类职业活动，囊括了其从业的场所，在有关漆艺的方方面面得以延伸。而这样富有艺术气息的展演，也描绘出了漆艺师的艺术家形象。

对漆工艺品成品及其制作过程的宣传也是相当重要的一环。在传承院研培过程中我们被要求对结业作品的制作过程进行拍照记录，作品成品也需要拍摄宣传照，最终合成一本培训班的作品宣传册。成熟的漆艺师及其工作室非常注重这方面的宣传。我们调侃邱蒔非常善于制作PPT，他将作品的设计思路、制作过程、最终成品都非常用心地拍照记录，制成了一份非常有设计感的PPT，甚至还包括去东北砍树的照片，将这样一个完整的流程展现在大家眼前，而不是单单将最终的成品进行展示。以这样的方式，漆艺师作为造物者，造物的过程由幕后转换为台前，他们在制作过程中的思考也能通过影像材料的方式更直接地为人所知。一般而言，传统的工匠只是作为生产者，器具一旦制作完成，便在很大程度上与作为造物者的工匠失去了联系。传统的"物勒工名"制度只是为了便于管理者监测制造的质量，因而需要在器具上刻写参与制作的工匠的名字。但通过多种途径的造物过程的展演，作为成品的器具亦加深了其与制作者的绑定关系，甚至不需要"物勒工名"的方式，造物者的个人印记便通过器具展现在观者眼前，给其留下深刻的印象。而作品与制作者本人的深度绑定，是艺术家相对于工匠而言的独特之处。自视为工匠的漆艺师，通过对器物的这般展演，具备了艺术家的习性与特征。

在我对结业作品进行拍摄的过程中，我发现没有摄影功底的人是很难将漆工艺品拍好的。因为漆制品通常以深邃的黑色为底色，"平、光、亮"的漆面是传统意义上优秀的漆器所应有的特征，漆面的反射给照片的拍摄带来了较大的难度。青年漆艺师们通常会与富有经验的艺术品摄影师合作，以拍摄出适于宣传的"艺术照"。另外，取得名气的青年漆艺师并不排斥各类媒体的采访，当下形式各异的自媒体成了他们个人形象塑造、作品宣传推广的前沿阵地。通过与社会各界的交往、接触和合作，青年漆艺师们深度融入了艺术界的活动，"工匠"的身份成了漆艺师在艺术界中游走的独特标识，赋予了其区别于其他艺术家的特殊地位。

开设个人工作室是当下青年漆艺师相对主要的从业方向，工作室作为生产制作、交流洽谈、产品展销的重要场所，漆艺师们对其的设计、布置与陈设倾注了相当多的心血。在将传承院作为田野进行调研之前，我就联系到一位漆艺师购买漆工艺品。他们的工作室是依托传承院而设立的，在我的设想中，购买漆工艺品，类似于在超市中挑选商品，在选中之后一手交钱一手交货。而当时那名漆艺师并未着急与我进行交易，而是带领我到传承院中进行参观，为我讲解正在展览中的优秀藏品，根据实物与图示为我介绍天然大漆的材料特性与为人所用的历史，以及漆工艺品的各类制作技艺与流程。通过这样一番参观体验，我对漆艺及漆工艺品有了初步的了解与认知，材料的稀缺、工艺的繁琐、文化的内涵等，都给我留下了深刻的印象。最后，在选购漆工艺品时，报出的价格虽超出了我的预期，但我竟没有任何抗拒，而是进行了自我规劝，宽慰自己：这个东西确实是值这个价的。

回想起来，倘若当时没有那样的参观游览，而是直接进行买卖交易，恐怕远超预期的价格会直接劝退我。而通过那样一番了解与体验，我作为买家对陌生的漆工艺品有了一定的价值判断，并心甘情愿地掏钱付款。由此观之，对于并不了解漆艺的人而言，亲身的体验是其直接获得认知的最佳途径，在这样的体验过程中会潜移默化地加深对漆艺的认识，并强化对漆艺师劳动产出的认可；漆艺师们也在职业活动中摸索出"体验"的妙招，善用"体验"的方式。从某种程度上来说，传承院开设的培训班亦是一种规模盛大的体验活动，虽然名为"中国非物质文化遗产传承人研修培训计划"，但在招生之时大量吸纳其他行业的从业者，甚至是对漆艺、手工艺并无任何基础的学员，其目的就是让更多的人了解漆艺，将原本相对闭塞的小圈子进行拓展，让漆艺及其从业者拥有更广阔的发展空间。青年漆艺师们广泛地设计制作漆器半成品的研学体验包、以工作室为场所开办体验课程，甚至与中小学合作，开设"非遗进校园"手工实践课等，这些都属于漆艺体验的范畴，让更多的人通过不同的体验活动加深对漆艺的了解。

除体验之外，作为漆艺师们进行职业活动的主要场所，善于进行自我营造的漆艺师十分关注对工作室多重功能的设计与打造。在访谈中，文玩店的老板就根据他的所见所闻对在场的漆艺师给出了有关工作室设计的建议。他认为工作室并不应仅作为一个"生产车间"，同时要具备展览的功能，应该在显眼的位置打造出一排精致的展台，挑选出优质的作品陈列其上，彰显漆艺师的技艺水平，给来访者更为直观的感受。在讨论中他还提到当地一名漆艺师对工作室的设计，辟出一间无窗的大房间，铺上刷过大漆的实木地板，墙壁也都刷成黑色，房间中央摆有一张小茶桌和一盏昏黄的立灯。这个房间专门用作商务合作的洽谈空间，突出了所谓氛围感的营造。以上两个例子都涉及漆艺师对工作室多重功能的改造与利用，漆艺师在卷入艺术市场后所具有的多重身份需要在工作室中找到定位。工作室所具备的生产制造、参观展览、商务洽谈、推销买卖等功能，对应了漆艺师所应该参与从事的职业活动及其职业角色。而漆艺师将工作室作为其主要的工作场所，作为其赖以为生的"基地"，他们在专注于自身形象营造的过程中，同样也需要关注工作室对应不同场景需求的打造，以便于他们进行多重的职业活动。

随着时代的变迁与出于职业发展的要求，青年漆艺师们现已不可能像传统工匠那般仅专注于器具的制造，而是被深度卷入艺术界并在其中从事更为多样的活动，身兼多重身份与角色。漆艺师的个人营造，包括主动的身份地位获取及传统技艺的展演，在他者的想象之中亦获取了艺术气息的加持。这样的营造囊括了个人、作品、场所等多个方面，在营造的过程中与艺术界的其他行业产生了众多联系，漆艺师在其中扮演了多重的角色，衍生了众多的角色集。

（三）以"匠艺"为矛

布迪厄在其著作《艺术的法则：文学场的生成与结构》中，着重分析了文学场中的斗争性。正如布迪厄所说，永久革命的逻辑已经成为场的运作法则（Bourdieu，1995）。身处于文学场中的参与者都是基于其所处的位置，为获取各种资源与资本，形成错综复杂的关系，并在文学角色所处的位置之间产生永恒的斗争。受结构主义影响，布迪厄更加关注场域中各位置之间的竞争关系，将艺术场作为一种冲突的关系网络，其呈现动态的结构特征，随着场内行动者的"占位"而不断地进行调整或呈现此消彼长的状态。卢文超（2014）在对布迪厄的"文学场"和贝克尔的"艺术界"进行比较分析时，将前者比作一种你争我夺、有胜有负，充满了激烈的斗争和冲突的"零和游戏"。

着眼于漆艺行业，作为一门传承千百年，且在当下随时代发展被赋予新意的行当，其内部产生了分化，蕴藏许多理不清的"门道"。除此之外，漆艺作为一门相对小众的传统手工艺，其市场份额本已所剩无几，青年漆艺师为了在行业内站稳脚跟，参与"蛋糕"的分配，必然会形成斗争与冲突，在暗流涌动的水中搅起阵阵浪花。在一定程度上，显露于台面的争锋，更是青年漆艺师们所乐于见到的，被其视为实现声名鹊起的捷径。类似于武艺的较量，私下的切磋是不构成威胁的友好交流，赛台上的互搏才是在聚光灯下引人注目的激烈争锋。初生的牛犊孑然一身、无牵无挂，在对"老师傅们"发起的冲锋中，无论胜败，都是其作为新生力量在赛场中锋芒毕露的亮相。当下，伴随着人们对"工匠精神"的热议与非物质文化遗产保护的浪潮，青年漆艺师正各凭本事，闯出他们自己的一片天地，以"匠艺"为矛，向业内的老者吹响攻擂的号角。

漆工是一个古老的职业，按照专职的工艺分为纷繁复杂的工种。而漆艺师则是顺应时代发展而生的一种新型职业，与传统的漆工既有承接又有区别，其所要求的技能是漆器制作所需的多个工种工作内容的融合，完整地包括制胎、髹漆、髹饰所需要采用的多种技法。漆艺师作为一种新职业，其出现与规范，暗含着对漆艺从业人员的重新划分。传承院中有一名专职彩绘的授课老师，在一次访谈中，我向一名漆艺师问到，这名彩绘老师是否能被界定为漆艺师，得到了否定的答复。

漆艺师需要能够独立完成一件漆器从头到尾的工作，她只从事彩绘的工作，对制胎、髹漆等其他的工艺流程都没有掌握。虽然她彩绘的功夫在全国范围内可以算得上顶尖，几十年的经验一画一个准，但是她仍然不能算得上是一名漆艺师，因为她不能独立完成漆器的产出与制造。并且，彩绘对于她来说类似于工厂流水线的工作，只是照着图案、照着模板进行模式化的生产，在漆器上要画什么纹样、采取怎样的表现方法、最终呈现怎样的效果，她是没有思考与设计的，这达不到成为一名漆艺师的要求。（孔尚）

对漆艺师作为一种新职业的界定，给漆艺从业人员提出了更高的、更为综合的技能要求，并将一部分原有的从业者排除在外。尽管德高望重，尽管技艺精湛，但不能独立完成漆器的制作，就无法获取漆艺师的名号，沦为漆艺核心圈子外的附属加工人员，被排除在众多职业活动场合之外。而新成长起来的青年漆艺师们，从业的技能专长还远未定型，拥有较多的时间与精力，可以通过各种渠道广泛收集信息并进行学习，融会贯通漆器制造过程中所需掌握的各类工序及工艺技法，从而达到漆艺师的职业技能要求。

通过新型职业的重新定义与划分，排除一大批原有的从业人员，漆艺师的"赛道"变窄，青年漆艺师们获取了优势的地位。青年漆艺师对行业内原有的地位秩序所造成的冲击远不止于此，"匠艺"才是他们攻城拔寨的真正"武器"。

正如"匠艺"的字面含义所示，这一"武器"可以被拆分为两个方面，分别是对工巧技艺的热诚追求和对艺术表达的时代感召。正如青年漆艺师对职业身份的自我认同，一名漆艺师，最根本的就是要熟习与漆艺相关的制作技艺，作为立身之本的技艺，如有对它的漠视，漆艺师其他的职业活动与追求则有如无源之水、无本之木。在技艺的学习上，青年漆艺师们能够更熟练地运用互联网，在网络上获取有关的信息。另外，对技艺持开放态度的青年漆艺师们也更愿意分享与交流，不仅包括行业内从业者的相互分享，还包括通过各种渠道与相关的人群进行信息互换。如有的青年漆艺师利用高校的资源参与学术论坛，与历史学、考古学的教授交流传统漆器制造技艺的最新研究发现；有的青年漆艺师从化学材料的视角对生漆进行材料特性分析，用工业化的方式进行治漆炼漆的活动；有的青年漆艺师通过出国参展的方式，与其他国家的漆艺师针对漆器的制作工艺展开研讨……这些是很多年龄稍长的漆艺师所难以采取的学习交流方式，青年漆艺师正是通过这些方式加强自身的学习，从而实现制作工艺技能的弯道超越。

前文已述，作为非物质文化遗产传统手工艺类的漆艺，存在较强的地域性，各地都有独家的工艺技法，且传承的方式与范围相对有限，将其视作"独门秘技"，概不外传。这给漆艺的发展、人才的培养带来了相当的困难与阻碍，青年漆艺师们也采取了手段来解决这样的历史遗留问题。于2019年发起的"2019漆艺中国行"大篷车行动，背后有政府部门的支持，由业内知名学者牵头，途经全国主要漆艺产区，对全国40余名国家级、省级漆艺代表性传承人进行探访，在探访过程中征集最具代表性的漆艺作品及产品，收集能够完整展现漆艺项目工艺流程的材料、工具和图文资料，最终将探访成果进行汇总研讨。各地的漆艺代表性传承人掏出原本秘不示人的真材实料，打破漆艺传承的封闭性，让有意学习漆艺的人都能通过正当且便捷的方式习得传承千百年的各类工艺技法。

> 每年吸纳众多的业内外人士前来授课、学习、交流，其中就包含不少"藏有私活"的高手。我们提供场地和资源，只要他来了，在与我们的交流中，他就得留下点东西，留下的我们照单全收，都被吸收整理了。（刘曼）

青年漆艺师们将自身视为靠手艺吃饭的工匠，将漆器制作的技艺视为其赖以生存与立足的根基，结合自身的优势，善用时代发展的成果，在漆器制作工艺的学习上精益求精，已然形成了相对于老一辈漆艺师的优势。同时，青年漆艺师们发起的冲锋，还集中在对漆艺的艺术表达与时代精神的感召之中。

青年漆艺师虽自视为工匠，但区别于传统工匠仅专注于器具实用性的造物实践，当代青年漆艺师将艺术审美的价值取向融入漆工艺品的制作之中。青年漆艺师积极参与艺术界的各类活动，恣意发挥生漆作为一种材料的表现特性，不再将生漆单一地视作髹涂于器具表面的保护性覆膜，而是结合各种材料创造性地将生漆与之结合，赋予生漆更多的适用空间。漆画、漆立体也独立于传统的漆器而蓬勃发展，备受艺术界的青睐。

图6　青年漆艺师们打磨大型漆塑

着眼于漆器，青年漆艺师们对艺术表达的争锋体现在器具上所绘制的纹样之上。传承院所在的地级市，作为历史上楚文化的核心地区，在漆器的制造上有楚文化的遗风，所拥有的漆艺类非遗项目名为"楚式漆器髹饰技艺"。而针对楚式漆器这一表述，青年漆艺师们提出了异议。

楚式漆器这个名称，首先就得界定楚式漆器到底是什么，它与其他地区的漆器相比特殊性在哪。是器型吗？经典的器型都是普天之下通用的，可能古代各诸侯国在器型上各有侧重，但放在当下，漆器要重新走向人们的生活，器型上的细微区别并不构成特殊之处。是制作技艺吗？本地作为楚国的漆器生产中心之一，但在后续的历史阶段里并没有延续下去，制作技艺所达到的巅峰已经随着历史发展被其他地区盖过了，况且现在漆艺界的交流融合这么多，一个地区已经没办法维持在技艺上的优势或独特性了。最后，我们对楚式漆器的认知就停留在纹样上，使用楚国特有的各种纹样，这样来标识楚式漆器。但是纹样是什么？是刻有时代印记的图腾与标识。楚国人看到凤鸟的图腾会顶礼膜拜，今天我们在漆器上绘制凤鸟的纹样，便称其为楚式漆器，但我们今天看到凤鸟的图腾会产生任何感触吗？能有情感的交融吗？会达成人与器具之间的共鸣吗？将古代纹样的利用作为其独特性的标识，在当代是没有意义的。（孔尚）

在他看来，纹样是时代精神的印迹，在当今的器具上滥用古时的纹样是一种泥古的行为，是没有由头且毫无意义的。每个时代都有每个时代的精神引领，器具的制作需要紧随时代的发展，刻上时代的烙印。甚至，漆艺师作为造物者，应该引领时代精神的潮流，制作出能与人产生共鸣的、发人深省的器具，如此漆艺才能更好地融入人们的生活，其作为非物质文化遗产才能走出历史的窠臼，实现真正的活态传承。不过，在很多场景中，这些被青年漆艺师视作泥古的漆器，才是符合人们想象的、被市场所追捧的。这反映出当下普通人对漆器的陌生与疏离，将其仍视为历史的遗留，与当今的社会生活已经脱离了联系，是被悬置于博物馆展台之中的残骸。青年漆艺师们对这样的现状无不痛心疾首，将漆器拉回到人们的生活和日常使用之中，是他们现今仍在努力实现的目标。将反映时代精神的艺术表达注入器具的制作，也是他们用以与泥古者割席，并与之抗争的重要方式。

综上，青年漆艺师作为行业内的新入局者，在其自我价值实现的过程中，在参与市场分一杯羹的过程里，面临着新老两代人之间的冲突与斗争。如何破局？如何挑战？这是青年漆艺师们迈入这个行当并站稳脚跟所必须面对的困境。青年漆艺师们以"匠艺"为矛，修炼精湛的技巧，强化时代精神与艺术审美的融入，希冀以此来攻破守擂之盾。这样的举措，是青年漆艺师们自视为匠人的外化体现，但他们又区别于传统的匠人，在时代的发展中汇入了新的职业角色，并基于角色集选择了区别于传统匠人，亦区别于老一辈漆艺师的行动路径。当然，在激烈的守擂与攻擂之间，老一辈漆艺师理所当然地掌握更多的资源、资本、人脉、关系等，这是羽翼未丰的青年漆艺师们尚不能及的。青年漆艺师们以"匠艺"之矛发起冲击，老一辈漆艺师们自如地采取相应的措施进行应对与反制。在漆艺师们所处的场域内，暗含着错综复杂的关系网络，潜藏着暗流涌动的争锋，你方唱罢我登场。

结　语

　　漆艺作为我国传承千百年的手工艺，在历史上曾有过辉煌的时期，但发展至今已显示出落寞的趋势，脱离了大众的视野，变为了小众的玩物。而在当下随着非物质文化遗产保护的浪潮，漆艺又呈现奋进的姿态，被更多人接受。如今漆艺早已不是单纯的手工艺，而是具备了多重的身份，既是受到重点保护的非遗项目，又是文创产品的大类项目，还在发展中衍生出漆画、漆立体的形式，与传统的漆器共同构成了具备独特审美表现的艺术种类。漆艺的从业者随着行业发展的变革，呈现新的样态，从最早的百工之一，到近现代的技术工人、工艺美术师，再到当下漆艺师作为一种新职业的推陈出新，被烙上新的时代印记。

　　漆艺如何历久弥新，争取到新的突破和发展，是每个漆艺从业者必须思考的问题，也是他们难以推卸的责任与使命。当下，针对漆艺的传承存在众多的迷思，其中一个很重要的问题就是漆工艺与漆艺术之间的矛盾，这关系到漆艺今后的发展方向。这样的矛盾落实到漆艺从业者身上，就表现为他们对漆艺师的职业身份认同问题。漆艺师的主要身份究竟是工匠还是艺术家？其职业活动如何在"技"与"艺"之间进行平衡，或者说在这二者之间进行怎样的取舍？这些问题似乎并没有定论，但是对于他们来说是至关重要且必须要面对的问题。行业快速发展，青年漆艺师们崭露头角，各凭本事在漆艺的圈子里站稳脚跟。作为年青一代，他们不仅是行业变迁的见证者，更是参与者，是随着浪潮涌动的业内局势快速成长起来的佼佼者。与老一辈漆艺师相比，他们身上有着更多的时代印记，对传统漆艺有着更为新锐的理解。他们对于职业身份认同的取向，是行将就木的传统漆艺在当下实现破局的关键，是漆艺紧跟时代脚步取得发展的重要参考。

可以说，青年漆艺师们身上孕育着新的希望。在社会学的意义上，职业是现代人在社会生活中所具有的主要身份，对职业身份的自我感知是人们在职业活动与社会生活中做出各种决策与采取行动的依据。漆艺师作为一种既与传统相承接，又呈现新貌的社会职业，要在快速变迁的社会中立足，需汲取漆艺行业历久弥新的优质资源，找准自身的定位，既与整个行业相联结，又对专业技能知识与职业工作内容进行恰如其分的划分，对自身所从事的职业拥有清晰且明确的判断与取向。其中的关键就在于"技"与"艺"的矛盾取舍。

通过参与观察和深度访谈我得知，青年漆艺师仍将自身视作工匠，认为造物的技艺是他们从事漆艺的基本要求，材料属性与工艺特征是漆艺作为手工艺区别于其他艺术形式的根源。他们对工匠身份的向往与认同，带有一定的历史惯性。而当今漆艺行业已发生了巨大的变化，作为传承中心的漆工聚落向院校转移，旧时漆艺造物生产中的职业分工被重新聚合，漆工艺品脱离日用消费市场而被艺术市场吸纳。这些变化最终会反映到作为漆艺从业者的漆艺师身上，对他们所实际进行的职业活动产生影响并带来改变。青年漆艺师们受这些变迁的直接影响，虽仍以工匠身份自居，但实际上已经与传统的工匠具有较大的区别，自视为工匠可能只是一种"贴标签"的行为。在非物质文化遗产保护和人们对工匠精神热议的时代背景下，工匠的社会声望得到前所未有的提升，推动了他们对工匠身份的自我认同。

自古以来，"技"与"艺"在手工艺的活动中就是一体两面。可以相互转换。工匠们对"由技入道""技近乎艺"的追求贯穿了手工艺的发展历史，成为哲匠与艺匠是每个优秀匠人的毕生追求，获取艺术家的身份也是工匠们试图改变社会身份、挤入上层社会的重要渠道。当代青年漆艺师虽强调自身的工匠身份，但他们比以往的漆艺从业者们更加接近艺术的圈子，被艺术界所吸纳与包容。无论是被迫融入还是主动跻身，漆艺师们卷入艺术界已是势不可当。为在纷繁复杂的职业活动中游刃有余地采取行动，漆艺师们必不能守着传统的从业方式，而应该脱身于"生产车间"，介入台前台后的各类事项，并在其中扮演不同的角色。

另外，在漆艺这个小圈子中也暗含着斗争与冲突，青年漆艺师为了实现地位的提升，以"匠艺"为矛，向旧有的秩序发起冲击。漆艺师作为一种新职业，对从业标准的重新界定，本就是对行业内既存势力的一种重新洗牌。青年漆艺师活用自身区别于前辈们的独有优势，加强对技艺的钻研，注重艺术审美并融入时代精神，加强个人价值观念的表达，通过此类努力已取得了不可忽视的成果。

综上，青年漆艺师作为时代新声，与老一辈相比展现出不同的风貌。他们认可对工艺技能的熟练掌握是从业的基础，将制造具备实用性的器具作为漆艺的主要内容。但他们对工匠身份的自我认同更多的是出于一种历史的"惯性"，也是一种迎合时局的"贴标签"行为。他们介入的职业活动已远远超出了传统工匠的职业范畴，对艺术的拥抱成了一种显性的趋势。青年漆艺师们在"技"与"艺"的矛盾中打破了隔阂，建立起沟通的桥梁；他们也扮演多重的角色，在事实上完成了工匠与艺术家身份的融合。

参考文献

海德格尔，马丁，1997，《林中路》，孙周兴译，上海译文出版社。

韩鉴堂，2009，《中国汉字》，五洲传播出版社。

莱顿，罗伯特，2017，《技与艺基于中国视角的艺术人类学相关理论探讨》，李修建、罗易扉译，《民族艺术》第4期。

林森，2014，《商周时期"百工"研究》，《史学集刊》第1期。

柳宗悦，2018，《工艺之道》，徐艺乙译，广西师范大学出版社。

卢文超，2014，《是一场什么游戏？布尔迪厄的文学场与贝克尔的艺术界之比较》，《文艺理论研究》第 6 期。

桑内特，理查德，2015，《匠人》，李继宏译，上海译文出版社。

闻人军译注，2021，《考工记译注》（修订本），上海古籍出版社。

徐艺乙，2015，《〈考工记〉与传统手工艺的观念》，《西北民族研究》第 2 期。

张培枫，2020，《漆艺的价值构建——在传统与现代之间》，福建师范大学博士学位论文。

Becker, Howard. 1982. *Art Worlds*. Berkeley: University of California Press.

Bourdieu, Pierre. 1995. *The Rules of Art:Genesis and Structure of the Literary Field*. Stanford: Stanford University Press.

"嗑CP"：青年女粉丝的创造性情感体验 [①]

许冠文

中国人民大学社会学院 2022 届硕士毕业生

引言　真情实感的是我

2023 年 10 月 10 日，一个名为"嗑 CP：青年女粉丝的创造性情感体验"的词条登上了微博文娱热搜榜。对于熟悉 CP 文化的爱好者来说，这个词条的爆火并不是无中生有，而是呼应了另一个词条"17 年这天发现了真相是假"。《真相是假》作为 CP 圈子的名曲，歌词暗指 CP 的真情实感不过是虚情假意的表演，这与另一首名曲《真相是真》所肯定的爱情的永恒价值相悖。这两首价值相悖的曲子引起了 CP 文化中极具张力的一个争论：我的 CP 是真是假？

在该词条登上热搜榜那一天，我与朋友打趣：学术论文的爆火碰上了 CP 圈子最内核的争论。论文所主张的"无论我的 CP 是真是假，粉丝的情感不会说谎——情感是真的"为上述争论提供了一个回答。之后与感兴趣的学者、媒体记者交流时，我都在努力澄清上述观点，粉丝们关于 CP 关系真假与否的争论涉及粉丝圈与娱乐消费圈的模糊边界、商业娱乐产业的泛化以及由粉丝立场差异导致的潜在冲突等因素。因为粉丝对 CP 关系的解读不是对空言说，而是在网络空间中表达，这就不可避免地将更多的利益群体（CP 粉、唯粉、娱乐产业从业者等）牵扯进

[①] 本文中的部分内容已经发表在许冠文、张慧，2023，《"嗑 CP"：青年女粉丝的创造性情感体验》，《妇女研究论丛》第 1 期。

来，进而引发立场的对立和话语权与商业利益的争夺。

然而，"我的 CP 是真的"这个结论是否有意义其实并不重要。在嗑 CP 的实践中，牵动 CP 粉丝的思绪，让她们兴致勃勃地去解读 CP 关系的动力并不是明确 CP 关系的意义——这是体验的结果，而是她们自身的情感。为什么不能说"我嗑 CP 就是为了开心快乐"呢？情感给予了我们一种内在的、直接的反馈。按照情绪的驱动，我们与世间事物产生更进一步的互动与纠缠。这种情感联系并不需要我们考虑事物的社会边界与道德规范，而是直接指向与之互动所获得的情感体验。这种情感体验表现为：（1）纯粹的感官的、身体的愉悦状态，如"快乐""刺激"等描述；（2）CP 粉丝对于 CP 情感联系的个性诠释。在情真意切的同人作品中，在日常的交流分享中，独立的 CP 粉丝传递和共享着彼此的感受，并构建了一个独特的情感空间，其中的情感话语是鲜活的、实践的、共享的。CP 粉丝们在这里摆脱了严肃的社会角色与情感规范的限制，消解了情感类型的社会边界，在个体的感官体验与情感诠释中生产着一个混沌的、自由的情感世界。

为了更好地捕捉和呈现嗑 CP 体验之中情感的流动与表达，积极且乐于以多种形式去表达自己对 CP 的兴趣和其情感状态的女粉丝成为核心分享者。大部分受访者表示她们在初中或高中就开始接触 CP 同人文化了，特别是被方兴未艾的耽美文学所吸引。因为着重刻画男男同性情爱的题材对于习惯于异性恋叙事的青春期女性来说是神秘而新奇的领域。但是她们并没有局限于性或欲望的抒发，特别是遇到她们所钟爱的"本命 CP"后，她们投注了更多的时间和精力去挖掘 CP 身上的闪光点。她们有的喜欢深夜在被窝里品鉴与 CP 相关的各类作品，有的喜欢亲自动手，用漫画、视频剪辑、同人文等方式来表达自己对 CP 的理解。虽然一开始对 CP 文化的喜爱与投入往往是对枯燥学习生活的调剂和对性的好奇，但是她们持续的沉浸与投入推动着她们在 CP 文化中做出更为深入的探索。她们表现出对情感体验和亲密关系的强烈兴趣，"青梅竹马""灵魂伴侣""性张力""羁绊"等多元词语的运用展现了她们对于亲密关系的追求并不限于对浪漫爱的期待与探索，在"上头"的情动体验中，她们化身为亲密关系多种可能性的开拓者。

一 嗑学知识

同人，作为 CP 文化中一个关键的概念，是指"建立在已经成型的文本（一般是流行文化文本）基础上，借用原文本已有的人物形象、人物关系、基本故事情节和世界观设定所做的二次创作。同人作品采取的形式有小说、绘画、视频剪辑、歌曲、游戏等，而同人作品对原文本的忠实程度并没有定例，随各衍生文本而定"（郑熙青，2018：74）。同人创作可以根据表达形式的差异分为文字、图像、影像和现实四种类别。

一般来说，文字类别对应小说，而图像类别对应二次元的漫画以及 2.5 次元的游戏和动漫，该类别的同人作品更为丰富。在游戏与动漫中，由于原作提供了明确的人物形象，所以粉丝既可以进行同人漫画创作，也可以写同人小说。而三次元的影像作品是目前比较热门的同人创作的素材，随着视频剪辑技术门槛的降低，CP 粉丝可以更为自由地将自己钟爱的某一角色的音像制作成同人 CP 作品。这样的创作既可以是同一作品的，如"陆花"（陆小凤与花满楼）①，也可以是跨作品的，如"伏黛"（伏地魔与林黛玉）②。此外，历史人物的同人创作会借用影视剧中对应人物的影视片段作为素材，如"玄亮"CP（刘备与诸葛亮）。还有就是现实真人 CP，"一般认为是一种真人同人，即将真实名人在媒体上的发言和行为作为原文本展开衍生和想象"（郑熙青，2018：195）。

同人作品的多样性并不意味着流水线式的拼贴组合的浪漫桥段或传统言情故事模式会被 CP 粉丝所接受，相反，这种类型会沦为"换头文学"，即只是更换角色姓名，而没有原创性的、特殊性的内容。正如亨利·詹金斯（2016）所说，同人文化的流行本身就存在一种对异性恋

---

① 出自《陆小凤传奇》系列电影，陆小凤和花满楼在原作中是出生入死的兄弟。
② 前者出自电影《哈利·波特》系列，后者出自 1987 年版《红楼梦》，CP 双方都是由真人饰演的影视角色，创作者以两个角色为原型想象出一种跨文本的浪漫关系。

浪漫叙事的反思。CP 粉丝不再满足于一种老套的浪漫叙事，而是希望能够发掘出独特的情感联系。粉丝如同侦探一般，收集零碎的信息，将CP 的过往中缺失的地方联系起来，并且附加上自己对其情感关系的解读。这种解读常常涉及两个常用词："发糖"和"插刀"。这两个词意指一部作品的剧情，或是一对 CP 的行为对粉丝造成的影响，其中"糖"对应的是人物情感发展顺利的甜蜜浪漫故事，"刀"则对应的是人物身心和感情都遭受严峻考验甚至伤害的虐心波折的故事（郑熙青，2018：218~219）。此外，还衍生出了"抠糖"的用法，即粉丝自己去解读剧情或真人的言行举止等信息，从中发掘出在自己看来能佐证 CP 关系亲密、真实的一些证据，从中获得甜蜜的感觉，而不是依赖于作者或其他权威的解释。

二　真/假 - 虚/实：CP 关系谁人明？

在千差万别的 CP 市集中，CP 粉丝可以跨越次元的区隔，在多维度、差异化的作品中找到自己青睐的 CP。CP 粉丝特殊的旁观者视角，使她们并不会被卷入 CP 的情感纠葛之中。虽然 CP 粉丝借此规避了直面爱恨情仇冲击的风险，但是又会不可避免地面临前文提及的 CP 关系真假的挑战。如何在旁观者的立场对 CP 进行当事人式的行动意义说明是每一位 CP 粉丝面临的挑战，亦是其乐趣所在。CP 粉丝会根据 CP 情境类别的不同，调整感知和诠释的方式。这要求 CP 粉丝在观看中不仅要调动身体去感知情境中的情感，还要让其呼应自己的过往经验。本节将讨论虚拟 CP 与真人 CP 在情感体验上的"虚实"差别背后的影响因素。

1. 由虚向实：虚拟 CP 的真实情感

CP 粉丝在对虚拟人物的亲密关系进行解读时，多少会受到虚拟人物自身特性的约束，也就是人物的符号化和人物故事的封闭与留白。首先，虚拟人物，无论是文字，还是图像，都作为承载作者/读者思想的符号载体而存在。因为符号的开放性在于它有无限的空间去承载任何意义的灌注，而 CP 粉丝在人物的关系感知过程中已经重新对相关人物所承载的各种意义的符号进行新的排列组合。这是理解虚拟 CP 的出发点。

其次，虚拟人物处于封闭的故事之中，身处其中的虚拟人物的所有经历都会被展现出来，从而构成一个完整的封闭的叙事。这个叙事会带有很明显的情境性和事件导向，导致原作中会出现时间叙事上的留白，这些留白则成了 CP 粉丝自由想象和创作的空间。创作本身不会受到现实时空的约束，文化参与使得 CP 粉丝进行倒叙、插叙或多线叙事来自由地去诠释、想象 CP 之间的情感关系。

在以文字或图像为表现形式的 CP 作品中，就存在大量的拉郎 CP[①]。我们无法根据原始人物的背景来理解这些 CP 之间的人物关系，因为 CP 粉丝已经赋予人物新的情感关系及意义，这反映着 CP 文化的核心规则——模糊规则，即突破边界，探索可能性。CP 粉丝将原始文本作为素材库来进行符合自身期待的创造性展开，在想象的世界中，CP 粉丝拥有绝对的关系诠释权和裁定权。此外，在衍生的同人作品中，读者与同人作者之间一样存在主体诠释的区分。当某个作品在公共平台上被呈现时，作者就不再拥有对其作品的绝对解释权。"读者的介入，让位于不同文化和时间的多重写作在具体生命层面的汇聚，形成了一个新的独立文本的意义。"（储卉娟，2019：98）所以，对于偏好一、二次元的 CP 粉丝而言，只需要考虑嗑与不嗑，以及投入多少情感和精力，而不必纠结、疑惑 CP 之间的情感是不是真的。CP 粉丝在构建 CP 关系时倾注了自己的真情实感。

> 二次元，它最妙的地方在于它是人但又不是人的那种近似人的状态。你看它的形象，你就能感受到角色身上那种真实世界不可能存在的，又符合你的审美的帅气感……这种形象特别吸引我的是，我可以把想象中最美好的一些感情放在这些虚拟的形象上……现实

---

① 是指在某单一文本之中或跨文本之间进行非原作设定好的创造性的角色匹配，比如伏地魔与林黛玉。

中嗑两个真实的人，会给我一种虚假的感觉。他们的感情是虚假的。但是虚拟世界里的感情，它可以是真的、永恒的，因为它不存在于我们这个世界上。（Future[①]）

虽然动漫和电视剧都是虚构情节与人物演绎的呈现，但是因为载体的抽象与现实差异，二者在关系感知上会有所不同。二次元的人物形象相较于真人演员在表现形式上带有明显的抽象性，这能更好地满足不同 CP 粉丝的期待与需要，特别是人物形象上的完美取向，即塑造了一个无比贴合自身审美的人物。虚拟人物的嬉笑怒骂可以由 CP 粉丝所构想。三次元的真人演员虽然也是在虚构的、想象的故事或情境之中活动，但是表演者的言行举止是非常具体的、可观察的。他们的神态、微表情、身体姿态等都会被镜头捕捉到。观众则会结合故事情境和个人生活经验通过对这些细微身体表现符号的认知来理解人物之间的情感与关系。这也是 CP 粉丝热衷于真人 CP 的原因之一。因为这些真人的言行举止不仅可以通过言行举止的普遍意义来理解，也允许 CP 粉丝将自己的主观理解体系嵌入其中，来丰富自身对 CP 情感关系的感知与解读。

2. 虚虚实实：真人 CP 的真情"营业"[②]

郑熙青认为，"真人 CP 其实是一种真人同人，即将真实名人在媒体上的发言和行为作为原文本展开衍生和想象。所以说真人 CP 所牵涉的双方并不需要是情侣或者有暧昧关系，嗑 CP 的人一般将 CP 作为想象内容看待，并不会由于真人的爱情和婚姻生活有违 CP 而有破灭之感"（郑熙青，2018：195）。

但是"真人同人"的逻辑也正在发生改变。随着同人圈的商业化日

---

① Future，22 岁，嗑 CP6 年，广泛涉猎各类真人 CP。
② 营业是 CP 炒作的一种说法，指艺人会在公共场合或社交媒体上与和自己组 CP 的另一名艺人共同出现，参与活动，甚至表现亲密，以回应 CP 粉丝对两人关系的期待。营业也暗指 CP 的互动是一种带有明确商业目的的安排，不带有真实情感而只是出于工作需要的表演。使用营业一词是粉丝自我提示或保护的方式，以免 CP 解体后，因情感卷入太深而受到冲击。

益成熟，现实的亲密情感被转换成了一种情感商品提供给消费者。但这并不意味着流水线式的浪漫桥段的简单拼凑会被 CP 粉丝所接受。因为 CP 文化内含着一种对异性恋浪漫叙事的反思（詹金斯，2016：200）。CP 粉丝不再满足于一种老套的浪漫叙事，而是希望能够发掘出纯粹的情感联系。CP 粉丝对于真实性的期待，也对被卷入 CP 商业生产的艺人们提出了更高的"表演"要求。

表演这个概念化用自戈夫曼的拟剧理论（戈夫曼，2008：8），旨在强调真人 CP 之中的真情实感与表演之间的界限并非泾渭分明的。因为表演是普遍存在的互动方式之一，是一种表达自我的方式。其并不必然意味着情感的虚假。更何况，在社会化的过程中，每个人都在学习如何以恰当的方式表达情感。这何尝不是一种自我表演呢？此外，将表演等同于掩饰和伪装，不过是一种对于未被掩饰或异化的真实情感的迷思。其预设的纯粹情感可能只是情感的本质想象。

（1）职业偶像、真情实感与表演

之所以把偶像作为真人 CP 的独立类别，是因为偶像作为一种职业，有着特殊性。其中比较有代表性的有时代少年团（中国男子偶像团体）、EXO（韩国男子偶像团体）、近畿小子（日本男子偶像团体）、SNH48（中国女子偶像团体）。

> 因为塞纳河（SNH48）就是（职业）偶像，她们应该是以粉丝为中心的。她（idol）就是得对粉丝表现出爱的感觉。（Court[①]）
> 偶像这个职业就是贩卖幻想的。（Stargazer[②]）

形形色色的偶像团体确实存在一个普遍的职业共性，就是满足粉丝的期待或幻想，以此维持偶像与粉丝之间的紧密联系。为了满足这个需要，除了基本的技能展示，比如唱、跳等，还需要其他内容

---

① Court，22 岁，嗑 CP 3 年，喜欢女女向 CP，但是明确表示只嗑友情向的 CP，特别钟爱女子团体组合。
② Stargazer，23 岁，嗑 CP 7 年，喜欢二次元 CP。

来吸引他人，而行之有效的方式之一就是 CP 营业。像时代少年团、SNH48 这类养成系偶像[①]团体，具备职业技能是必要条件，但是并非充分条件。因为以唱跳能力为量化标准来衡量偶像是不恰当的，对于他们而言，构建出粉丝所欣赏的与粉丝之间的或与其他偶像之间的亲密关系是他们作为偶像的核心竞争力，亲密关系能够赋予艺人唯一性和特殊性。

> 对于真人 CP 而言，营业是一个中性词，这是一种成熟的生产情侣的方式……明星日常行动会被作为可消费的素材，任何违反 CP 这种亲密关系的违规行动都会被视为不好好营业，或者营业失败。（Nico[②]）

> 不用非得是真的，只要能给我带来那种上头的体验——嗑到了。就算是演，也要给我演得真一点。我觉得一个敬业的 idol，其实他要会演。他能够满足粉丝的需要，他能给粉丝带来快乐的体验。（Monarch[③]）

营业可以被理解为艺人为粉丝呈现的一系列以亲密关系为主题的表演。当偶像的行动被作为情感和意义的载体时，CP 粉丝遵循的不是一种日常生活中的互动逻辑，对偶像的行动也不能使用默认的常规社会规范意义去解读。CP 粉丝的逻辑不在于区分真情实感和虚情假意，而是强调表演真实。表演并不意味着虚假，而是一种表现情感关系的手段。因为在 CP 的表演中，直接感知这种互动和情感状态的是 CP 双方，而

[①] 养成系偶像是指由娱乐公司、平台、粉丝共同打造的，通过将偶像的成长历程在网络平台展示并"贩卖"，使得粉丝付出时间、金钱去制造、养成偶像，从而获得参与感的一类明星。比起传统意义上的明星，养成系偶像更加强调他们的少年感、亲近感、可操纵感的特质，大多数养成系偶像都是从素人开始培训的，他们就如同粉丝的孩子一样，会将自己的优点、缺点通通展示给粉丝，这种陪伴其成长的过程就是养成系偶像最大的卖点（董清源，2019）。

[②] Nico，23 岁，本科在读，嗑 CP8 年，她并不介意 CP 有剧本或者营业，但要求 CP 要能将她期待的内容演绎出来。

[③] Monarch，25 岁，嗑 CP6 年，喜欢时代少年团里的成员 CP。

粉丝只是作为观众去感知和解读 CP 在互动时所呈现的各方面内容。并且，不同的粉丝会根据自己的偏好去调整对虚假/真实关系的阈值：有的粉丝认为无所谓关系真假，只要在 CP 营业的情境中，CP 双方能够将粉丝所期待的亲密情感状态表现出来就行；而有的粉丝则要求看到 CP 原有的、纯粹的情感联系，而不是被资本强加的一种无中生有的情感关系。粉丝会切实地调动自己的情感来呼应 CP 流露出来的情感，来实现情感的共鸣。这种状态来自粉丝对 CP 身上自然呈现的情感和关系的认同。

（2）非职业偶像与情感"真人秀"

越来越多的非职业偶像被卷入 CP 场域之中，如音乐剧领域、体育领域、电竞领域、综艺领域的等。这与"真人秀"节目的流行密不可分。

在商业直播的浪潮下，形形色色的人被纳入了观看的范畴，CP 生产的边界伴随着观看边界的泛化不断拓展，由此形成了一种更为深入的"真人秀"领域。对于 CP 粉丝而言，单一情境的呈现，比如舞台，已经不能满足其观看的欲望，她们期待获得跨情境体验。首先，同人创作可以被理解为 CP 粉丝期待满足的积极创造。其次，CP 粉丝对 CP 的好奇心使她们不再满足于单一的舞台表演，并驱使着她们去了解真人 CP 现实生活的方方面面。这在粉丝对自己喜欢的 CP 偶像过往经历事无巨细的收集整理中可见一斑。简单来说，"真人秀"呈现了 CP 粉丝对 CP 关系边界的无限探索欲望，从舞台到生活，从职业偶像到非职业偶像，现实时空的职业与生活边界正在被重新组合。

CP "真人秀"的真情实感体验的基础在于人际互动本身就是一出出时刻上演的舞台剧（戈夫曼，2008：8），在这个互动过程中，不仅个体要实现自我的呈现，而且他人也要能够准确地接收个体表达的意思。这一过程依靠的是一套互动表演的框架。这个框架依赖于个体社会化过程中所内化的社会规范。其整合了自我的表达、社会的期待与一整套社会符号体系。当已然习得这套框架的 CP 粉丝将自己抽离出社会情境，而作为观看 CP 表演的观众时，CP 粉丝自然可以借助既有的框架来对

CP 的言行举止进行解读。这种解读不仅使用日常的逻辑进行解码，也将自身所期盼的情感关系赋予其中。此外，一般性的生活情景也赋予了旁观的 CP 粉丝接近日常的在场感，从而辅助 CP 粉丝用自身的情境经验和默会知识去解读 CP 的言行举止、嬉笑怒骂。

三 "我的 CP 是真的"：感知、想象与诠释

因为 CP 对我来说，是超脱于整个三次元之外的，所以它可以被我投射很多东西，让我拥有不曾有过的体验，包括复杂的情感。有些在现实中的禁忌话题，我可以通过 CP 来体验，比如旁观他们的爱情，这算是一种精神宣泄……感觉像在看电影，或者文艺作品。我从另一个维度来看他们，我不会有代入感，但是会受到一些触动，或者收获一些感悟。我不会沉迷其中，电影一结束我就会脱离开，回到我的生活中去。但是你不能说，看电影不会让我获得一种体验。(Sumatra[①])

"旁观"，而非"代入"，要求 CP 粉丝在观看中感受自身与 CP 的情感共鸣，这要求 CP 粉丝捕捉 CP 的言行举止和情境氛围来评估 CP 所表达的喜怒哀乐的程度，依赖于 CP 粉丝自身掌握的与 CP 相关的"嗑"学知识和意义诠释程度。

本节将通过感知、想象和诠释三个维度来具体说明，CP 粉丝如何借助人设和性别两个核心概念来理解 CP 的情感关系，然后通过抠糖和梳理故事线的方式来想象 CP 的情感关系，最后借助个人的亲密关系经验的共鸣性体验来对自己所捕捉到的 CP 情感关系进行说明。

1. 感知关系：CP 的人设与性别

如前所述，对 CP 情感关系的感知是一个整合差异情境的探索过程。其中虚拟 CP 的情境模糊性是最强的，因为虚拟人物身处一个完整

---

① Sumatra，23 岁，研究生在读，嗑 CP8 年。她初中时受同学影响开始接触二次元文化，并逐渐喜欢上 CP 同人文化。

的封闭的世界之中，CP 在故事中的所有表现都会毫无保留地呈现给观众，所以 CP 粉丝可以将不同情境之中的角色表现提取、梳理再拼凑出完整的人物情感面貌。比如，有的 CP 粉丝热衷于在原作的时间脉络之中，挑选感兴趣的时间片段进行剧情展开，以获得对人物更深入的理解。有的 CP 粉丝关注现实真人 CP，期待从他们身上发掘出一种因缘际会中形成的充满命运感的关系。总体来说，CP 粉丝的情感关系感知并不是简单的对话、情境等内容的碎片化拼凑，而是有着内在的逻辑与框架，其中，人设、性别这两个基本要素构成了 CP 生产的基本线索。

人设是人物设定的简称，一般是指在故事创作之中，为具体的人物塑造和突出的明确的性格、外形与能力等方面的特征。这些特征可以作为标签来对不同类型的人物形象进行分类。随着 CP 生产的泛化，这个概念被用于理解现实的真人，即从真人身上总结一些比较突出的特征。此外，人设也可以用在不同情景之中，通过角色标签来对人的行动进行分类。

比如，"美强惨"作为经典且常见的人设，对应了人物的三个向度：外形、个人能力、人生经历。CP 粉丝可以基于这三个向度来构建一种理想型的人物形象。需要明确的是，"强"不仅指涉一种对个人能力积极呈现的期待，也暗含了对异性恋言情小说中性别不平等的反思。其中男强女弱的叙事塑造了一种基于强弱不平等而形成的依恋、控制关系。在受访者们看来，这并不是一种值得期待的情感关系。她们认为，双方的能力足够强大，意味着彼此都有着足够的独立性和个体性，而不是被遮蔽的、被压制的存在，这有利于一种平等的关系的建立。

此外，"惨"是指人物此前人生（常指童年）是相对凄苦的，然后命运般的 CP 双方相遇之后，"惨"的一方被拯救，由此通过强烈的戏剧张力来凸显 CP 的情感关系的真实程度和强度。而在现实真人 CP 之中，一般不会存在过于悲惨的人生经历，或者说一旦悲惨脱离了想象的世界，联通现实，CP 粉丝就可能没办法用想象的逻辑将悲惨转换为快乐，而是陷入感受悲伤的共情体验之中。所以，在现实 CP 中，CP 粉丝更为热衷于挖掘 CP 身上的富含温情或激情的人生经历，常见的有两类：竹马和天降①。

> 我心目中的 CP 的故事就像一个一个碎片拼接起来的。所以，我不是看他们的人设是什么样的，而是他们两个人在我心里的整体状态，这是我自己通过一点点的信息去构建出来的完整的人物形象。（Lord②）

人设的分类与挑选不是嗑 CP 的完结，而是开始，因为人设只是人的一个面向，而不是人的全部。人设可以看作是在各种各样的作品之中粉丝根据自己的审美偏好而形成的筛选标准。如果过于强调人设，反而会舍本逐末，失去认识人物整体性的可能，因为人设所承载的是单一的死板标准。简单地根据人设进行划分得到的是一类人，而不是一个人，过分追求人设会导致人物独特性的丧失。人成为一个人设的载体而不是人本身，这与 CP 生产的逻辑相悖。因为 CP 的生产是 CP 粉丝的理想期待与 CP 人物的亲密互动相互呼应而形成的。如果 CP 被化简成一堆符号聚合体，那么嗑 CP 就成了简单的人设消费，而没办法联系 CP 粉丝内在的自我。

2. 想象关系：CP 的故事创作与抠糖

嗑 CP 虽然围绕着主体的想象展开，但是不同的主体基于想象创作的作品（原始文本与同人作品）构成了一个内容广泛但人物明确的幻想空间，"故事线"和"糖点"则是这个空间的两个基点。前者往往涉及粉丝对人物自身故事的认知从陌生到熟悉再到亲密的过程，后者则是 CP 粉丝对 CP 情感关系的感知与评价机制的关键所在。

---

① 天降和竹马相对，二者侧重于 CP 某一方进入另一方生活的不同时间节点及其形成的不同相处模式，本文在这里将从情感状态角度理解两个概念。竹马是指两个人有着长久的陪伴以及关于对方的独特的无法被取代的记忆。天降是指成年人之间的激烈情感与亲密状态，其更关注两个人情感关系之中的性张力与亲密互动的强度。

② Lord，22 岁，本科在读，嗑 CP2 年，大三时通过泰剧《以你的心诠释我的爱》接触到 CP 文化。她喜欢真人 CP，平时通过了解、收集 CP 在不同社交平台上的动态来嗑 CP。

（1）故事线的情感迭代

> CP 一定要吵过架，而且两个人得经历过很多的事。我只嗑这
> 类因为某个原因离开过彼此，但是又因为某些原因和好的。就那种
> 守得云开见月明、破镜重圆的感觉。我对这种感觉很着迷，唤醒我
> 一部分为人的体验。原来这个世界上真的存在这种故事，人和人之
> 间真的能够彼此再一次信任。（Court）

虽然具体 CP 的人生故事的呈现遵循着双方关系亲密程度逐渐递进
的线性叙事逻辑，但是 CP 粉丝认识和理解 CP 的出发点往往从 CP 角
色的故事的终点开始，即 CP 故事的开始是一种倒推的逻辑：先明确 CP
角色彼此之间的情感联系，然后去构建整个情感关系的发展历程。

具体而言，CP 故事有两种展开方式，一种是 CP 自身存在一种情感
关系，如多年好友。这一类 CP 的故事线，倾向于对既有情感关系的丰
富，即在纷繁复杂的、碎片化的人物经历信息中将双方关系的发展过程
梳理清楚，让 CP 的情感关系以一种自然的、合乎逻辑的状态呈现出来。
这个过程是 CP 粉丝情感共鸣最为强烈的阶段。因为要在零碎化的信息
中梳理出完整的关系脉络是极度耗费时间和精力的。另一种是拉郎 CP，
即创作者将自己心仪的（同一个故事或不同故事中）CP 角色整合到一个
自洽的故事之中，比如孙悟空与林黛玉[①]。

> 剧情梗概：石猴偶然得一机遇来到贾府，与黛玉朝夕相伴，终
> 日嬉笑打闹，互生情愫。佛祖派观音下凡寻找取经人，观音知晓悟
> 空的通天本领，是不二人选，然他向往自由不愿皈依。黛玉生来便
> 有不足之症，菩萨施法让她病重，悟空遍寻医方最终到了南海。菩
> 萨出手相助，条件是他必须答应取经，并谎称唯一根治黛玉的方法

---

① CP 文化中流行的混搭尝试，将不同作品中的经典角色进行配对，其中林黛玉与伏地魔
的 CP 配对引起了 CP 粉丝的兴趣。随后大量的二次创作作品涌现出来，其中孙悟空和
林黛玉的配对引起热烈讨论。

就在西方极乐世界的经文里，他不得不保唐僧西去。一路降妖除魔，只愿换黛玉一生平安。谁又知取经路漫漫，归来时光阴已过十余载，佳人早已魂归离恨天，故地重游物是人非。悟空惊觉什么金身正果、救命良方，终不过一场骗局。今朝冲冠一怒为红颜，大闹天宫何所惧，可叹十万军中无敌手，还是难逃一掌之中。五行山下，一番番春夏秋冬，从出世到入世，最后孑然一身看破世事，落了个白茫茫大地真干净，个中滋味再无人知。①

根据剧情的铺陈，创作者创造了一个孙悟空和林黛玉共存的世界，并安排两人相遇相爱又离别。而相较于文字的描述，创作者将《西游记》中孙悟空的表演片段与《红楼梦》中林黛玉的表演片段根据故事的铺陈进行相应的剪辑来推进剧情。借助表演片段中包含的诸多可以解读的内容，比如身体姿态、台词、神态等，观众在观看整个视频时能够更好地理解创作者在孙悟空与林黛玉身上所投注的亲密关系期待与情感意义。

（2）抠糖：糖点的亲密意涵

嗑空气都能嗑出来，因为你总会脑补一些东西。脑补是嗑学中最重要的部分，就是你要有想象力。就算他俩不看对方，但你可能就会想，他俩是在欲盖弥彰，然后你就会嗑到。所以，即便他们俩随便什么物料（日常生活信息）都没有，就算不同框、不同台，但是你总有一些想象力，然后把缺失的内容填补全。（Ginger②）

CP会给你一种确定性，我确定他俩真的有些什么事情，因为这是唯一的那种联系，有那种感觉，然后我们就可以去收集更多的

---

① 《【孙悟空×林黛玉】名著联姻 | 佛度众生不度我 宁负如来不负卿》，https://www.bilibili.com/video/BV1x54y117gV?from=search&seid=16727794099462552568&spm_id_from=333.337.0.0。

② Ginger，23岁，研究生在读，嗑CP7年，喜欢通过写同人文来想象CP在不同情景下的爱恨情仇。

东西来进行佐证。（Foreigner[①]）

除了故事需要积极的创作及再创作外，对于 CP 粉丝来说，嗑 CP 并不是一个被动地等待 CP 制造或表现出某些带有强烈浪漫意味的行为，而是在观看的过程之中，感受不同情境之中 CP 的情感表达、亲密互动或各自的言行之中所蕴含的情感。这种行动被称为抠糖，即在不同的情境之中寻找自己所能感知到的能印证 CP 关系的线索，从而获得一种正向的情感反馈。抠糖既可以聚焦于一个情境，又可以跨情境地串联起来。

> 你嗑 CP 的时候，自己的生活经验会起到非常大的帮助。如果他俩认识但不熟悉，让他们去做一些亲密动作时，他们的身体会有一种不协调的感觉，会有非常明显的距离感。（Hamster）
>
> 糖，这个东西大家懂得都懂，是要找的，而不是你塞给我的。只有显微镜找出来的糖才是最甜的，只有当我认为他们是 CP 之后，他们的互动，对于我来说，才能够说是有意义的，我才会觉得甜。不是说你演给我看，我就会接受。（Poetic[②]）

对于具体互动细节及其情境的浪漫解读，依赖于人在社会化过程中习得的对于互动、情境中的浪漫符号知识。比如同台演出、单膝下跪、父母在场等，在一个情境之中，不同要素的组合构成了一种浪漫的氛围。除了这些带有强烈浪漫意味的仪式情境之外，一些更为日常的互动，比如眼神交错、微笑或拥抱等比较常见的人际互动表现，被 CP 粉丝视为比特殊的浪漫情境更值得品味的内容。因为一个看似不经意的、"下意识的"眼神的交错，或者是 CP 双方对某一行为或话题的默契反应，是 CP 粉丝对于 CP 的过往、基本信息以及相关 CP 圈所共享的情感关系叙事的认识。这种对具体情境的日常解读是一种仪式化的创造性情

---

① Foreigner，24 岁，嗑 CP5 年，喜欢真人 CP。
② Poetic，24 岁，本科在读，嗑 CP7 年。

景分析，只有当 CP 粉丝足够了解与 CP 相关的方方面面，甚至了解 CP 之间特殊的经历或言外之意时，她们才能对 CP 日常生活中的细微表现赋予明确的、强烈的情感价值。

无论是类似于"告白""求婚"等的仪式情境，还是日常生活中的人际互动，其中既有浪漫的身体仪式，如"亲吻"，也有日常化的表达，如微笑、对视等。这些身体活动本质上没有差别，只是在人际互动的社会结构之中，被分类及赋予了不同的意义。所以，当 CP 粉丝将其所期待的情感关系投射到这些身体、话语之中时，这些身体与话语所承载的意义就被替换了。这种替换需要 CP 粉丝沉浸于寻找、创造、解读糖（甜）点。因为"硬塞是不甜的，在意义创造过程之中的'上头'才是最令人回味的"（Poetic）。"上头"的体验即情动的体验。即便 CP 文化塑造了沉浸式的情感空间，但强烈的情感共鸣需要 CP 粉丝自身的沉浸来唤起。在对 CP 的身体姿态、语言互动与情境氛围的沉浸中，CP 粉丝对 CP 的亲密状态有了更切身的情绪体验。无论这种情感是快乐还是悲伤，情动的关键不在于内容而在于强度，在嗑到"糖"的那一刻，体验感瞬间达到顶峰。

> 我觉得糖点不是指某一个点，而是指整个看的过程。整个过程都处于嗑糖的状态，就不会说只盯着某一句，分析他的一句话，觉得好甜什么的，我是不会这样的。（Lord）

尽管情动的顶峰体验转瞬即逝，但是 CP 粉丝可以将不同情境中的"糖"串联在一起。在 CP 关系的生产之中，每个互动细节都有助于 CP 粉丝去感知和理解 CP 的情感状态，并且不同情境下的互动相互呼应也可以生成新的糖点。这种呼应是因人而异的，每一名 CP 粉丝对于 CP 角色的情感和亲密关系的感知与理解是不一样的。因此，她们基于自身理解而抠到的糖以及串联不同情境中的糖点的逻辑也是大相径庭的，这使得情动体验在每一名 CP 粉丝身上唤起的时刻是不确定的。但是一旦 CP 粉丝掌握了自己挖掘糖点的能力，她不仅可以整合关于 CP 角色既有的信息与素材，还可以将未知的、新的素材也纳入她的理解框架之中，为新的情感互动体验的生成提供可能性。

3. 诠释 CP：个体的亲密关系经验

同人 CP 的产生虽然依靠个人的想象，但是常常涉及一个喜欢某一对 CP 的趣缘社群的文化共享。这个社群的人员范围和构成结构因 CP 的类型和影响力而不尽相同。一类是网络社交社区，也就是在一些比较大型的网络社交平台之中根据自身兴趣组建而成的兴趣社区。这些兴趣社区有比较强的公共性，如微博超话、LOFTER、豆瓣小组、Bilibili。粉丝以 CP 的昵称或代称为核心关键词来标记自己的兴趣与身份。

CP 粉丝对情境中的互动的解读，一方面源自日常生活经验，生活经验上的相似性给予 CP 粉丝从细微处判断 CP 关系的能力，比如距离感、分寸感以及既往经历的对照；另一方面则来自同人 CP 圈，同好们因相对一致的偏好而聚集在一起。她们彼此分享着自己的心得体会，将人设、关系、故事和情境等要素进行符合个人逻辑的自洽处理，在这个过程中就会逐渐形成一套关于 CP 亲密关系的共享框架。同人创作与分享将更多的 CP 粉丝联系起来，她们在讨论之中深化了对 CP 的认识。当一种情感关系以具体的形式，比如文字、图像或音频等呈现出来时，有助于混沌的、模糊不清的情动体验具象化。在分享之中，同人作品及其创作思路也给其他的 CP 同好们提供了一套行之有效的感知和评价体系，帮助她们在阅读或观看同人作品时去理解作者的情感。

> 我判定的标准和一般人不一样。一般人觉得，我嗑的 CP 是假的，那就是 BE（bad ending，悲剧性结局，一般指 CP 关系的破裂或结束）了。但是在我看来，只要两个人还是好朋友，就不是 BE……只要他们感情还好，那就是好事，没必要真的谈恋爱，他们在我想象的平行世界里面谈恋爱就好了。（Stargazer）

> 我把 CP 放在平行时空里嗑，因为如果你带入了太多现实的因素的话，你会不快乐的……会影响到我情绪的事情，我不太会干，因为 CP 本身就是我情绪的寄托，如果我连我自己的情绪寄托都要

破坏的话，那我就失去快乐了。我嗑 CP 是为了快乐，不是为了痛哭流涕、为了找虐的，所以这种事情我不会干。（Rain）

此外，在讨论和理解同人作品时，不应该简单使用"正常 - 异常"的二分逻辑。因为所谓的"正常"实则是用日常生活的关系模式和互动逻辑去解读同人作品中的 CP 情感与亲密关系。虽然 CP 作品沿用了普遍的亲密关系框架，但是如果说前者是一种现实实践的逻辑，那么后者则是情感创造性实践。因为前者是现实生活中人们所需要遵守的行为规范和人际互动规范，只有遵循这些规范，人们才能在社会秩序之中明确自身的位置。但是当亲密关系被 CP 粉丝转化为"嗑"的内容时，她们身处于想象的情感时空，借助共享的情感关系感知和叙事模式，为普遍的亲密关系赋予具有个人独特生命烙印的理解和叙事。

四　超越 CP：亲密关系的生命体验与反思

嗑 CP 的内在动力是什么？对于这个问题，相关领域（同人、耽美）的研究给出了一些比较普遍的观点，如性欲望、社群交往、性别意识等。与这些判断紧密相连的是 CP 粉丝的情感，无论是即时的情动，还是过往经历的共鸣，抑或情感关系的联系，都在提醒大家去关注 CP 粉丝的情感体验的多样与变化。本节旨在讨论个体的生命经验如何与文化实践相互影响，进而阐释了情感共鸣所蕴含的反思性潜能。

1. 情感共鸣：具身体验与社会情感的交融

（情感共鸣）一方面来自我的家庭，我跟我父母的关系特别亲密，尤其是跟妈妈，我跟她没有秘密，彼此完全信赖，愿意与她倾诉很多事情。然后这样的关系导致我对好朋友也基本完全信赖，虽然不是说什么都跟他讲，但是我会非常容易相信对方。另一方面，我对感情有特别大的需求，这也源于从小我得到很多爱，所以会希望朋友能像亲人那样与我有那种全方位的、深度的交流。虽然朋友

的关系不是说什么都能跟你讲的关系，但是我们能互相分享对方的
羞耻的事情，倾诉日常，交换所有重要的看法，甚至是我不愿意向
任何人透露的事情。简单来说，我愿意把我全身心交付给你的那种
亲密。（Link[①]）

  一开始看其他人解读云次方的关系，我感觉他们的解读有点
像耽美小说里面强强那种设定，是非常独立的、在自己的领域中成
功的两个人，他们俩以互相欣赏为基础，然后产生的超越友情的感
情。所以我刚开始的理解也是这样。但是后面有所改变，因为云次
方他们俩友情的产生过程和我与一个朋友（的友情经历）非常像，
我们也是非常多年的（友情）。然后我们俩之间的友情状态，让我
能够理解云次方的关系。有趣的是，之前，我们共同的朋友都以
为我们俩在一起了，但实际上我们俩就是好朋友。这让我感受到原
来我们去看别人之间的关系的时候，也会下意识地把它往那种更暧
昧、更模糊的方向去想象。（Security[②]）

  尽管我们都在追求一种理想的情感关系，但是在理想背后，它所指
涉的边界和情感关系是流变的，呈现强烈的个人经验的差异与偏好。例
如，CP 粉丝对 CP 关系的情感共鸣可能来自其现实生活中对亲密关系
的情感体验，对 CP 关系的情感共鸣回应着曾经的情感体验。一方面，
这个过程会将 CP 粉丝曾经经历过的模糊的、混沌的情感体验以一种可
言说的、可理解的方式呈现出来；另一方面，CP 粉丝对 CP 情感的理
解与诠释又会因为个体情感经验的独一无二而渲染上浓烈的个人色彩。

  虽然 CP 粉丝主要进行的是观看行动，目的是获得快乐，但是嗑
CP 不是简单的生物性的刺激 - 反应或快感消费，而是个体经验与 CP
情感之间的共鸣式互动。在这个过程中，亲密关系的社会边界并不会
成为粉丝感受、想象与诠释自身期盼的情感关系的阻碍。在嗑 CP 的过
程中，社会关系的边界被消解，其内在的情感显露出来，CP 的情感表

---

① Link，24 岁，嗑 CP10 年。
② Security，24 岁，嗑 CP8 年。

达与个体的情感体验相互交织而产生共鸣。这并不是一种情感的替代性补偿。替代性暗示了情感关系是存在社会性边界的。而嗑CP旨在消解情感的社会性边界，回归到情感的整体体验。这就像德勒兹所言的情动状态，作为本体的情绪反应，其本身就是纯粹的情感强度上的反应，而无须界定其是何种情感。CP粉丝对CP情感关系的感知似乎可以从这一路径进行理解。

> 其实我一开始粉上这对CP是因为考研那段时间真的太无聊了，然后整个人又很累，压力很大，然后嗑着嗑着就比较上瘾，CP就成了我的情感寄托。因为，考研没考上，然后考公、省考、国考也没考好，整个人的状态是比较颓废的，就很需要一个压力宣泄的地方。那时每天我看CP的作品时，就觉得蛮治愈的，有种充电的感觉，人也变得比较有活力。（Twelve[①]）

对于CP情感关系的感知不仅受到现实的情感需求满足的塑造，而且还作为日常生活中个体获得积极的情感体验的呼应。但是这种呼应并不是说个人缺少某一种情感体验，就在现实生活中寻找或发展出一种与这种情感体验相对应的情感关系来满足自身的需求。这种呼应与其理解成一种缺失的补偿，不妨理解为一种对于美好的肯定与期待。因为CP粉丝所呈现的情感期待并不指向过去，而是朝向未来。CP粉丝对CP的情感共鸣源自其生命经验里美好的情感体验，尽管CP粉丝显然没有办法复现一样的情境与情感体验，但是她们可以通过旁观CP的情感而实现这一目标。这种旁观中的情感体验本身并不需要用一种明确的概念去界定。因为概念在呈现一种情感体验的同时也限制了它，甚至会引导粉丝去审视自身的情感体验是否合适。因为社会规范为情感体验设定类型、划定边界，将不同的情感类型与社会角色进行捆绑，并且为个体情感的体验路径设置了规范。

---

① Twelve，23岁，嗑CP6年。

当一种亲密关系在某些情境或条件因干扰而被切断，比如说生病、考试、分手等，在这些情境或条件下，情感是被压抑的，但又是必需的。嗑 CP 则是一种合适的风险较小的体验方式。因为很多时候在某种被压制的现实情境之中，没有办法与他人建立亲密关系以获得一种值得期待的情感体验，甚至这种现实的尝试充满了不确定的风险。现实的人际关系互动一经展开就要遵循其内在的社会规则所设置的流程。这种规则既是社会互动的秩序稳定的需要，也是人际互动的需要。因为人际互动的每一步都需要平衡风险与收益，无论是物质上的，还是心理上的。

> 他们都那么甜了，你难道还嗑不到吗？我在那一刻可能嗑到了，但是下一秒我就忘了。因为换两个人，他们照样能够做这些事情。但是在那些（BE）故事里面，他们个人跟那个故事纠缠在一起，我能够看到他们的情感从他们的经历中流露出来。当那种流露在不经意之间被我捕捉到时，我会感受到更多的快乐和惊喜。（White[1]）

> 对于大团圆结局，我就只是，我知道了，嗑过了，我快乐了，OK，戛然而止。但是，如果是悲剧结局，我会去想悲剧的深层原因。这个不断思索的过程就会逼迫我一遍遍地看原文，一遍遍地嗑，一次次地伤心。比如说，塞秋[2]，我会疑惑：谁都没有做错，那为什么会演变成悲剧。我会从分析个人的结局过渡到个人形象，再到学院，然后到学校，最后到整个魔法世界的价值观，层层递进地去剖析，然后一遍遍地嗑绝美 BE 恋情。（Rain）

嗑 CP 往往伴随着强烈的情动体验，这种体验除了涉及实实在在的感官体验外，还涉及 CP 的言行举止，以及对情境所呈现的氛围的感知与解读。这也是为什么除了 HE（happy ending，大团圆结局）故事之外，BE 故事也备受推崇。因为 BE 的悲剧性能够带来更强的情感张力

---

① White，25 岁，嗑 CP6 年。

② 即塞德里克与秋·张，《哈利·比特》中的一对情侣，塞德里克最终被小矮星彼得杀死。

和故事戏剧性，让作为旁观者的 CP 粉丝在解读 CP 悲剧的仪式性过程之中获得更多情感的体验。这不仅会使 CP 粉丝因故事或人物的复杂情感而开心或悲伤，还会使情感体验与个体的情感经验有所呼应。当作为旁观者的 CP 粉丝沉浸其中时，她们可以获得多样情感体验的结晶——上头。

嗑 CP 的上头体验与现实的情感体验的差别在于，现实的情感体验是不确定的，或者说情感的复杂性是需要本体直接去感受的，这不可避免地会面临被伤害的风险。但是在嗑 CP 时，作为旁观者的粉丝不需要去直接承担情感的冲击风险，而是在情境的、经验的共鸣之中去感受、去理解 CP 的情感。上头的体验依靠 CP 粉丝将捆绑于社会角色的情感——比如爱情之于恋人、友情之于朋友、亲情之于亲人等——进行重构。她们将情感从社会规则的牢笼里解救出来，将 CP 从社会性角色转变为情感性角色。这使得粉丝即便只能了解在 CP 人生历程中的一部分的喜怒哀乐，但是在个人生命经验与 CP 生命故事的交织中，更多样的情感火花在源源不断的共鸣中碰撞而出。

2. 反思社会化：规范外的情感体验

CP 粉丝在诠释一种情感关系时，始终会与现实的社会关系规范互动，两者之间的张力在嗑 CP 的进程中不断增强。

刚才我下意识地用了"合伙人"这个词来形容恋人。现在我有点愣，感觉自己在用一种挺经济、挺功利的视角来看待恋爱关系……但我觉得再亲密的关系，没有人有义务一直帮谁处理情绪问题。因为我看待现实的爱情时，始终会有种割裂感在里面。一方面，我会想追求那种 CP 之间的契合。就像我之前的暧昧对象，在最开始接触的时候，我以为她至少是能懂我、体谅我的人。另一方面，在实际恋爱过程中，这种契合是很难达到的，它会被各种因素影响。很难说现实里会碰到跟自己严丝合缝地合拍的人，两个人总归要磨合，磨合好了就一起走，磨合不好就散了。但磨合中的时间、精力、金钱和情感等成本太昂贵了，尤其我又是那种谈恋爱很容易上头的人。相比之下，嗑 CP 好像比谈恋爱经济一点，因为我在嗑 CP 的时候，我只是看客，CP 之间的惊心动魄或者细水长流，本质上跟我都没有什么关系。我可以像看电影、看小说那样沉浸其中去体会他们的情绪波动，也可以随时抽离。（Moon[①]）

　　在现实生活中，我觉得婚姻是合同关系，是契约关系，而爱情是更复杂的东西，我觉得它是个奢侈品，是更好的体验，是跟婚姻完全不能等同的存在。所以我很清楚，CP 本来就是我构筑出来的一个比较美好的东西，我不可能把它和婚姻、家庭等同看待，它们没有任何关系。我期待在 CP 身上看到的是一种精神上的交流、灵魂的共鸣。（Nico）

婚姻、恋爱关系，当这种带有明确社会属性的关系在嗑 CP 中被转化为纯粹的情感性关系时，很多依附在这种关系之上的社会性规范与责任已经被剥离。作为整体的情感被种种社会性规范切割、归类到不同社会角色之中，并将社会角色所承载的道德责任一并加注到情感之中，由此形成一种情感 - 角色 - 责任的三角结构。而嗑 CP 则是要将这个三角结构打破，将责任从情感中剔除出去，从而将依附在情感之上的社会道德秩序消解掉，进而摆脱责任对情感多样性的限制。比如在 CP 的情感关系中，核心是 CP 双方的联结，而不是像现实的婚姻 - 爱情实践一般是家庭之间的联合。这种联合意味着更庞大的、更强大的伦理秩序对于情感的规训。因为婚姻关系的缔结有法律给予的合法性，是家庭匹配和关系协调下的社会整合。这两种力量对于作为情感主体的 CP 而言，并不会让其情感得以深化，反而会将主体纳入一个稳定的社会秩序之中。并且因为制度和家庭的参与，CP 被赋予了更多的社会性责任，比如生育任务等，反而遮蔽了情感自身的重要性。

　　在现实的婚恋关系之中，爱情与婚姻之间本身就是一种社会性的生产联结。其内在的矛盾在于，婚姻作为一种制度，必然在两个关系主体

---

① 　Moon，22 岁，嗑 CP8 年。她平时喜欢在 B 站看不同类型的 CP 同人视频。

之外卷入更多的人，由此就需要进行更密集和繁琐的关系匹配，门当户对是弱化这种关系匹配复杂性的方式之一。而在嗑 CP 里，这些社会性的逻辑则变得可有可无。"有"的是婚姻家庭作为普遍存在的关系模式和情境，具有比较广泛的、可理解的、可解读的亲密情感意义，可以作为同人创作的要素。"无"的是这些情境背后已经被消解了的社会规范与道德秩序等力量，因为 CP 的情感联结并不需要这些社会规范与道德秩序的参与。

> 人在生活中可以离开爱情，但是不能离开爱。就看我们怎么理解这个爱的意义了。人离开了爱情完全可以活下去，但是离了爱不能。这是我的感觉。所以，无论是什么性质的感情，它的本质都是爱。（Hamster）
>
> CP 像一个成功的范例告诉我，我从小到大坚持的东西是没有错的，只是因为我所在的这个环境，它不适合我这么去做，但并不意味我坚持的东西就完全没有价值。（Anne①）

作为跳出规范的探索，嗑 CP 不遵从现实的婚恋逻辑，也不复制传统叙事中男强女弱的模式，CP 粉丝以自身的情动体验为线索去感知、理解和诠释 CP 的情感关系。这也为 CP 粉丝的情感共鸣开辟了更广阔的空间。不再局限于爱情，更多元的个体在生活中所体验过的美好情感在 CP 的情感关系感知中得到共鸣，并且无须顾及现实社会规范对情感关系的种种制约。

情感和亲密关系的社会边界对于个人生活的影响是具体的、明确的。Sunshine 的困惑源自她的亲密关系实践与社会规范之间的矛盾。当社会规范对亲密关系的界定无法提供给她一个明确的、行之有效的关系模式和行动规则时，这种个体体验与社会规范之间的落差使她感到困惑。而她在嗑 CP 时对于 CP 角色的潜在疑问和好奇给她提供了情绪能

---

① Anne，嗑 CP 2 年，喜欢真人 CP。

力。即便 CP 角色存在于想象的、情绪化的时空，但她在现实生活中遭遇的困惑在 CP 角色身上产生了共鸣，她在与 CP 角色的共鸣中反思着、厘清着自身的困惑。这种对于亲密关系的困惑并非无中生有，而是在现实与想象的张力之间，在个人与 CP 角色的互动逐渐深入的过程中，从模糊过渡到清晰。在这个过程中，嗑 CP 所给予的情感能力驱动着她去探索与思考她对于亲密关系的困惑，并做出探索。

五　余论

在 CP 的情感空间中，CP 粉丝们用共享的情感话语作为骨架，以一系列的文本（真人互动、影像、图画、文字）为素材，以自身的情感体验为动力，让澎湃的"上头"情绪在 CP 粉丝与 CP 的情感网络内奔流。CP 粉丝对于亲密关系的感知、想象与诠释体现了自身的创造力。这种创造力得益于个人的情感体验和 CP 情感表达交织产生的情动能量。在与 CP 的互动、与社群同好的交流、与社会规范的碰撞中，她们被抑制的情感能量得以释放。在"上头"的情动体验中，亲密关系的社会规范得以被突破，与个人期待更密切的情感关系被思考着、探索着、创造着。

参考文献

储卉娟，2019，《说书人与梦工厂：技术、法律与网络文学生产》，社会科学文献出版社。

董清源，2019，《养成系偶像粉丝社群的情感劳动研究》，苏州大学硕士学位论文。

戈夫曼，欧文，2008，《日常生活中的自我呈现》，冯钢译，北京大学出版社。

詹金斯，亨利，2016，《文本盗猎者：电视粉丝与参与式文化》，郑熙青译，北京大学出版社。

郑熙青，2018，《CP》，载邵燕君主编《破壁书：网络文化关键词》，生活书店出版有限公司。

第二部分

青年阶层再生产

建构"理想青年"——市场调研公司的广告生产 – 姜如璋

人类学、"做"田野与新精英的诞生——对留学行业的观察 – 陈疏影

建构"理想青年"

——市场调研公司的广告生产

姜如璋

中国人民大学社会学院 2023 级博士研究生

导　言

　　青年作为一个具有过渡意义和发展意义的群体，代表着国家和社会的现在与未来。研究并把握青年群体是了解社会现实、窥探社会发展趋势的重要途径，在革命时期如此，在社会主义建设时期如此，在当代同样如此。随着近年来商业领域的专业化水平逐渐提高，有商业背景的市场调研公司和商业公司下设的市场调研部门已经成为一股不可小觑的力量。随着我国市场调研行业的发展和细分，青年作为当下和未来的消费者的代表，是市场调研公司的重要研究对象。通过市场调研，相关市场调研公司能够获得对青年消费者行为和观念的深刻且独到的认识，设计出对青年消费者十分有吸引力的营销方案，而这正是市场调研公司与希望吸引青年消费者的商品生产者（甲方）合作的条件。当前消费品不仅需要满足青年消费者基本的感官需求，还需要彰显青年消费者在社会结构中的优势地位。面对这种现状，甲方需要提供更"高端"的新产品，市场调研公司需要提供相关的营销方案和广告设计方案，以说服青年消费者购买新产品。可以说，作为广告生产者的市场调研公司成为联结商品和青年消费者的中介，在促进消费的过程中起到十分重要的作用。

　　研究对象领域出现细分，市场调研领域采用的研究方法已更新换代。在欧美地区，人类学参与商业调研可追溯至 20 世纪 30 年代（潘天舒，2016）。在消费越来越强调个性的今天，呈现消费背后的故事和意义能够为"单一"的统计数字带来厚度，访谈、田野调查等定性方法自然而然成为市场调研公司重要的数据收集手段，被越来越多地采用。

但在社会学和人类学领域，市场调研公司不是研究的重点。当前社会学和人类学或对广告内容与文本进行拆解，或着墨于消费者及其消费行为，对广告的生产过程研究不多。传播学、广告学等学科的研究已经表明了广告、生产者等非消费端因素对消费的影响，社会学同样需要从非消费端研究消费，研究广告的生产过程和其吸引消费者的原因。笔者的田野点筹巷公司[①]就是青年文化消费链条中重要但易被忽视的一环，该公司是一个以青年消费者为研究对象，以访谈等手段为研究方法的市场调研公司，与许多国内外品牌有牢固的合作关系。承接来自甲方的商业咨询项目是该公司最主要的创收渠道，这些项目与青年文化和消费紧密相关。前来寻求合作的甲方大都希望自己的某个产品能与当前的青年文化产生联系，以增强其产品的吸引力和竞争力，改善自己在市场中的处境。通过长期在市场中的摸爬滚打，筹巷公司对青年消费者消费习惯、消费偏好和消费文化的了解逐渐深入，在青年消费领域积累起足够丰富的经验，形成一套稳定的方法论。这足以支撑该公司应对不同商品的不同广告需求。换言之，在青年文化和消费文化中，筹巷公司已发展出一套生产广告的稳定策略，为目标商品匹配一个合适的青年文化领域，在广告方案中同时体现目标商品和青年文化。

正因为这一套生产广告的策略十分稳定，所以最终的广告方案也相对稳定。笔者发现，在最终的广告方案中，会呈现一个既消费目标商品，也了解青年文化的"潮"青年形象。该形象具有的核心品质是"潮"，"潮"意味着青年既拥有新奇观念，也消费与新奇观念相对应的时髦商品，这一核心品质是吸引消费者的关键。因此，理解"潮"这一概念的深层含义、梳理"潮"青年形象的建构过程可以解释营销方案和广告吸引青年消费者的原因。同时，通过考察"潮"青年形象的建构过

---

① 本文中的公司名、人名均为化名，同时为保护商业机密，相关信息已做模糊或替换处理。

程也能够反映筹巷公司在商业项目中对人类学访谈、田野调查等研究方法的应用。

本文的研究问题基于田野中的发现生成。既然不同广告方案中的"潮"青年形象有共同的特质,既然筹巷公司在调研中的研究方法有规律可循,那么,"潮"究竟代表什么?"潮"青年形象又是如何被建构出来的?目标商品如何与青年文化匹配在一起?在调研过程中采用了哪些研究方法?这些研究方法与我们熟悉的社会调查方法有何不同?这些是本文希望回答的问题。

"潮"青年形象的建构过程是本文内容的主线。笔者将筹巷公司建构"潮"青年形象的步骤总结为"形象界定"、"形象寻找"和"形象塑造",这三个步骤与项目进程高度吻合,项目推进的过程也就是筹巷公司建构青年形象的过程。这意味着,每一步都包含一种或几种研究方法,笔者将在介绍完"潮"青年形象建构过程后单独讨论研究方法。

一 形象界定:筹巷公司的"潮"标准

当甲方提出合作意向时,筹巷公司需要找到与目标商品相匹配的青年文化,这意味着筹巷公司需要有一套筛选青年文化的标准。在长时间的实践中,筹巷公司形成了对"潮"的基本判断,这成为所有项目的起点。

(一)"潮":文化与商业的结合

据筹巷公司研究,在日常语境下,潮流(trend)一词多与"时尚"(fashion)、"流行"(pop)、"热点"(hits)等词语共享某些含义;但从源头来看,狭义的潮流是一个比时尚范畴要小得多的概念,往往代指滑板运动、街舞、说唱等街头文化形式,发源于欧美,改造于日韩。随着时间的推移,潮流这一概念不断泛化。在泛化的过程中,流行的商业意味盖过了文化属性,使其逐渐成为时尚的同义词。而筹巷公司在接受当下广义的潮流定义的前提下重拾并强调了它的文化属性,实现商业属性和文化属性并重。在筠巷公司的语境下，被称为潮流的现象或趋势需要满足两个条件。首先需要有较强的文化属性，这种文化属性可以是该潮流产生时就存在的文化根源，也可以是和当下产生联系的时代精神。例如，说唱艺术在产生时代表对种族主义的反抗，这可以被视为文化根源；而在如今则代表对财富、爱情、个性独立的追求，这可以被视为时代精神。其次需要有载体将潮流中蕴含的文化表达出来，这种载体可以是某种独特的艺术风格和设计，也可以是某种消费品。同时，享有该文化的青年需要有不一般的购买力。只有人群所处的城市级别高，人群规模庞大，且人群中有较多消费能力强、消费意愿强的年轻人才能更好地进行合作。依旧以说唱艺术为例，艺术风格和设计体现在独特的音乐特征上，如歌曲中电子化的编曲，抛弃旋律、以说为主的演唱方式；而说唱唱片，以及衍生的服装、首饰就是说唱艺术衍生的消费品。

以上便是筠巷公司对于潮流的界定，文化属性和商业属性是同样重要的两重维度。商业属性确保目标商品与青年文化的结合有良好的商业前景，文化属性则保证广告有自己的风格，不烂大街。于是，筠巷公司以商业属性和文化属性为标准，为目标商品识别与之相匹配的青年文化群体，这一群体，在营销领域中被称为圈层。

（二）界定"潮"圈层

圈层和圈层营销是近年来在商业领域中备受关注的概念，圈层十分接近社会学语境中的"趣缘群体"。依据"潮"的判断标准，筠巷公司对于目前青年文化中存在的圈层进行了一次全景式识别，考察了摇滚、说唱、话剧、脱口秀等接近200个青年文化圈层的文化属性和商业属性。对圈层的认知有的来自之前经历过的项目，有的来自大家平时的观察和知识积累。例如，笔者热爱摇滚，笔者对摇滚的知识储备通过共享，就变成筠巷公司知识的一部分。考察过程有时难免受到主观的限制，但至少建立起了一个青年文化的仓库，以备后续研究之用。

圈层识别为后续目标商品匹配青年文化奠定了基础，筠巷公司会在圈层中挑选商业属性和文化属性都较强，且与甲方提供的目标商品相关的圈层。既具商业属性和文化属性，又与目标商品相契合的圈层被称为"潮"圈层。在一个关于饮料品牌的项目中，笔者所在的项目组为甲方选择了山系（urban outdoor）、滑板、街舞等"潮"圈层。以近年来兴起的山系文化为例，其包含亲近自然、环保主义、逃离都市等文化思想，也包含周末近郊露营、短途户外探险等活动，并衍生出服饰、装备、帐篷等消费品，受到众多城市青年白领的青睐。同时，饮料能够满足户外补水的需要，对于大众体育运动更具标识意义。因此，山系文化和街舞等其他圈层一起，成为近乎完美的备选圈层。

在选定圈层后，筍巷公司要向甲方证明圈层与商品合作的可能性。筍巷公司往往以提交报告的形式来达到这一目的。这份报告以 PPT 形式呈现，图文并茂地将识别、判断圈层的过程和依据简洁地复现给甲方。就其研究方法来说，很像学术研究中的文献综述，在行业内，这一过程被称为"案头研究"。这份报告包含了项目组对于潮流趋势的判断，从文化和商业两方面收集"潮"在该圈层中体现在何处。甲方担心目标商品与所选圈层关联性不强，导致营销过于生硬，影响目标商品销量；或担心所选圈层过于小众，难以获得商业效益，筍巷公司的商业和文化双重属性恰好能够打消甲方的疑虑。文化部分强调所选圈层具体的文化特征以证明其先进性和吸引力，而商业部分既有对圈内消费品的介绍，也包括该圈层与其他商品合作的先例，以证明后续的可行性。通过已有营销案例或消费场景证明目标商品与所选圈层的适配性，证明目标商品与青年文化可以在商业上获得成功。

有时，PPT 的内容仍然无法打消甲方的疑虑，为应对这一问题，筍巷公司常见且有效的策略是让拥有相应经历的公司项目组成员现身说法，描述该圈层在青年中的受欢迎程度，笔者在用摇滚乐文化营销饮品的公司讨论会中详细记录了这一过程。

> 甲方负责人年龄较大且对摇滚乐不太了解，对摇滚乐的模糊记忆停留在 20 世纪末。因此，他对与摇滚乐联合营销的方案并不热

衰，认为没有年轻人听摇滚了，不利于营销。于是我立即以自己狂热摇滚乐爱好者的身份现身说法，详细列举如今音乐节和演唱会的票价和门票销售速度、国内新老乐队的粉丝数量和基本画像、如今流行的独特曲风及其内涵、自己观看演出的经历以及某综艺对摇滚乐重新流行的作用，等等。甲方的年轻成员认可了我的说法，最终甲方保留了摇滚乐的提案。

除摇滚乐外，筼巷公司项目组成员分别以自己的亲身经历为甲方解读夜店文化、滑板文化、话剧剧场文化等青年文化的流行性。这些独有的知识和经历是项目组成员们拥有的丰富文化资本，当面对文化资本并不如自己丰富的甲方时，项目组成员们就可以以自己的文化资本推动项目的进程，这是符合布尔迪厄对文化资本的考察的（布尔迪厄，2015；Maguire & Matthews，2012）。

这种报告与笔者在学校撰写的预调研发现或开题报告不同，这份报告从体量上看可以称得上一份完整的商业研究报告，从文化根源，到当前趋势，再到提出建议，逻辑和结构是十分完整的。但在商业市场的快节奏里，想要完成一份类似的报告并不容易，因为能够写成的前提是掌握充足的知识。当面对一个全新的圈层时，从信息获取渠道到专业术语都是陌生的，为了应对这一大概率会出现的困境，需要项目组里有了解该圈层的成员，需要公司所有人平时做好对于潮流趋势的知识积累，需要标准的报告模板。只有这样，才能在项目开始之初，用最短的时间，以规范、看起来"科学"的方法说服甲方。

这份报告成了后续整个项目的支撑，贯穿、影响着整个项目进程。后续研究的每一步，都沿着该报告对"潮"的定义不断进行复现、验证和补充，尤其是文化属性的部分。而复现、验证和补充，则需要通过寻找并访谈具备文化属性的青年来完成。

（三）界定"潮"青年

界定了"潮"圈层后，筼巷公司继续运用"潮"这一标准界定圈层内的青年。群体内兼具强文化属性和强商业属性的青年被称为"意见领袖",他们或是行业从业者,或是资深爱好者,有着较强的文化认同、丰富的领域知识和大量的消费实践。文化属性强但商业属性弱的被称为"艺术家",他们同样有着强烈的文化认同和丰富的领域知识,但消费水平低于意见领袖,如了解摇滚发展史、热爱摇滚乐但厌恶过度商业化的"老炮们"。文化属性弱但商业属性强的被称为"收藏家",他们不一定对领域知识有充分了解,但热爱购买各种商品。文化属性和商业属性都弱的被称为"跟风者",只是偶尔会与该圈层产生一些交集,他们是广告的目标受众。如果以公式表示,那么可以得到以下公式:

意见领袖 = 强文化属性 × 强商业属性 = 最潮

艺术家 = 强文化属性 × 弱商业属性 = 潮

收藏家 = 弱文化属性 × 强商业属性 = 潮

跟风者 / 目标受众 = 弱文化属性 × 弱商业属性 = 不潮

由此可见,意见领袖是筠巷公司最理想的研究对象,跟风者则有最大的潜力。在确保商业属性的前提下,艺术家也是优质的研究对象,因为他们的文化属性是筠巷公司所急需的。在不需要特意区分的时候,笔者以"'潮'青年"这一称呼来统称他们。因此,如何寻找"潮"青年,以及"潮"青年身上的"潮"究竟表现为何,就需要进行下一步的工作。

二 形象寻找

上文说到,商业项目的实质是将某种筠巷公司认为合适的文化现象与甲方提供的商品进行拼接,而这种文化现象来自相应的青年。这其实包含了三个递进的步骤:第一步,找到相匹配的圈层;第二步,找到该圈层中文化属性强的青年;第三步,在调研的青年中提取出文化属性。第一步已经在"形象界定"环节完成,因此,本部分将着重介绍后续两步。

（一）寻找现实中的"潮"青年

上文说到，筼巷公司需要从现实中的"潮"青年身上发现其在所选圈层中"潮"的具体表现。这既可以明确初期报告的方向，以便及时做出调整，也可以增强项目在甲方处的说服力。为了确保甲方相信寻找到的青年既在相应的圈层内颇有建树，同时对目标商品的领域也不完全陌生，进而说明研究的可靠性，筼巷公司从问卷设计与收集、电话访问到招募结果呈现，每一步都做了精心准备。

1. 问卷设计与收集

在正式招募受访者之前，每个项目组会提纲挈领地列出项目中"潮"青年需要满足的条件。提纲至少包含基本信息、目标商品领域和圈层领域三个部分。收集基本信息是为了确保受访者一定是青年，尽量平衡性别。在目标商品领域，虽不要求受访者精通每个方面，但至少需要不陌生、不排斥，否则无法提出有效的意见或建议，其观点也不具备更高的参考价值。在圈层领域则需要受访者有长时间的探索经历，有相对专业的获取信息的媒介渠道，有足够丰富且专业的知识，对目前圈内流行什么有自己的判断。

在这一提纲拟定完毕后，项目组就会开始设计线上问卷并发放问卷。线上问卷根据提纲的要求进行设计，以选择题或简短填空题为主，但在目标商品领域和圈层领域会有一定数量的主观题，多和亲身经历与个人观点有关。通过这些题目能够获得对问卷填写者知识水平的粗略认识，还可以检验问卷填写者的"态度"。一名同事曾经这样告诉笔者："这几个问题说实话，好好填的话一个问题快一百字，还是挺费时间的，如果这人填得挺仔细，就说明他耐心而且认真，可以多留意一下。"问卷设计完毕之后，项目组就会做宣传海报，海报会以简短但深刻的语言点明相应的圈层，并在最后说明有吸引力的答谢礼——一笔礼金。例如，"我们的要求只有一个——爱！看！动！漫！"，"最后你将收获：一个表达观点的机会和一笔丰！厚！的！答！谢！礼！金！"在以上的工作就绪之后，项目组的成员就会将海报转发至朋友圈，吸引感兴趣的人填写。成员如果心中已有合适的人选，也会直接邀请其填写问卷或帮忙转发扩散。随着问卷收集数量的增多，项目组成员开始在后台查看填写的情况，并通过问卷结果筛出可能合适的人选。这一环节的判断相对粗略，但也足以排除绝大部分的问卷填写者。在后台看问卷填写情况时，对填写内容的第一印象较为重要。媒介渠道够多，关注时间够长，上文提到的主观题回答得够详细，这样的问卷填写者就是下一步——电话访问——的优先考察对象。

2. 电话访问

电话访问是项目组在问卷填写内容的基础上对问卷填写者做出进一步判断和甄别的方式，也是判断问卷填写者是不是具有强文化属性的"潮"青年的最后一步。电话访问平均时长约半小时，为了方便向甲方汇报招募进度，在围绕提纲的前提下，项目组会固定对几个重要问题进行询问，并详细记录问题的答案。这些问题大多与受访者的亲身经历、其对某一个圈内流行趋势的评价有关。回答这些问题需要足够的知识，对潮流要有足够的了解，项目组成员会根据回答的情况来做最后的判断。之所以需要项目组成员致电甄别，是因为项目组需要确认一些无法通过问卷体现的信息。首先，筼巷公司需要确保问卷的真实性。后续筼巷公司会邀请意见领袖们参与座谈会并给予参会者答谢礼，部分人会为了礼金而假装自己是某领域内的意见领袖，在填问卷时故意搜好答案后仔细填写，这种人被称为"会虫"。沿着一个专业话题，或就着一段经历深入追问下去是辨别"会虫"的办法。其次，为了座谈会的顺利进行，受访者需要健谈，起码不内向，并且逻辑和表达能力都要很强。判断的标准是受访者能否用丰富而准确的形容词来描述自己的感受，能否完整地描述一段包含细节的故事（无论是亲身经历还是作品）。在笔者参与的项目中，就有受访者只能用"印象深刻""蛮好的"来形容某些事物，无法用更生动、更具体的语言来描述和形容自己的看法或感受，于是其被项目组判定为表达能力不强，最终没有被邀请参加下一步的座谈会。"会虫"是不懂装懂，口头表达能力匮乏者是懂却说不出，虽然二者有着本质的区别，但在筼巷公司这里，他们都无法成为合适的受访者，因为他们无法使筠巷公司获取所需的"潮"原料。

除了严格的甄别标准，另一个有趣的特点是招募研究对象时全程高度依赖项目组成员的社会网络，这样可以提高招募的效率和准确率，降低招错人的风险。上文已经提到，筠巷公司十分鼓励员工从自己认识的人中筛选自认为合格的受访者。在笔者参与的几个项目中，至少有10人在项目启动前就已经与筠巷公司的员工认识。在这些人中，有的作为受访者参与过筠巷公司之前的项目，有的是筠巷公司的前员工，有的是恰好在该领域有所建树的筠巷公司员工的朋友。在查看线上问卷时，总会有"啊，这人我加了好友，之前参加过××项目"的声音出现。同时，这些直接参与的"圈内人"又可以通过他们的传播渠道在筠巷公司与该圈层之间建立联系，于是也就有了另一个经典的"滚雪球抽样"式的话术："您可以帮着发动一下您觉得适合这个项目的朋友吗?"与此同时，项目组成员用自己的私人微信添加新的受访者，此举带来了整个筠巷公司社会网络的扩大，也带来了筠巷公司背景知识仓库的扩大，形成了一个循环。

3. 招募结果呈现

从设计提纲，到制作、检查、发布、浏览问卷，再到电话访问，这是一个完整而严格的筛选青年的过程。作为乙方的筠巷公司需要不断和甲方沟通进度和方法，来说明其工作的严谨和"科学性"，进而证明招募到的青年们的可靠性。除了不断沟通，呈现也是说服甲方的重要一环，筠巷公司采取的呈现方式听起来颇为学术——写"人物传记"。简而言之，就是以讲故事的形式介绍受访者在某圈层领域的实践经历，并配上相应的图片，来证明受访者真的对于该领域有很深的了解，就是他们所需要的意见领袖。这些故事的素材来自前面几步的筛选，有些类似人类学研究中对研究对象和田野点基本情况的介绍。以下是一篇"人物传记"。

饼干（23岁）7岁时就开始接触说唱了，他是狂热的歌迷，杂志、嘻哈服饰、歌星海报等周边都是他的心头好；专辑CD、磁带等更是他房间里随处可见的陈列品。

对于他来说,"说唱最大的魅力在于真实,平时无论有什么糟心事,都可以被真实地发泄,在听歌或唱歌时,会全身心地、单纯地享受这一瞬间"。

他的朋友们大多有着相同的爱好,也会一起探讨和说唱、和音乐有关的内容与话题。除了听歌之外,他也会进行一些内容的创作,他有专门的音乐人账号和公众号。音乐人账号用来发自己的作品,公众号用来做知识普及。他的公众号已经有了数目不少的粉丝,公众号单篇文章最高阅读量突破了十万次。此外,他经营着一个专业的 B 站账号,搬运、制作相关视频;除此之外,他还会追踪海外说唱的相关最新动态,看新闻有专门的渠道。

这篇"人物传记"虽 400 字不到,但层次十分分明。第一段说明他在说唱这一圈层已经有了长时间的参与,日常生活也离不开说唱,已经生活在被音乐包围的环境之中;第二段强调他有自己的看法,并且这种看法超越说唱本身,证明了他对于"意义"有比较敏锐的感觉,并能够将其清楚地表达出来;第三段说明他是个内行和成果丰硕的实践派,有专业的信息获取渠道,在圈内已有名气,"最新动态"一词则暗示其对潮流也有不俗的理解。这一段文字叙述构成了一篇本质上为简历的"人物传记"。在这篇"人物传记"之后,没有像民族志那样以此为背景的故事和论述展开,因为其已达到了向甲方介绍意见领袖的目的。接下来的工作,就是通过筎巷公司的田野来揭晓"潮"在该领域里到底有什么样的表现。

(二)寻找"潮"文化属性

1.通过座谈会获取"潮"原料

在前面的筛选工作结束之后,项目组会将入选的意见领袖邀请至筎巷公司,举办一场座谈会。这场座谈会在筎巷公司的语境里被称为"做田野",如果访谈地点不在公司内,也会有"跑田野"的说法。田野的参与者除筹巷公司项目组成员和筛选出的受访者外，还有甲方的负责人。为了叙述方便，从此处至本章结束，"田野"一词均代表筹巷公司语境中的田野。

前期的筛选工作已经为田野提供了合格的受访者，如何使受访者在田野里说出项目组想要的东西，仍需要筹巷公司项目组对田野流程进行设计。筹巷公司设计的田野流程结构清晰而固定，依旧没有脱离对潮流的文化属性和商业属性两个维度的定义。田野的第一部分的问题聚焦于受访者的生活状态，侧重于受访者在该圈层内的实践经历。这些内容在"人物传记"中已有介绍，因此田野中的访谈只起到补充的作用。第二部分的问题主要询问受访者对于潮流的认识，即在你身处的圈层中，什么现象是"潮"的，"潮"的原因是什么，背后的文化意义是什么。第三部分的问题和目标商品有关，这一部分涉及对同类商品广告的评价，也涉及受访者对何为好的目标商品的想象。最后一部分是为圈层和商品的联动出谋划策，如果参会人数较多，筹巷公司会将这一部分设计成活动策划，即让受访者来设计一次联动的活动；如果参会人数较少，活动策划环节不便开展，那么筹巷公司会将讨论的焦点放在生活状态上，试图探究生活和目标商品的关系以及目标商品对生活的意义。项目进行至此，经历过圈层研究和各种电话访问，项目组成员对于研究结论的预期已经越来越清晰，也十分期待受访者在田野中能说出印证其之前结论的观点。所以在访谈提纲的设计上，项目组会竭尽所能地设想各种可能出现的情况，使访谈被掌控在预期范围内。笔者曾在一次田野开始前的晚上扮演成受访者，接受了一次访谈。这次模拟的目的就是测试怎样提问才能使受访者回答出项目组想要他们回答的内容，后续在正式的田野中，果然也派上了用场。

另一项重要的准备工作是布置田野环境，这项工作通常在田野开始前的几小时进行。在工作的第二、第三部分会涉及大量的举例和评价，为了使讨论不流于空洞，也为了启发与会者的思维，筹巷公司会将访谈中出现的和其收集到的相关的圈层文化现象的信息与商品营销案例用A4纸彩打出来，营造一个适合讨论的环境。

客观记录：田野下午两点正式开始，我们上午十点开始布场，我从没在十点的公司见到过这么多人。我们把公司的餐区用屏风围了起来，把桌子分成了四组。在田野开始之前，我们需要摆好零食，把之前收集到的案例图片彩打出来并贴在屏风上，给与会者打印笔记本。零食用的是公司的库存，但因为过于"普通"遭到了同事的调侃："咱这零食怎么这么土啊，田野是关于'潮'的，这零食可一点儿都不'潮'。"在把吃的喝的错落有致地摆桌的同时，打印机也一刻不停地运转着。

主观评价：当我手捧那厚厚的一摞带着打印机的余温和油墨刺鼻的气味的A4纸时，我的确有一种震惊的感觉。图片占据着整个A4纸，在图片的边角有不超过十个字的简要介绍。我的第一反应是这属于巨大的浪费，但我迅速压制了这一想法。等到把这些图片贴满了屏风，我再环顾这整个活动场地，我确信我们制造出了一个景观，居伊·德波意义上的景观。屏风外是办公区，屏风里则是色彩绚烂的、充满各种潮流符号的、时尚的、适合讨论的环境，从每一个细节都能看得出这种时尚的氛围，而这里的每一个细节都是我们亲手制作的。

在结束了最后的准备工作后，田野正式开始。以之前精心的设计和"彩排"为基底，田野中对于潮流意义的探寻显得按部就班。主持人的问题循序渐进，直至受访者亲口说出什么样的文化属性成就了其"潮"的特征，提问才告一段落。以一次关于音乐的田野为例，主持人设计的问题如下。

自己和身边的朋友喜欢什么样的音乐？

你和身边的喜欢音乐的朋友有没有观察到最近1~2年里出现的新音乐风格？

如大家所说，确实有很多新风格，但新未必代表潮流，在各位看来，你们怎么定义"潮"这个概念？

有没有天生就"潮"的音乐风格？

在你们心中，符合你们对于"潮"的认识的音乐和音乐人有哪些？为什么？

受访者给出的"歌手的衣品很有个性""曲风很复古""歌词注重表达自身的感受""多种曲风开始与电子乐结合"等答案并不能令主持人满意，但通常这是受访者的第一反应。理想的答案需要关联某种社会现象或文化根源，想要受访者说出令人满意的答案，需要主持人不断地追问，正如在那个排练的晚上，主持人不断地问我："你说的现象 20 世纪 90 年代就出现并风靡了，现在为什么又是"潮"的？我就想知道背后那个决定了它是"潮"的文化因素在你这里是什么。"

衣品有个性说明年轻人有打破传统的想法，有些穿搭灵感来自 LGBT 群体。

说唱来源于美国黑人街头，是对权威和不公的反抗，这种特质放到现在就是张扬态度的表达，很符合年轻人期待的状态。

现在的潮流和个人的生活状态有关，在内卷和躺平的趋势下，大家需要宣泄情感的出口，这也是暗黑情绪核音乐和浪漫主义音乐成为潮流的原因。

乡土音乐再次成为潮流的背后是时代赋予的民族自豪感和文化自信。

人地合一是山系文化的重要思想来源，人们在避灾过程中生发出本能性的恐惧，进而对环保和人地关系有深刻的认识。

声光电多重感官体验共同塑造的是一种沉浸式的体验，电子乐迷人的地方在于其蕴含的科技元素和对未来的想象。

当这些话从受访者口中说出时，主持人会鼓励他们继续说下去，而这些说出的观点，有不少都在那份关于圈层研究的报告里出现了。这既能够证明项目方向的正确，也为后续广告方案的设计提供了直接的原料。

通过评价他人来间接获取本人的态度是常用的技巧，这一技巧是田野里第三部分的核心。项目组会向大家展示并介绍收集到的营销案例，邀请大家投出喜欢和不喜欢的案例并说明原因。经过一、二阶段的预热，大家习惯了在文化属性和商品属性的前提下思考并回答问题。大家给出的答案十分统一，只是放了张照片的，品牌打广告的意图明显的，统统得了低分；而主题和代言人气质一致、背后有文化意涵的、不像广告的广告得到了大家的赞许。这些临时获得的经验被大家运用到最后一部分活动的设计中。

一次田野的结束，标志着文化要素的收集工作告一段落。与漫长而细致的准备工作相比，田野最后的那一步水到渠成。文化属性体现在日常生活和实践里，也体现在人们对于圈层的认知和解释中，这两方面共同支撑起一个热衷文化、勇于探索时代潮流的青年形象。筼巷公司通过案头研究、问卷调查、电话访问、焦点小组访谈（筼巷公司语境中的田野）获取、复现和验证了这些原料，接下来就是生产和加工。

2. 座谈会后加工"潮"原料

通过座谈会上"潮"青年的回答可以看到，有些回答直接与当下面临的问题或时兴的观念息息相关。例如乡土文化复兴、文化自信等，这些都是当下人们普遍接受的流行观念。有些圈内文化则和时兴的观念不太贴合，如"说唱的种族反抗源头""摇滚乐的批判思维""人地合一的观念"等。筼巷公司会在后续环节对这些与大众流行文化不相符的圈内文化进行剔除或转化。

对那些符合流行观念的观点，筼巷公司会予以保留并升华。例如，将上文中提到的"躺平、内卷和个人情绪表达"扩展为"当代青年独立自主的自我意识的呈现"，将"乡土重建与地方性的回归"升华为"个体化背景下对秩序和集体的呼唤"。对不合时宜的圈内文化，筼巷公司会切割或将其转化为和当前流行观念有关的表述。以山系文化为例，在筼巷公司看来，人地合一并不是流行的文化观念，结合社会现实和时代背景，将其转换为以下流行观念。

长久居家使人们比以往任何时候都向往户外，走出室内是一种间歇性的逃离，是生活在都市中的反都市实践。户外也不是什么去到多高多远才算户外，不必攀比目的地的崎岖怪险，这是一种反内卷。喜欢山系文化的大家伙儿大都比较喜欢冒险与探索，身上有那种既自由自在又执着的气质，是当前个体化和碎片化生活的体现。

经过转化，山系文化与时代和社会有了更普遍的联系，也部分保留了与原有圈层的联系。在形象寻找的环节中，筠巷公司获取并改造了"潮"文化属性，得到了"潮"青年认可的广告宣传方式。但毫无疑问，前者是这一阶段最重要的成果。至于如何将这种成果转化为广告和广告中的"潮"青年形象，则是下一步的主要任务。

三　形象塑造

在项目结项时，筠巷公司会再次给甲方提交一份报告。筠巷公司将从田野中得到的信息与首份提交给甲方的报告相结合，结合项目中的发现和"潮"青年的观点，给出自己的广告建议和方案。笔者发现，此时，项目中的青年形象会清晰地出现在报告中，成为宏大的广告战略方案中的内容之一。结项报告中的青年形象虽然以项目中的研究对象为原型，但在将商品和某种文化相结合这一目标的驱动下，新的青年形象有其自身的特点。

（一）"潮"青年形象函数

在这一阶段，筠巷公司采用的方法主要是编码，在公司内部被称为"结构化"，和之前的环节一样都是标准的、固定的。在这一部分，笔者将以函数的形式概括"潮"青年形象本身的固定特点。

在这一小节，笔者将以一个案例来说明最终项目中青年形象的诞生及其对应的函数。笔者发现，项目最终会生产出一个青年形象，这一青年形象既拥有研究对象身上的文化属性（主要是流行观念），又消费着目标商品。在和特定文化与目标商品相结合之后，青年形象的函数可以表述为：

$$理想中的"潮"青年 = （目标商品 + 圈内消费）× 流行观念$$

依旧以山系文化为例，在经历了形象界定、形象寻找、用编码提取原料等一系列前期"标准化"的操作之后，"结构化（编码）"的成果被整理到一个文档中，作为结项报告中提出战略建议的原料，现摘录如下。

文化根源：山系文化与日本多山多地震的自然环境有关，帐篷是这种生活环境中的必需品，久而久之，户外、露营也就成了人们日常生活的一部分。伴随着人对自然本能性的、生物性的敬畏，在兴起之初，其就与环保主义紧密相连。联系到中文语境，自古文人墨客便有"读万卷书、行万里路"的说法，在某种程度上，山系文化可以被视为一种文人传统的延伸。

流行观念：因疫情而被阻隔在家中的人们比以往任何时候都向往户外，走出室内是一种间歇性的逃离，是生活在都市中的反都市实践，是一种秩序的重新建构。户外也不是去到多高多远才算户外，不必攀比目的地的崎岖怪险。喜欢山系文化的大家伙儿大都比较喜欢冒险与探索，身上有那种既自由自在又执着的气质，可以孤独地上路，也可以成为一个团结紧密的群体。

圈内消费品：目前主要分为两大类，一类是衣裤、鞋帽、手套之类的山系服装，另一类是帐篷、背包、蚊香、睡袋、手杖等户外必需品。

特征：首先，山系文化在起源之初就兼顾了户外和日常，反映在服装上便是兼具耐磨和舒适的特点。其次，山系文化并不完全排斥都市生活，在某种程度上是把都市生活的一部分与自然和户外相结合。因此，一些充满科技元素或艺术元素的设计也是可行的。依旧以服装为例，耐磨材料使得服装棱角分明，颇有工业和军事风的修身效果。同时，绚丽的色彩可以在山野中和自然融为一体，在日常生活中彰显个性。

工业和军事风是一名意见领袖的明显风格，这很好地激发了筠巷公司项目组成员的设计灵感。在对以上原料进行筛选和编排后，筠巷公司给出的战略建议如下。

在产品设计上，将饮料包装设计成军用水壶，并在瓶装饮料的基础上加大容量；在宣传策略上，筠巷公司给出的核心建议是拍一期山系文化青年的广告纪录片，这个饮料将作为他们山系生活的一部分，为这个饮料赋予意义。而广告纪录片中的青年形象应当是：反内卷的、喜爱探险的、向往自由的。

如果将这个广告设计拆开来看，就能够发现目标商品的出现如何逐步串联起了不同的材料。

筠巷公司设计广告方案共分两步。第一步，设定目标商品与圈内商品共存的广告情境。筠巷公司已通过市场调研获取当下流行的圈内商品，以此为基础设定一个可以容纳目标商品的消费场景，实现目标商品与圈内商品的和谐统一。例如，山系文化中的户外露营活动是一个合适的消费场景，在这个消费场景中，补充水分是必需，作为目标商品的运动饮料可以顺理成章地进入此广告场景，与设计独特的帐篷、服装等圈内商品共存。

第二步，在广告情境中植入获取到的文化属性，并通过"潮"青年形象体现出来。植入的方式有很多，如拍摄广告纪录片、撰写广告软文、设计广告标语等。无论具体方式是什么，筠巷公司的目的都是在广告中建构一个青年消费者形象，并通过这个形象承载文化和促进商品消费，正如现实中的"潮"青年是圈内商品和圈内流行文化的承载者一样。以运动饮料和山系文化的广告为例，筠巷公司为运动饮料和山系文化设计的广告纪录片方案是，在广告纪录片中呈现自由、独立、反内卷的山系青年们探险和露营的场景。在片中并不着重强调饮料，而是将补水的镜头自然地穿插在搭帐篷、爬山等活动之中，反内卷、向往自由、独立等则通过广告纪录片中人物的对话或评论呈现。这一情景中的"潮"青年形象 =（饮料消费者 + 户外装备消费者）× 反内卷 。

至此，一个项目告一段落，项目中塑造出的青年形象也终于完整。那么，这个青年形象为何具有吸引力呢？

（二）"潮"青年形象函数分析

笔者将广告中的人物命名为"'潮'青年形象"而不是"'潮'青年"的最主要的原因就是"潮"青年形象以现实中身处各圈层的"潮"青年为原型，并经筹巷公司的提取和改造后成为"理想型"。相较于原型，改造后的青年形象做到了"取百家之长"，对作为广告受众的消费者来说，这是一个若即若离的形象，人们既能在这一形象中找到自己熟悉的影子，也会发现陌生的部分，而这正是该形象能够引导消费的原因。

首先，"潮"青年形象保留了原有圈层的商品，使圈内人感到熟悉和被认可、新奇和有吸引力。如山系文化中的帐篷、服饰等装备出现在广告纪录片中，对本就是山系文化青年的广告受众来说，这些熟悉的物品在广告里出现意味着他所热爱的文化被肯定、被宣传，在这个意义上，"潮"青年形象是亲切的。对不了解所选圈层的更广大的广告受众来说，这些圈层商品本身就是陌生的、高端的、新鲜的，高端和新鲜本身就能赚取足够的吸引力，成为促进消费的动力。

其次，和以往僵硬的明星代言相比，呈现具体生活和消费场景可以使消费者感受到他们被更加平等地对待。无论广告怎样试图弱化目标商品，目标商品最终仍会揭开其神秘的面纱。对广告受众中的圈内青年来说，他们能够识别目标商品与圈内商品的营销策略，但鉴于对原有文化消费场景的再现和对原有商品的保留，他们会对目标商品表现出一定的宽容。对广告受众中的圈外青年来说，与明星代言不同，呈现消费和生活情境中的"潮"青年形象意味着广告对"普通人"的尊重，在这个意义上，"潮"青年形象是熟悉的、可接近的。在这一维度上，无论对圈内人还是圈外人来说，"潮"青年形象都是亲切的。

最后，"潮"青年形象通过强调流行观念引起受众共鸣。与当下社会现实的紧密联系，反映了圈内青年和圈外青年共同的情感。无论是圈层中的圈内人还是圈外人，在观看广告的同时都会有意无意地将其投射于自身。"潮"青年形象之所以"高大"，是因为这个形象先于很多人对社会问题给予了有效的回应。如广告纪录片里的青年形象能通过露营等一系列消费活动逃避内卷，同时通过露营引发对更普遍的个体化背景下独立自主问题的思考。对广告受众来说，这是一种难以抵抗的诱惑，诱惑来自对理想生活的切实想象。消费者只要和广告纪录片中的"潮"青年形象一样去露营，并去思考这些问题，那么自己就离"潮"青年形象更近了一些。甚至，消费者是否立即消费这一运动饮料并不重要，重要的是通过观看广告并思考，使目标商品和理想生活、时代关怀潜在地联系在一起。

笔者在此并未过多关注结项的过程，而是着重分析"潮"青年形象究竟意味着什么。至此笔者分析了何为"潮"、"潮"青年形象的建构过程及其与青年文化的关系。接下来，笔者将单独分析"潮"青年形象背后的社会学、人类学方法。

四 "潮"青年形象背后的社会学、人类学方法

在本小节中，笔者将单独以方法为讨论对象，对在项目全程运用到的相关研究方法进行总结。

对于研究方法的描述散落在本文中，笔者现将其整合于表 1 中。

表 1 筎巷公司的研究方法与社会学、人类学方法对应情况

筎巷公司使用的研究方法	对应的社会学、人类学方法	使用阶段	作用
案头研究	文献综述	形象界定、形象寻找	收集某个领域或圈层的潮流现象、人物、事件与趋势
问卷设计与收集	问卷设计、（主观）抽样	形象寻找	寻找符合条件的受访者

笃巷公司使用的研究方法	对应的社会学、人类学方法	使用阶段	作用
电话访问	电话访问、半结构式访谈	形象寻找	排除"会虫",确保与会者的专业性且有表达能力
"人物传记"	背景介绍	形象寻找	向甲方证明寻找到的是"货真价实"的强文化属性青年
田野	焦点小组讨论、半结构式访谈	形象寻找	获取意见领袖们对潮流的看法,明确广告设计方向
结构化	编码与解码	形象塑造	按主题梳理已有材料,为得出结论做准备
撰写结项报告	撰写论文/报告	形象塑造	向甲方交付本次的研究成果,提出广告建议,以证明所有的研究有回报

可以说,在每一个环节都有相应的方法作为支撑,项目和方法保持着协调与连贯。这一整套方法来自笃巷公司在长期大量的商业项目中积累的经验,成为指导新项目推进的"方法手册"。但笔者发现,这样一套标准化的研究方法会在实际操作中产生一些问题。

其中最需要强调的是,虽然笔者在按照项目推进的顺序进行叙述,但实际上最开始笔者已经说明,笃巷公司在项目开始前就已经有了一个清晰的关于潮流的预设,有一套标准的流程和方法。这在一定程度上会导致研究中的思维定式,使笃巷公司的员工们不自觉地朝他们希望的方向去引导受访者。例如,他们会通过座谈会极力想要复现前一晚彩排的场景。

同时,由于笃巷公司有时依赖员工的私人社会关系网络,同时又将研究对象的选择标准设置得很高,这就导致能够成为笃巷公司研究对象的青年往往是中高阶层的青年,这使得"潮"青年形象变得有些可望而不可即。

笔者认为,这是由商业节奏与社会学、人类学研究的节奏难以完美契合导致的。笃巷公司的一系列标准化操作可以被视为"加速"的具体成果，在商业和市场这个"竞争重灾区"，学院派的、耗时的社会学、人类学研究方法和滞后的研究成果完美地避开了一切市场领域内的竞争优势。从这个角度来说，有可套用的公式并不断机械式地重复是商业模式催生下的必然结果。通过这样的方法，可以快速地实现从无到有，从完全不了解某领域到给出看起来极具说服力的观点和方法。

五　总结与讨论

本文阐述了筼巷公司建构"潮"青年形象的过程，呈现了广告中青年形象的光鲜表面与隐含的复杂生产机制。这个"潮"青年形象既具有当下流行的观念，也消费包含目标商品在内的独特而时髦的商品。在筼巷公司的界定下，"潮"意味着文化属性和商业属性的结合，但这种界定暗含着将文化属性和商业属性拆分重组的可能性。回顾"潮"青年形象的建构过程，通过形象界定、形象寻找和形象塑造，现实中的青年被选择并被建构成"潮"青年形象。正因为建构过程相对固定，"潮"青年形象才有规律可循，笔者将其总结为"潮"青年形象函数。

接续这一讨论，本文通过研究市场调研公司的广告设计如何引导青年消费，功利性地切割了许多学院派的社会学、人类学研究方法。这说明，在商业和学术两个场域之间，社会学、人类学可以有不同的面孔；也能够说明，广告生产者拥有影响消费的强大力量。以筼巷公司为例，它在生产和消费的联结点，与甲方密切合作，但相对默默无闻；将不同文化分门别类，并按照规律将文化消费呈现在消费者们面前，消费者们自以为选择多种多样，却不知这些文化已经经过几手的筛选。也就是说，在看似多元的背后，有着一股强大的、一元的、稳定的力量。当代部分研究者希望用青年们的"圈地自萌"来尽可能地回避"阶级"等宏大命题，但其对消费和传媒积极作用的强调又表明，我们依旧无法真正地与主流的资本、市场、商业等结构脱离。这既是现状，也是消费者们、学术界和整个社会需要应对的挑战。

参考文献

布尔迪厄，皮埃尔，2015，《区分：判断力的社会批判》（全两册），刘晖译，商务印书馆。

潘天舒，2016，《田野凝视中的迪士尼商业人类学的实验室》，《广西民族大学学报》（哲学社会科学版）第 5 期。

Maguire, Jennifer S. & Julian Matthews. 2012. "Are We All Cultural Intermediaries Now? An Introduction to Cultural Intermediaries in Context." *European Journal of Cultural Studies* 15 (5).

人类学、"做"田野与新精英的诞生

——对留学行业的观察

陈疏影

中国人民大学社会学院 2021 届本科毕业生

前　言

2020 年春天，我在刷社交媒体时，偶然看到一则人类学田野营的导师招募公告。抱着检验所学、与同辈交流的心态，也为了从漫长的居家网课生活中透透气，我报了名。几天后，我收到了来自项目举办方的回执，得知自己从五十余位候选人中被筛选出来，成为田野营的导师之一。

行前流程并不复杂。只是，经过线上沟通、试讲和签合同等环节，我惊讶地发现项目组织者中半数为未成年人，团队成员以高中生为主。师友长辈们听说我要参加一个在云南大山深处举办的田野营，都表示了程度不一的担忧。学社会学或人类学的学生会知道，"做田野"是一种人类学研究方法，即田野调查（fieldwork）。田野调查是人类学研究中至关重要的一环，它通常指的是研究者进入特定社会群体或文化环境，实地长期参与目标社群的日常生活，以亲身观察和体验的方式来实现对他人的理解。田野往往是一个人的单打独斗，那么田野营是什么？这会不会是个精心设计的骗局？尤其是，项目举办地地处边陲，位置偏远，主办方并无法人主体，资质不明。好奇、兴奋与犹疑、不安并存，我踏上了旅途。关于田野营的疑问尚未得到解答，但我渐渐意识到，我发现了一片"田野"。

教育分层与流动是贯穿我本科四年的一项研究课题，我最初将田野营当作一种特殊的教育实践，将其视作博雅教育在中国传播和落地的一个衍生产品，因此顺理成章地对其产生了兴趣。直到后期我和周围人的聊天逐步深入，结识了更多此类活动的发起者和参与者，整体的产业图景才逐渐在我眼前清晰起来。我发现，近一两年以来，一个处于留学产业外围的辅助性行业正不显山不露水地兴起，而田野营正是这一趋势下的衍生物。它们主要以非营利学生组织的形象出现在人们的视野中，种类繁多、名目不一，大多由中国籍的海外留学生发起和运营。这些组织的常规产品是在假期举办的线下营地课程或游学项目，或线上的学术讲座和网课。其中，田野营以"人类学""游学""异文化体验"等标签与其他项目区分开来。这些活动虽面向公众，开放报名，但从组织者、参与的学员到授课的讲师，基本上都由（准）留学生组成，也势不可当地进入了海外留学申请者们的视野。

在我的本科毕业论文中，我试图描述，这些新兴的组织已嵌入既有的留学产业链中，成为跨国教育流动既有基础设施的新增量。这一现象引出了我研究的主要问题：这类组织是如何运作的？其间的行动者有着怎样的特征和心性？这些组织旗下的学习项目具体如何开展？学生从这些活动中学到了什么，这类项目在其申请出国留学的过程中又扮演着什么样的角色？

依照批判教育社会学主流的"再生产"理论，我们似乎很容易对留学产业的新变化做出一个顺理成章的判断：由于精英留学生的家庭经济资本较为雄厚，有实力购买更高端的中介服务、参与五花八门的活动，因此他们更有可能申请到顶尖名校，延续教育优势和阶层优势。但细思之，这些活动与组织的兴盛其实难以用这番简单的推理来解释。一方面，它们所举办项目的学费相对较低，对外反复强调自身的"非营利"性质，商业色彩乍一看并不浓郁。因此，金钱投入并不是决定性因素，申请资本上的分化并非单纯由经济差距造成。另一方面，我们可以看到，在今天，留学产业为客户操办的不再是一个纯粹的技术活，曾经投入财力从而换取抛光简历或名校"后门"的路子已然走不通。中介的野心是打造具有广阔视野和博雅品格，同时具有流动经历、烙印着群体惯习的文化精英，而这种精英是通过审慎精细的规划和丰富的活动逐渐培养出来的。自然，我们不能忽视头部留学中介服务的金钱门槛，也无法回避留学精英与优势社会阶层群体高度重合这一事实。而值得省思之处正在于此：精英留学生是以其文化特质（而非经济优势）在大学招生官面前脱颖而出的，而留学行业的工作则在于制造那些受到名校招生委员会认可的文化特质。这一过程涉及经济资本与文化资本之间隐秘而复杂的转化机制。那么，变化中的留学产业，尤其是新兴的活动组织机构是如何将精英学生的社会经济优势自然化、将群体区隔合法化的？其社会学机制是什么样的？对这一机制的把握，如何有助于我们更加透彻地理解当代中国涌现的新留学精英以及一种教育不平等的微妙运作方式？这是我的本科毕业论文试图回答的理论问题。

经过长达半年的田野调查，我记录下了我在这些活动中的所见所闻，对上述的问题给出了自己的阐释。论文写完后，我在媒体平台上分享了一些研究的边角料，也根据访谈时的承诺，将稿子返给部分受访者过目。未曾想到，我与研究对象们的关系随之变得微妙而复杂。一些曾与我相谈甚欢、慷慨应允我"参与观察"的项目发起者，在发现我的研究主旨之后，或当面质问，或刻意与我疏远：推广博雅教育、强调为教育体系注入批判精神的他们，无法接受自己倾注心血的事业被"批判"。而与我当年打过交道的学生们，一些在活动结束后就失去了联系，另一些则成了我的朋友，保持着定期线上或线下的联络。我看着他们成长，从本科入学到毕业，带着"做活动""做田野"的精神遗产继续前行。在这项研究中，我失落过，也收获过友谊，并在这些关系的波动中，不断反思着自己研究者的位置、"导师"的角色、朋友的身份。

几年过去，田野营的热潮似乎已渐渐褪去，或许是因为它们已经淡出我的研究视野，又或者这一商业模式经过几年的优胜劣汰，已渐渐寻找到了在市场中的位置：一部分此类项目停止存续，另一部分项目则在被我定义为"跨国流动的基础设施"的产业链条上找到了可持续的接合点，以制度化的方式，在特定的圈层中非公开地运转着。与此同时，"人类学"这一 IP 在公众话语场频频"出圈"，"田野"一词经过媒体的转译和挪用，其所指逐步失真，或为消费话语巧立名目，或被简化为娱乐或浪漫的探索，导致"他者"在此过程中被批量生产。其中伦理意识的缺失，也引起过小范围的争议。似乎田野营的各个标签都有了其他更有前途的商业化路径，而一些高校则姗姗来迟，开始尝试利用自身得天独厚的师资和平台，推出类似的、面向社会大众的收费田野项目或学术夏令营。

我观察到的这一现象自疫情初期兴起，似是摇摆不定的封控政策下的昙花一现。如今再读这篇文章，于我而言像是被强行拽入一段回忆中。尽管当年研究时强烈的情感已经消散，我的学术与人生也都有了新的方向，但我好奇的是，在今天，这样一篇文章能够有什么回响？

一　体验、流动与悬浮：田野之外的多重风景

"我们来自人类，观察人类，也需要人类。"

——某田野营宣传语

在方兴未艾的非营利学习项目中，田野营是一种颇为新颖，也颇引人注目的新形式。这些田野营的选址多位于西南边陲、东南沿海或内陆山区的村落，也即富有经典人类学关注的社会生活要素（如异文化和他族群、民间信仰和风俗、亲属制度、文化遗产等）的地区／社区，时长一般在一到两周。这些田野营大多是主题导向的（饮食人类学／教育人类学／艺术人类学等），发起人会先在营地踩点，联系好合适的田野报到人，确定食宿安排。田野营的日程则大同小异，一般由课程和田野两部分组成，有人类学相关背景的导师先给学生教授人类学的理论和方法（有时这部分会安排在线上提前进行），带领学生做田野，指导学生完成调研报告。除此之外，导师一般需要设置答疑环节，布置适当的作业；学生在听课和调研之外有一定的自由活动与社交时间。授课的导师一般

是人类学、社会学、民族学以及具有其他相关专业背景的学生或学者，资历从本科生、研究生到高校教授不等；参与的学生则以高中生和本科生为主。除了参与的导师和学生外，还有一些人负责协调后勤事务、管理学生秩序、与导师沟通课程。本文以 2020 年 7 月某组织在云南西双版纳举办的人类学田野营为例，对这一课外活动类别进行全景式的介绍，并呈现其中参与者的状态，借此观照这种新型活动对于留学行业及留学生们的可能的意义。

相比于呈现客观的数字和背景信息，我更希望呈现田野营中的日常和具体行动。接下来的段落中，我将用一手的观察和记录来呈现田野营中的人与事，看学生们是如何开展各自的田野，又是如何理解田野营的。

（一）异文化之旅

在 M 村的第一天，我被斗鸡的打鸣声唤醒。从民宿的窗外望去，沿街都是木质的吊脚楼，家家户户都在楼下豢养斗鸡，除了我所在的这家：一对东北老夫妇南下养老，顺带做做游客生意。

"田野营里的这一大帮年轻人，兴许是比较罕见的生意。"房东阿姨小声嘟囔着，给我描述自己腾空、清洁二楼整层的费时费力，诙谐的语言让人听不出是窃喜还是抱怨。学生们带来了乡村的基础设施难以承载的消费力：没入住两天，水龙头里流出了带着黄泥的水，空调也在几声惨叫后罢工。

上午 8 点到 9 点，参与田野营的学员们陆续起床，三三两两前往隔壁当地一户傣族居民家里吃早餐。几个傣族嬢嬢（阿姨）系着围裙头巾，在厨房里操持着，为大家准备云南特色的米线、米面、腌菜，也有更日常一些的馒头和鸡蛋。

上午 9 点半，理论课程正式开始，这是我作为导师的主要工作：先介绍人类学方法论，接着按课程大纲，每天一个主题，讲授人类学相关的理论知识。这节课的主题是 "Kinship, Gender and Sex"，除此之外，还包括 "Medical Anthropology" "Language, Narratives and

Folklore""Ethnicity, Racism and Postcolonialism""Commodity and Globalization",以及空间与权力、饮食与文化、"Anthropology beyond Human"等主题。课程大纲是三名在营导师一起协商的结果,按自己擅长的领域两两合作同上一门课,但每天课程的主题可能会根据学生们的田野发现以及感兴趣的研究问题进行灵活调整。尽管都是中文授课,但课程大纲以及每节课的标题大家都默认用英文;在上课过程中,常有同学会问某一概念或人名的原英文单词是什么,且在发言中频繁地中英夹杂。最后,导师们也习惯了在授课时穿插着英文的解释,同时在课前发放英文的阅读材料。

同学们围坐在民宿一楼大厅的长桌边,iPad、电脑和笔记本都沐浴在晨间的日光和微风中。曾有导师兴冲冲地建议直接坐在田间地头露天上课,但这个主意并不受欢迎。6月的热带,烈日当空,似乎只有艰涩的后现代理论能让人内心略微凉爽。

每天课前,导师会让学生们分享田野见闻。在这一过程中,学生们将逐步确定研究题目,有相似兴趣的则得以声气相通,结成小组,共同为结课展示做准备。这是第一天正式的理论课,学生们仅在前一天下午逛了逛傣族园,但已有一些初步的观察,例如被政府围成景区的自然村、斗鸡习俗、上海知青留下的"青春无悔"石碑、即将到来的关门节等。导师们挨个点评、提出问题,并给出了一些研究思路上的建议。

接着进入正课部分。虽然课程旨在对人类学各分支做概述,但实际上,有限的10天只够粗略地概述一个分支领域。课程大部分时间在进行人文社科领域通用的基本概念的铺垫(例如"民族主义""能指""所指""疾病的建构性"),简要介绍一些理论的源流,用一些人文社科的视角来分析案例,快节奏,知识呈现远不及学院式的系统。在一节围绕性、性别和亲属关系展开的课上,我和另一名导师为同学们区分了生理性别(sex)、社会性别(gender)和性存在(sexuality),并提出了光谱式的性别认同和流动的性取向概念,介绍了性别的操演性(performativity)理论。从同学们的表情可以看出,大家的性别观遭到了或多或少的冲击，却并无惊讶和抵触情绪。对于他们而言，课上的一些内容虽超出此前认知，但他们均持认同、开放的态度。在课间，有几名学生邀请我去他们房间聊天，分享他们身边的同性恋/跨性别者朋友的故事；在课后答疑时间，有学生提及之前做过关于广州家暴情况的调研，他当时即将成为美国埃默里大学性别研究专业的本科生；还有学生在某个关注"性别话题、身份认同与多元社会"的青年峰会中担任组委，每年都与伙伴一起组织营地活动、学科讲座、分享会等。一名从未接触过性与性别相关社会学讨论的男同学则在听完这节课后产生了浓厚的兴趣，课下迅速做了个线上问卷调查朋友圈好友对同性恋人群的态度。

在后续的课程中，能感受到学生们相对较宽的知识面和良好的理解、转化知识的能力。从课堂回答问题和讨论的情况来看，一些同学平时很关注时事热点，经常用新鲜的案例来阐发自己对课堂内容的思考。时常有同学对课堂内容进行大胆质疑、反思和补充，而非处于被动接受的状态。尽管课堂已尽量避免传统中国式的单向知识输出，每节课都会留出讨论、分享的时间，但依然有学生私底下跟我坦白，表示目前授课的方式信息密度过大，让她"处在一种没有时间思考的状态"，她希望能有问题式的、能够在细读中深思的、不断讨论的学习方法，这"比较符合她的知识摄取习惯"。她还认为，教课的方式很重要，会影响学生的思维习惯。

上午的理论课在12点至13点之间结束，大家下课后步行至隔壁的居民家，一起坐在低矮的饭桌边吃傣菜。接着是午休时间。下午的安排是大家在导师的带领下做田野，也可以预约导师进行办公时间（office hour）答疑。晚饭自行解决。在晚饭后，还有集体活动时间。有时是在组委的安排下聚在一起玩破冰团建小游戏，有时则是文化之夜（cultural night）（互相分享自己家乡的有趣文化风俗）和烛光之夜（candle night）（讲述自己的一个重要的生命故事）等。大多数同学都在后者中情感涌动，彼此的关系更加紧密；但也有学生将其形容为"国际高中的经典玩法"，因此感到厌烦，缺乏兴致。

相同的日程安排在接下来的 10 天中重复着。组委同时兼任 R 宿管（residential tutor），一名组委负责几名同学的生活事宜。隔几天会安排一次小组集会（RT meeting），更新同学们的生理和心理状况，让组员反映问题。有一名学生离营前特地找我和另一名导师告别，表示在课上学到了很多，也很喜欢导师们，让她联想到自己在国际高中的老师，都"年轻而心态开放"。事实是，整个田野营的活动架构，从课程学习到课外活动，都有国际学校体系的影子。

在田野营中，学生们逐步习得并表露出了人类学家的状态：在路边的小板凳上边吃鲜切水果边和水果店老板娘搭讪；与当地傣族小哥相约开车去吃傣味烧烤，并以此结识其他傣族年轻人；购买和穿戴傣族服饰；尝试与在斗鸡场边观看的当地男性聊天，屡败屡战；凌晨三四点起床去寺庙参加"关门节"仪式，跟村中男女老少一起念经、滴水、纳佛；等等。

旅行与田野之间的边界在深度参与的过程中渐渐模糊，而目光与注意力的焦点则不为外人所知，何为"进入田野"似乎只能自由心证。田野点傣族园本就是人工围成的五个村子，是官方规定的景区，进入得收取门票费，当地人早已习惯了走马观花的观光客，学生们也理所应当地被视作一群驻足较久的游人。在新冠疫情阴影下的旅游淡季，他们收获了当地别样的热情，访问和观察都相对顺利。在碎片式的经典田野场景之外，有好几名同学和组委同时在上网课。我时常看见有学生坐在吊脚楼下努力联网，跟外国的教授和同学开视频远程讨论；或是干脆在房间中闭门不出，翘掉集体活动。某天深夜，几名学员在民宿里聚众喝酒、喧哗，直到凌晨两三点，吵得隔壁居民无法入睡，随后这件事成为邻里几户人家的谈资。无论是行为习惯还是生活作息，这群年轻学生都显得独树一帜。

除此之外，在与该田野营的发起者打交道的过程中，我逐渐意识到她们对人类学的认识主要集中在"做田野"这一关键词上。在高中选修课之外，她们对人类学没有额外的兴趣，也并不打算在本科阶段学人类学专业。其中一人甚至直白地告诉我，她因为办田野营"被人类学劝退"。反观该田野营的宣传文本，学术性（而非趣味性 / 体验性）依然是其强调的参与亮点，这就导致田野营的实际运行情况与关于它的想象和期待之间产生了细微的分裂：这究竟是一场披着人类学学术外衣的文化旅游，还是求新求知的学术发现之旅？课程与田野之间的松散衔接、阅读材料里抽象的概念、大而化之的人类学分支主题，都让刚入门的学生只能用朴素的直觉来发问和研究，田野的有限性似乎是必然的。开营前没有专门的负责人与导师协商授课内容和时间安排，主创们对于田野营想达成的目标也并未与导师直接明确，因此无法找到统一的标准来评估课程设置。年轻的组委们在组织管理上的纰漏与行事方式上的"不成熟"，屡屡引发导师和学生的抱怨。例如，虽然在一开始主办方要求每名同学每天上交田野笔记，但在随后的营地期间并没有持续督促，同学们做田野和写笔记日益倦怠，最后此事不了了之。

田野营开始几天后，有同学特地在我的办公时间告知我，她不喜欢人类学，没有兴趣了解居民的日常生活。她所期待的异域风情和怪力乱神似乎被稀释在了由官方打造的、符号化的旅游宣传画中。她"不知道强行找路人聊天有什么意义，也不知道自己可以做什么"。她开始搞不明白"这个田野营的目的是什么"，因为如此短的时间里对一方水土、一群人有深刻认知几乎是不现实的，而做结课展示仿佛成了最终也最实际的目的。还有一些同学苦恼地向我求助，他们自认为有"社交恐惧症"，对于开口和陌生人搭讪有心理障碍。我只得苍白地安慰学生们不必焦虑于做出所谓的人类学学术成果，"这个营也就是让大家体验一下做田野的感觉，大概了解人类学是做什么的"。最后，除了少数对人类学颇有兴趣、对田野充满热情的同学，其他同学基本上都以自己的方式"混"完了全程。

就算有诸多纠结，令我惊讶的是，所有人都在结营日做了精彩而丰满的展示：有的同学关注傣族村寨中的建筑和装饰美学，给大家展示了自己的模仿手绘；有的同学从网上收集资料，做了一个关于傣族宗教的"文献研究"；有的同学则通过观察街头巷尾的宣传画和"大字报"，综合当地历史、民间传说与官方宣传，做了关于村寨多维叙事的简单梳理和反思。有三名女生顺利将小卖部阿姨、湄公河码头保安和服装店老板（三人均为知青后代）发展成关键报道人，完成了"橄榄坝知青记忆"的结课展示。后来，我在一个学生组织的公众号中看见了对该组其中一名组员的采访。这篇以"介绍优秀前辈先进事例"为主旨的推送中，该同学将自己的田野营经历描述为"前往云南的一个傣族村寨做田野研究"，隐去了田野营组织者的存在。推送文章描述了她进入田野、建立信任、跟随当地人参加节庆仪式的过程，以及身处田野现场的细腻观察。该同学在采访中表示，她喜欢田野研究是因为其"更接近事物的本质"，她非常享受这种挖掘一切真实发生的事情的过程，"觉得这个体验挺独一无二的，特别真实"。在我随后对其进行的访谈中，她透露自己将在田野营做的知青研究糅合进了她的主文书里。这篇文书的故事线是她学写书法的故事，由家中祖辈在"文革"期间被烧毁殆尽的古董珍藏叙说开去，结合她在一个线上学术研究项目中对同一时期的研究，主旨是"写书法也是写历史"，借此抒发对历史叙事的理解、表达自己对历史背后暗藏的文化脉络的关怀。这名同学后来成为某顶尖常春藤高校某年录取的 20 名左右的中国籍学生之一。

而实际情况是，该同学甚至没有完成 10 天的田野。她在倒数第三天提前离开，一方面是因为要赶去参加美国某大学举办的暑校课程，另一方面是由于体验不佳。田野营后期的空白、自身的情绪以及组委的放任，给她"我不舒服""我想逃离"的负面感受；且课上完了、田野基本做得差不多了，她"觉得继续留在那里没什么意义了"。除了这名同学之外，还有三名同学也都出于各自的理由提前离营。

（二）凝视"他者"

令同学们心不在焉的田野营背后，主办者和学员与当地人的阶层落差和文化隔阂始终隐现，作为互动的背景墙，嵌入了日常的社会关系之中。或许我们在物理空间上并无隔阂，甚至进入了当地人的生活世界，但村落的文化网络和社会关系中并没有属于外来者的位置。于是，空降此地的学员们，与当地仅建立了一种悬浮式的关联。

某天，一名组委和一名学生与村委会主任搭上线，并获得机会和村委会主任、当地某官员秘书、某酒店管理者一起吃饭，还互相加了微信。这帮留学生的来处和去处、教育背景和职业规划，在当地是难以被理解的。在每日提供膳宿的傣族家庭眼中，这群学生也是新奇且未知的存在。有两名学生在村中拍照闲逛时曾遇见一名 3 岁的当地小女孩，据说她的父母离婚了，母亲患病，父亲以卖西瓜为生，家庭穷困，她还有两个哥哥。与这名小女孩打交道的过程勾起了二人强烈的恻隐之心，在回到民宿后他们一再跟我描述当时的情形，以表达内心的万千感慨。

这种对于苦难的凝视，乃至由目击苦难引发的情绪，在田野中时常出现，但大多数时候也止步于此。对他们而言，田野点是一个去阶级化的异域，不能与他们身处其中的社会结构相勾连。就算研究了当地居民生计模式的变迁、产业结构的转型，但作为田野研究者的学生并不在当地，不属于这一方小世界的有机构成部分。田野，是一场独立于日常生活的奇旅；田野营要求他们关注、思考的更多是可以从田野中汲取什么、意义何在，而非"我们"与此地、与"他者"有何关联。创始人对田野营性质和人类学的理解则构成了这种悬浮性的冷酷注脚：在与某名田野营发起人碰面时，我曾随口建议招募当地高中生参与田野营，对方不置可否；在后续与一名创始人的正式访谈中，她提及有金主愿意赞助田野营项目，资助贫困生来学习人类学，"然后我们当时的反应就是，你让那群人就是那群学生，你让他们了解了人类学又怎么样呢？你说，他们那个生存的压力，他们不喜欢还好，万一他们真的喜欢上人类学，那就是更大的灾难！对吧？我觉得很多时候（学习人类学）是某些人的特权"。

社会经济地位或人群/族群文化上的差异，并非田野有名无实的唯一肇因。在表层的"理解""调查""解释"之下，蛰伏着利好申请的逻辑。在这一逻辑指导下的行动里，田野本身不再是目的，"来到田野"便是终点，也可以说，是阐释的起点。

（三）流动的体验，申请的资本

看似沉浸，实则抽离，在凝视中共情，理论与实践、言与行之间存在张力……对学生们田野状态的诸多观察，使我不禁开始思考一个问题：田野营的经历对学生们而言意味着什么？或者说，他们来到这里，是期望从中获得什么？

就动机而言，参与田野营的学生基本上都是抱着对人类学好奇、姑且来体验一番的心态，或是处于活动空窗期，因此用一场出行来填满这个空白；抑或单纯想要进行一场深度旅游，放松身心。就算并无明确目的，也无功利考量，但正如田野营自然而然兴起一般，关于田野营的"体验"同样自然地成了他们生活的一部分。或者说，这是田野营的核心意义所在。参加田野营的重要之处并不在于进入田野、深耕田野、让自身在地化，而是"来到田野"这一位移过程本身，以及这一位移何以带来了全新的自我体验和发掘新知的可能。这段匆匆的田野经历就其实质而言或许是虚浮的，但产出的成果是灵活的，利用空间也真实存在。前文所提及的被顶尖常春藤高校录取的田野营学员，便用在云南做调研的经历充实了自己的文书。她在离营后发朋友圈感慨，自己从前旅行再如何有深度，也不会主动和当地人深入交流，或参加一些只有当地人参加的仪式；从前参加什么活动和比赛，也从没有像这次这么放松，自然到不顾形象，她将此次田野营视作一次特殊的"活动"，一场启迪心灵之旅。另一名16岁的高中生在参加了另一个博雅教育组织举办的位于四川泸沽湖的田野营之后，在名校博士生导师的指点下，产出了一篇三万字的关于摩梭人亲属制度和女性地位的田野论文，用摩梭人的家庭实践来反思主流的父权制家庭形态，思考把生育和父系传承剥离后，如何为当代社会提供新的想象空间。

不到两周的实地调研，便足以提炼现象，用人文社科的语言加以阐释。这个意义上的田野不再是一个互惠的、交互的过程，而是一个对他者片面汲取的过程，是学生们的"项目制学习"（project-based learning）。而这种对他者与他文化的观看、反思，则附着在时空挪移的体验之中：从城市到乡村，从本文化到异文化，从习以为常的家到一个充满挑战的场所，私人的感悟和成长在书斋、田野的往复中得以实现。

总体而言，准留学生是一群具有高度流动性的学生。在一些以丰富自我／升华内心为驱动力的随机流动，以及"做活动"附着的流动（如田野调查、旅行、做国际义工、去贫困地区支教、参加竞赛等）之外，还有许多为准备申请所必需的流动（如出国考 SAT、访校等）。这一特点，部分源自流动性被多方逐步建构成了某种默会的"国际"品质的能指，具有被名校招生委员会所鼓励和赏识的潜在价值。精英不会囿于一室之内：对于这些国际化的准留学生而言，"renaissance man"——对各个领域都有所涉猎、兴趣爱好广泛——是普遍被推崇的理想人格，而这一人格由异质性经验积累而成，因此必然涉及位移和流动。

流动意味着空间上的位移、经验的比较和新经验的汲取；流动意味着时空的变化、与参差多态的文化形式的相遇，以及在自觉的比较与反思中收获启迪。流动还是一种权利，精英高中生流动之频繁顺畅，隐喻着社会流动之迟滞艰难。一方面，流动本身不仅是结果，还是前提。当流动足以换取个人成就的增量时，流动本身就被赋予了资本的价值，成为具身的资本。另一方面，正是不息的流动给准留学生们提供了积淀和思索的契机，为他们换取了接受国外顶尖教育的入场券。但无论如何，具体的流动由资本承载，教育流动和教育相对优势也依赖于家庭资本。田野营以及其他的流动经验，本质上是一场精英的游戏。因此，本节开头的问题或许可以如此回答：无论是游离还是悬浮，是享受还是抵触，来到田野营的学生们至少都收获了流动的体验。而这一体验，无论喜怒哀乐，都可以在文字上重构而后变现，为留学申请增色添彩。

二　暑期学校①：博雅教育及其悖论

暑期学校是另一种极为普遍的课外活动形式，在当下的留学市场中几乎成为申请者的标配。除了参加美国高校源远流长的暑期学校②之外，

---

① 暑期学校一般在夏季公立学校的假期（7月、8月）举行，由此得名。但有些与暑期学校内容、形式相近的活动在冬季举行。文中所描述的暑期学校的特征大多也适用于冬令营。

② 由大学开办的具有学术导向的暑期课程，一般持续6到10周。有的暑期学校提供各种各样的课程，有的则专精特定学科领域（如建筑／数学／人文）。暑期学校主要有两种类型：高含金量、低录取率的特殊项目暑校，以及可以提前修读大学学分的暑期学校。暑期学校的录取门槛不同，在美国大学的招生官眼中含金量也不同。

近年来在中国兴起的暑期学习项目也开始进入申请者们的选择范畴，成为颇为流行的假期活动的一种。但不同于收取高额费用的国外暑期学校，这些学习项目大部分自称"非营利"，学费一般在 3000 元到 10000元（依项目时长和地点而定）；时长平均为一到两周，课程开展的场地基本位于一二线城市，多以"在中国传播博雅教育"或探索新式教育的名义开设。与田野营相同，这些学习项目以某个特定学生组织为依托，创办者均为在本科阶段体验过国外大学 / 文理学院的教学模式的留学生。参与者则以准留学生（高中生）为主，偶尔有少量国内或国外的本科低年级学生。

直观来看，暑期学校对出国留学并没有直接的帮助。它们并没有国际性的资格认证，不为海外高校招生官所知，作为活动不够有分量，将活动经历改编成文书故事也过分寡淡。然而，作为一个以留学生为主要参与者的学习项目，其兴起和发展自有其内在逻辑：与申请产业互利共生的可能。在接下来的部分，我将通过对亲身参与的暑期学校 A 和暑期学校 B 的观察，描绘这些具有实验性质的教育实践及其内在的悖论。我试图阐明，这类"低配版暑期学校"之所以能够吸引准留学生，是因为准留学生们不同的心态。若说赴海外参加暑期学校是为了提前修读大学课程、精进学识技能，从而获得申请资本，那么参加国内暑期学校的预期成果则是一种隐性申请资本：从确定专业方向、体验英语教学和西方授课模式，到结识同辈申请战友、获得名校前辈申请经验，在暑期学校的社会关系网络中传递的是一套相似的文化、习性和知识体系。也正因如此，这类学习项目在尝试普及其教育理念的同时，悖论式地充当着选择与排斥的潜在机制，作为留学生的学术据点，构建并进一步巩固了留学生与非留学生之间的文化边界。

（一）此博雅非彼博雅：留学生的教育理想与实践

博雅教育是此类暑期学校的一个宣传关键词，推广博雅教育也是许多学生组织的核心理念。例如，唯理中国（Veritas China）所开办的唯理书院（Veritas Academy）旨在通过引入博雅教育理念，"让更多的中国学子了解学校课程体系之外的学科"；同时强调交叉学科学术训练和学术的"自由"与"无用"，旨在"培养学生的批判性反思能力和追求善好的价值观"。另一个名为"竹里学坊"的中学生博雅教育体验项目侧重于宣传其导师制的特色，以及亦师亦友、自由平等进行学术交流的氛围。"云雀学院"所推崇的"适合中国学生的博雅教育"则致力于培养学生的严肃阅读、学术写作能力，以及批判性思考和社会关怀的能力。如此种种，不一而足。

从对外宣传的口号中，可以看出各组织对于博雅教育的理解虽侧重点不同，却有着几个共同点：发端并盛行于西方的、有利于智性成长的教育模式，是体制内教育的补充；跨学科的课程内容、自由选课制度；小班授课与密切的师生互动。这些项目所宣称的最终目的，都是在中国推广这种教育模式，让学生建立自我与世界、与社会的联系，或曰培养学生向外思考的能力，同时培养批判性思维和反思精神。在具体的实践中，这些目标或多或少落了地：暑期学校开设的课程纷繁多样、主题新颖，无论是学科覆盖的广度，还是所要求的思维深度，均远非公立学校的必修科目所能及。以唯理书院 2019 年暑期的课程表为例，所有课程被划分为人文、社会科学、数学与自然科学、跨学科课程、艺术工作坊五大类，每个学生都要在不同门类下选一门课，每节课 80 分钟。在课程形式上，则有讲座课（lecture）、研讨课（seminar）和工作坊（workshop）三种，不仅有单向的知识传授，更有许多师生之间的互动、辩论，以及学生亲自动手创造的机会。

课程简介大多表明，课程将以打破常规思维的方式，对既有的认知发问。而学习之余的课外活动也都充满了思维的碰撞：知识竞赛、观影讨论、学术讲座等。某名暑期学校 A 的讲师回忆道："这是一个非常聪明、对学术怀有很大热情的学生群体。课程设置非常高强度，学生们要参加 office hours，完成阅读作业，准备演讲，等等，有时候凌晨两三点醒来，还能看到寝室、自习室同学们学习的身影。到第四五天的时候，大家都已经显得非常疲惫，但是课堂还是维持着非常严肃的学术气氛。"在我对暑期学校 B 的参与观察中，我时常看到同学们聚集在公共区域，一起讨论小组展示和项目，围坐在讲师身边认真聆听、提出问题，到深夜11点才回到酒店；在作业提交或展示的前一天，有学生凌晨三四点还在微信群聊中发送文档。在一些暑期学校中，课程讲师除了讲课之外还需要担任"导师"，即为分配到的几名学生提供一对一的指导，在固定时间为学生答疑解惑，师生间有较多的生活和学术交流。

讲师的构成和招募方式与学员大同小异（后文将对招生方式进行详细阐述）。学生组织通过公众号发文招募讲师，但大多时候是主办方直接通过留学生间的社会关系网络来邀请熟人或校友，或者请已招募到的讲师推荐身边较具学术能力和授课能力的同学、朋友。讲师一般都是来自国内外顶尖大学的本科生、硕士生或博士生，有不少受访者——包括讲师落选者、参加过的学员以及在其中担任过讲师的人——表示一些暑期学校"有名校情结""精英主义氛围浓厚""唯学历论"，海外名校的高学历申请者更受主办方的青睐。

由于大部分讲师具有海外教育背景，所安排的课程大纲和阅读材料基本以英文为主，授课的方式也基本上是其在国外大学耳濡目染后，依葫芦画瓢搬运到国内的。例如，"学术英语写作"是该门课的讲师在海外攻读人文学科硕士时，上过的同名课程的缩略版；另一门"性与性别社会学"课的讲师则将自己在美国上暑期学校时选过的相同课程的内容转述给学生，课程大纲、阅读材料基本原样复制。有一名曾经在某行业内最知名的暑期学校担任讲师的受访者表示，当时她无论是自己上课还是旁听其他讲师的课，面对那些西方学术体系下的话题，常有种"啊，我好像还在美国大学里"的感觉。

有的博雅教育推广者似乎意识到了此类暑期学校课程的"西方中心主义"窘境。某教育公司曾于2020年下半年策划了一个为留学生量身定做的"理解中国"主题冬令营，但该项目不出意外地遇了冷。原本预计安排20~30个学生名额，尽管项目方努力推广，却只招来了不到10名学生。

由此可见，博雅教育的目标，所谓的让学生理解社会、建立自身与社会的联系，指涉的是一个世界主义的愿景：主办方旨在培养的是有国际性视野的、挥斥方遒的世界公民，而非在地经验的整理者、观察者；是懂得海外大学课堂内容、形式和思维习惯，能够良好适应和融入大学环境的申请者。而这一切与国外大学招生标准在无形中达成了共识。

（二）少数人的乌托邦：竞争、选择与排斥

上述留学生们的教育理想与实践，体现出其开办的暑期学校在内容和形式上与西方大学教育的相似性。暑期学校像是一个"低配版"海外名校课程的集合，其中还存在留学申请的"过来人"，可谓一方留学生活的资讯台，因此这一活动对于准留学生而言可以说具有天然的吸引力。在我的参与式观察中，我发现有出国意愿的学生基本占了所有的学生名额。但这一事实不仅与暑期学校普及博雅教育的理念相背离，也反映出招生、录取乃至学习似乎并不是一个随机的过程，而是经过诸多有意识的考量和隐性筛选的结果，甚至有主办方外的其他的主体在干预着暑期学校的人员构成和举办思路，因而造成对其他人群的排斥。在本节中，我将以全流程亲身体验的暑期学校 A 和暑期学校 B 为例，展示这类暑期学校的招生录取流程和课堂情形，讨论这一场少数人的学术体验之旅在何种意义上成了留学申请事业的附庸。

（三）招生和录取

尽管这类暑期学校在制度安排和课程设置上，均贯彻了博雅的理念，但在普及博雅教育的过程中，理想与现实之间存在距离。由于此类项目将自身摆在了应试教育体系的对立面，其覆盖的主要对象理应是原本没有渠道接受应试教育的中学生。然而事实是，其受众主要是一个具有高度同质性的群体，即有出国留学意向的高中生。与田野营的生源类似，他们大多来自公立高中国际部、公立外国语学校、国际高中、国外高中，或刚刚进入海外大学就读本科。

每个暑期学校都为家境困难的学生提供申请奖学金的机会，这是唯一能够彰显学生组织向所有社会阶层推广博雅教育之处。支付学费的能力，往往是次要的障碍，更直接的阻力是信息壁垒。从招生方式来看，国内暑期学校基本通过所属学生组织的微信公众号发推文进行招生，学生则通过填写推文中链接的问卷来报名。招生推文传播的渠道主要有几种：学生组织互相帮推；一些留学中介会被授权转载推送，或内部推荐给学生；学生组织的主办方以及前学员/讲师在朋友圈分享、在微信群聊中转发；熟人朋友推荐。少量组织有微博等其他社交平台的官方账号，但微信朋友圈和公众号依然是宣传主力。

从此类项目和其所属组织的官方公众号情况来看，招生推文的阅读量不算太多，传播半径有限。这些活动的申请人数则相当可观。举例而言，到 2021 年 4 月为止，我参与观察的暑期学校 A 的招生推文约有9000 次阅读量，其在 2020 年 8 月收到约 115 份申请，最后录取了 60名学生；另一个暑期学校 B 的招生推文仅有 498 次阅读量，但有 120人报名，最后录取了 73 名学生——关注者和报名者之间的转化率相当高。此外，由于微信公众号互推的宣传途径相当普遍，基本上外行人只要了解到其中一个组织或项目，就能顺藤摸瓜，找到几乎所有的组织和项目。因此，一个学生可能同时是许多个同类项目的潜在受众，且很可能在参加某一项目时遇到校友或原本相识的准留学生，推文阅读量很大概率都是同一群人贡献的数据。因此，这些微信公众号的受众很有可能是一个人数有限但需求稳定的群体。

实际上，这类活动及相关的宣传/招生消息的辐射范围基本仅限于几个中介的生源、主办方及其社交圈子，后者的主要构成也是留学生或准留学生，如大学校友、中学校友或同一中介的晚辈。招生渠道高度依赖校友人际关系网络，这一特点，则使得这些项目更容易招收到具有相似教育背景的人。曾经有国内某师范院校毕业的硕士生填写了暑期学校A 的申请表，还有一名中年人申请报名参加暑期学校 B，二人均成了两个主办的学生组织内部一时的谈资和笑料——主办者们无法理解这种事情为什么会发生以及这些人为什么会得知这些项目，自然没有让这两名申请者通过第一轮筛选。某博雅教育项目的创办者甚至直接否定了普通高中生接受博雅教育的可能性和必要性。

除了客观上招生信息的覆盖面和传播力有限，在招生结束后，这些暑期学校也会对报名的学生进行主动的、有倾向性的筛选，这构成了暑期学校的另一道无形门槛。以唯理书院招生流程为例，在报名的网络问卷中，除了需要填写如姓名、年级、学校等基本信息之外，还需要填答"是否有出国意向""是不是唯理书院校友"两个问题。报名表上还有几道简答题：第一道是简述参加唯理书院的理由；第二道是选答题，要求对一句论断（英文）做正反方面的支撑论述，需用英文作答；另一道是"简要列举不多于 3 个你参加过的或正在参加的，并且对你有着重要意义的课外活动"。除了填写报名表作为笔试之外，还有第二轮语音面试，通过微信电话用中文进行。在邮件中与工作人员确认好时间后，报名学生会被拉进一个微信群聊，里面有两名组委负责面试。面试由两个环节组成：在约定时间开始后，组委在群聊中发送一篇英文论文，要求面试者在规定时间（15 分钟）内总结其核心观点；该环节结束后，组委则会让面试者对近期某一社会时事 / 现象发表自己的观点。全长约半个小时。

无论是对英文能力的要求、对特定学术技能的检验，还是对"你是谁"以及申请动机的追问，都像是个微缩版的大学申请程序。对于一路在公立学校升学的学生来说，可能会是前所未有的考核体验。其他暑期学校的报名流程也类似，有的甚至还需要写文书。什么样的学生在这个年纪具备这样的能力和知识水平，有途径接触并被选拔进这类活动中？这一问题的答案几乎是不言自明的。一切都显示出，这类学习项目并不是无条件推广教育的公益事业，而是有严格的准入标准；只有被鼓励充分探索自己的、不为应试教育所束缚的准留学生们，才能获得面试人员的青睐。除此之外，少数有时间、有知识储备，能够通过筛选的学生，只涉及部分一线城市以开放多元著称的知名高中的学生和国内大学本科生。

（四）课堂

在招生、录取之后，每日的课堂，成了第三重区分的机制。在我对暑期学校 B 的参与式观察中，时不时能看到象征性的身份符号闪现的场景。学生们人手一台苹果设备，因此讲师习惯在课前用 airdrop 来分发电子讲义、分享课程材料。在一门莎士比亚戏剧课上，讲师在课前预告，选课需有一定的英文基础，要求大家购买并阅读英文原版的剧本，最后的结课表演中所有人也必须用英文念台词。我旁听了暑期学校 B 大部分的课程，发现尽管活动主办方在讲师会议上强调要用中文授课，以防造成部分同学听讲困难，但讲师依然在授课时频繁地中英夹杂。这对他们来说，是一种无意识的、根深蒂固的习惯。这种习惯在彼此的交流间，以及与无法熟练使用中文的学生们沟通的过程中被反复巩固。在我的观察中，就算原本没有这种说话习惯的年龄较小的学生，和国内大学出身的讲师，在经历了几天密度极高的互动后，也不知不觉习得了这种语言习惯。然而对于少数突破重围、跻身于（准）留学生之间的非留学生来说，则意味着融入、交流的困难。在某节课上，当一名女孩在课堂辩论中连珠炮般地冒出英文句子时，对方辩手——一名该暑期学校中年龄最大的学员，没有海外经历，在国内大学毕业多年且英语水平已基本退化——冲着坐在角落旁听的我露出了无奈的苦笑。

这些身披光环、有着国际化视野的讲师，对学生有非同一般的期待。在他们眼中，理想的课堂需要有学生的思考和反馈，教学质量和课堂体验很大程度上取决于学生的水平。一名连续两年开设女性主义文学课的讲师告诉我："今年的学员明显就非常 gentrified（意为中产阶级化/士绅化）。但大家都很优秀嘛，大家都完全 get 比如说巴特勒啊、拉康啊这种，我觉得交流起来确实是顺畅的。"一名同样连续两年在暑期学校 B 开课的讲师则对我抱怨去年的情形，当时她的课程内容讲得比较深奥，但由于那年招生状况不那么好（来自当地的普通高中生比重大），"很多 random 的学员就分配到我的课上，学员质量一般，什么话都讲不出来，也不知道为什么要学这个（电影批评）"，"去年我教那个电影课，我觉得很挫败，也很不开心，因为我觉得没有人能回应我的问题，然后，就觉得我自己一个人在唱独角戏"。莎士比亚戏剧课的讲师也曾隐晦地向我表达遗憾，"有些学生是很厉害的，有的在美国读高中，有的马上去英国上大学，没问题。但不可能每个学生都这个水平"。这名讲师还参加了另一个致力于将小班研讨和文本精读带给非一线城市及县城的高中学生的博雅教育项目，旨在让这些学生"形成辩证性思考的习惯，建立自我和世界的联系"。他对我分享了在营期间的亲身观察："然后我感觉他们（其他讲师）普遍的教学质量还是要差点意思。他们都是第一次去教人家，他们自己的水平和当地学生的水平差距很大，他们不太清楚如何跟这些各方面条件可能要比你自己差上一截的学生交流。这是我的一个感受。而且他们的学校普遍要稍微好一点，有很多都是，芝加哥大学（之类的名校）……他们就，可能更加不知道……因为他一直成长起来的环境都是那种很优越的环境，就是周围人都很厉害，所以他可能不太知道怎么跟这些条件差很多的人去交流，对，我觉得他们在努力，但最后没有成功。"这种与真正处于教育相对弱势地位的学生相遇的尴尬，从侧面证明了，对许多具有海外背景的讲师而言，成功的教学建立在师生彼此可互相理解、共享着相似经验和思维方式的基础上，部分取决于"学生的质量"。而宛如来自另一个世界的学生，"启蒙"的难度更高，不是最舒服的授课对象。

综上所述，所谓普及博雅教育更像是逐渐将这一目标弥散在同一圈层，而非真正将其惠泽所有类型的学生群体。这类暑期学习项目，实则并不为一二线城市准留学生之外的广大中国学子所知。就算有普通高中生突破重围坐在了暑期学校的课堂上，他们也能迅速地觉察自己的"与众不同"。

（五）学术的体验，申请的资本

名不副实的博雅教育实验，以及处于其中的人们心照不宣的沉默，给初入田野的我带来了极大的困惑。无人在意身边这些显而易见的悖论，始终自得其乐地参与着、狂欢着、动容着，在被高墙围起的圈子内上课、学习、生活。这又衍生出了另一个问题：对学生而言，参与这一活动意味着什么？暑期学校是否真的志在"教育"，还是仅仅为特定人群提供一次"体验"？

实际上，项目中的讲师虽都有漂亮的履历，但其中一些并不具备教授相关课程的资质。只要是出自名校，那么这一身份就是天然的资质。在暑期学校 B，一门叫作"人类学田野工作坊"的课程是由一名麻省理工学院的城市规划专业硕士生和一名斯坦福大学的哲学专业大二学生共同开设的，经访谈得知，二人均未接受过系统的田野方法论训练。"性别社会学"则由一名南京大学英语系的大三学生开设。这些事实都让我在初次听闻时大跌眼镜。此外，就算是所教课程与自身专业领域相符的讲师，部分尚处于本科低年级，其教学质量和专业能力也有待考察。据一名出身常春藤名校的暑期学校 A 的讲师回忆，申请讲师的过程是先提交一份课纲，然后有三四个组委面试，过程"很水"。当时她处于大二升大三阶段，"学术上没有非常扎实"。实际上，许多暑期学校课程仅仅是对海外名校课程的粗略搬运，一些讲师并没有独立设计教学大纲的能力，或者说，没有提出核心问题、为某一主题铺展线索的能力。许多暑期学校讲师并不是在把"自己的东西"教授给学生，而是把国外大学教授讲过的内容略加咀嚼后转译给学生。在这个意义上，讲师是知识的中介，是国内暑期学校学生与海外名校课堂之间的桥梁。学生们难以从短短几天、不到 30 学时的学习中获得扎实的学术训练。

寥寥数天的项目，传递的主要是一种学术的"感觉"。不妨说，这是一场对西式博雅课堂的模仿，一个名校生活体验营。出自名校的留学生讲师们，则是海外顶尖高校中名师巨匠的代言人，是"学术感"的缔造者。人们感知到的"学术氛围"，是通过密集的熬夜、紧凑的课时和大量的阅读与作业构建出来的。一名知名暑期学校的创始人曾公开表示，举办暑期学校的原因是参加了一个类似暑期学校的活动后"觉得不是很学术"，便想自己创办一个更符合自己期待的。暑期学校 B 的主创之一曾屡次对讲师表示"不能让学生太轻松""要紧张一点"，并不断强调与其他项目相比，"我们是很学术的"。有讲师则努力要在 9 天内讲完大学里足以上一整个学期的内容。耐人寻味的是，学生们不仅自愿接受，且相当认可这种施加于他们身上的课业压力，认为这就是"学术性"的要义所在。在访谈中，不少学生告诉我，他们参加这一活动的原因之一是想提前适应英文教学环境、国外高强度的课业环境和自由研讨的大学课堂氛围（甚至有学生对实际上并不充分的英文环境略感失望）。因此，对部分学生而言，这种浅尝辄止的"学术"和切身可感的"学术氛围"似乎已经足够。在暑期学校 B 的 9 天营期结束后，我认识的学生都发了情感充沛的朋友圈，为这段短暂的学术之旅作结：有人感慨"度过了高三以来最学术紧张的一段时光""睡觉和不睡觉的时候都幸福，吃饭和不吃饭的时候都满足，每一天都充实，每一个夜晚都熬着，是真的没有辜负自己"；有学员细数回忆，"在深夜两点半思考田野论文的大纲；在汇报展示前，在梦里关了 6 点钟的闹钟结果 8 点钟才匆忙地起床"。还有人则通过参加这个活动意识到，"更重要的是精神的富足，而不是物质的富足"，发掘了新的生命意义。不约而同地，学生们的文字中都提及了乌托邦的意象，认为暑期学校的几日是"乌托邦式的理想生活"。

这一生活的构成显然不仅仅是学术，社交是另一个重要因素。事实上，"认识志同道合的人""认识厉害的人"是许多讲师和学生参与此类暑期学校的核心动机。或是申请的伙伴，或是其他对思想和时政感兴趣、在学术上有野心的同龄人，具有相似性情倾向和教育背景的年轻学生们通过假期的学习项目顺理成章地联结在一起。讲师和主办者们是学生对未来的投射，学生们学习、总结前辈们的经验从而在留学的道路上所向披靡。

因此，传播博雅教育的努力和新的教育实验，逐步演变成一个特定人群对国外大学课堂的提前体验；乌托邦一般的青年学术共同体，实则建立在排他、封闭的基础之上。在这个意义上，暑期学校作为构筑群体边界的机制而存在。对中介、组织者和学生而言，他们具有了可被利用的实际价值。对后来的组织者而言，他们开始默认暑期学校的受众以留学生为主，在招生宣传中开始以"有利于申请"作为吸引学生报名的宣传点。例如，多元的课程内容，可以帮学生发现兴趣、确认专业方向；全程英语授课和布置英文作业，甚至课堂阅读材料都"取自牛津、剑桥、哈佛等世界知名高校的原版文献"，因此有助于提高英语阅读和表达能力；基于个人学术兴趣和与老师的联结，产出原创研究计划及成果；以及"重新审视自己的价值观和人生观，让辩证性思维成为一种习惯"①；等等。小班研讨、导师制等特点，使得一对一的学术交流同时可以是前辈申请经验分享会和职业规划分享会。这些暑期学校在简介中会着重强调导师的海外名校背景，表示学生有机会获取来自大牛导师的学业指导，与导师交流人生规划。这些暑期学校披着博雅教育外衣，承担强化出国留学背景的职能。正如一名暑期学校讲师所犀利指出的，"我觉得更多的是这些学生的家里边能够负担这么一笔费用给他们，一些额外的学习机会，就有点像辅导班，但是更灵活一点的一种形式。所以这也是一个跟金钱、跟财力、跟阶级有点挂钩的东西"。暑期学校近年来的发展趋势进一步限定了其所吸引的受众群体，间接使得所谓博雅教育项目变得具有排他性、封闭性，成为一种别出心裁、为特定群体量身定制的课外辅导班。对另一些组织者来说，筹办暑期学校本身就是留学申请的有利条件。在中国发起过教育项目可以成为简历中亮眼的课外活动。最早兴起的暑期博雅教育项目，在今天大部分依靠功利的目的得以维持。一名曾参与最早一批暑期学校项目的讲师告诉我，组委和学生们举办或参加这一活动，主要是为了给他们出国的文书增色添彩，因此即使活动在前几年没有扩大规模，也不曾获得影响力，人们依然一届届坚持下去。

　　暑期学校风格的变迁，勾勒出博雅教育理念逐渐被申请的逻辑同化的过程。同样地，从实验性质的第一年到遍地开花、大幅扩招的第二年，田野营的井喷式发展并非偶然，而是承载着实在的需求，或蕴含着潜在的商机。包括田野营和暑期学校在内的课外活动，在近年来成了既有的留学产业链中必不可少却隐而不显的一环。两种迥异的项目形式——无论构想者初心如何——都逐渐变成了申请者圈子的内部游戏。或许这只是举办者的无心插柳之举，但后来的参与者却被申请的功利逻辑裹挟。

　　为何申请的逻辑（如同资本的逻辑一样）会有如此强大的同化能力？或者说，究竟是什么因素促成了这样一个留学申请辅助行业的发展？

---

① 摘自某组织的微信公众号宣传语。

中介与课外活动的组织机构之间，又有着什么样的关系？具体的过程与机制必然复杂难辨，但留学行业的变迁无疑导致乃至加速了这一进程。

三　留学中介：从包装公司到教育顾问

（一）中介的新趋向

关于留学中介的作用，人们众说纷纭。大部分受访者都表示申请是"玄学"，录取充满了主客观不确定因素，也认为中介鲜少能给予真正实质性的帮助。在我访谈的留学生中，有些人认为，更多时候中介只是帮忙厘清一些流程、步骤、材料，是一个"让人心安的存在"，能让申请过程更流畅；或是一个垄断信息和经验的黑匣子，能够节省申请的时间成本；又或是能为学生的简历"打一个滤镜"——一张照片加上滤镜以后，会显著地改变观者的第一印象，尽管照片的主体依然是申请人本人。然而，在招生筛选的过程中，申请者的材料只会在招生官手里短暂停留，因此中介所能提供的打磨细节和第一印象就尤其重要。除此之外，由于中介服务的灵活性，其提供的帮助多寡很大程度上取决于学员与导师的关系——观念是否契合、是否积极沟通等[①]。尽管上述种种，申请圈仍然存在一个普遍的共识，即招生官在审阅申请者简历时，会将种族和国籍的背景纳入考量。因此，在竞争激烈的中国留学生态里，学生和家长都或多或少承认了中介对于出国留学的"包装"作用，且对口碑好的中介趋之若鹜。

中介的遍地开花反映了中介在申请中不可或缺的地位，也是留学申请被商业化的明证。大部分对中介的批评也来源于此：一些中介以包装学生进名校为终极目的，也以名校成功申请案例为标榜自身、哄抬价格的筹码；为获得名校录取案例，甚至进行代写文书、简历造假等操作。同

---

① 也是由于这种服务弹性，以及同一中介学员情况的差异性，往往无法评判中介的价格与其服务是否匹配。被心仪学校录取的学员会认为中介的辅助物有所值，申请结果不佳的则可能认为不值。因此，中介服务的价格范围往往是一个市场供需、名声、心理等多重因素角力的模糊空间。

时，部分新兴的中介摆脱了留学产业中曾一度备受诟病的直白牟利模式，以"教育咨询 / 顾问"的角色出现在留学市场上。不再遵循广泛招揽、来者不拒的商业逻辑，中介开始对客户进行反向筛选，设立服务门槛。不同于规模化的留学"大厂"，推行一对一定制化辅导的小型中介逐渐受到欢迎。相比于重视客户考试成绩的传统中介，它们更关注客户的心智成长、长线的人生规划；在辅助客户达成功利性目标的同时，这些中介也发挥着不容忽视的教育作用。在这一背景下，中介不仅是信息的收集者和中转站，它们还定义了何为申请，干预着申请过程中的一系列精密的设置和一长串默认的步骤。留学中介日益成为留学生人格的规划者乃至教育者，使申请者自愿地投入一次"智慧的洗礼、成长的经历"①中。

个性化定制是这类新型中介的一个显著特征。例如，在选择学校时，更鼓励学生选择与自己"气质相符"、能力相称的学校，以"人性关怀"为宣传旗帜——尽管实际目的可能在于使申请结果整体最优化，限定学生的选择。此类中介的另一个突出特征则是其发挥着教育的功能，主要体现在文书和规划之外的、对学生进行长线的"背景提升"上②：除了上文提到的组织英语培训以外，中介老师还会给学生安排英语能力培训、阅读和写作培训、思维培训。以一名顺利被芝加哥大学录取的受访者 C 为例，他在高一时签约了一家成都的中介，并被安排了三名指导老师。其中美方老师是一名从普林斯顿大学毕业的白人男性。这名美方老师从 C 高一开始每周带着他读一些英文文章和小说、练习英文写作，教 C 写作论文的技巧；此外，他还让 C 关注时政，并常常与 C 探讨、辩论，让 C 感到颇有裨益。有一些中介以此标榜自己的服务，在朋友圈发广告时常常提及，"录了某学校的某学员在忙碌的申请季依然读

---

① 某家中介的宣传语。
② 美国本科的申请要素包括申请文书、课外活动、推荐信、标准化考试（SAT 和托福）、高中学业参考指标［包括平均绩点（GPA）、高中所选课程难度（school rigor）、年级排名（ranking）］等，前二者属于中介辅助的范畴，后三者则决定了中介的个性化规划方向——针对学员的活动安排、专业确定和选校建议。更加成体系一些的中介也会包办标化考试提分，帮学生找英语培训。但毫无疑问，文书和（活动）规划是中介服务的两大重心。

了几十本书"。前面提到的中介同样如此，它会给定好专业的学员开列相应的书单。比如申请性别研究专业，就会列出一长串与性别研究相关的著作建议学生阅读，如波伏娃的《第二性》、朱迪斯·巴特勒的《性别麻烦》、福柯的《性史》等。这不仅是为了提升学生的学术水平，也是为了给后续申请做必要准备，能使学生在写文书时体现出其知识储备。

这些中介提供的训练潜移默化地改变着学员的性情、知识结构和思维方式。在这一情况下，中介所发挥的作用已远远不止于包装出一个拥有漂亮简历的申请者；或者说，做表面功夫已然不时兴，中介的目标逐渐成了真正"教育"出符合招生官期待的学生。申请依然是编织一个关于自己的故事，一个打造简历的系列技术动作；但在这一过程中，名实开始相副，修辞的成分让位于本真的自我，申请从讲究书面的表达走向强调人格的形塑———一个真正拥有美国名校所希求的特质的人的塑造。这些特质，一同与出国申请本身，获得了申请者的肯定，被视作有益处的；而被申请过程所改造、在申请过程中蜕变的申请者自然成了更"优秀"的模样。

中介从包装公司向教育顾问转型，一方面，意味着中介的服务范围扩大、服务内容日益精细化；另一方面，则意味着其在作为营利机构的商业维度之外，另增添了人的维度、社会的维度。然而，看似更加人性化、更加具有教育性、更加真诚的中介服务，终究以美国名校的录取为目标，本质上与国内升学一样，依然是一种应试。然而，正如前文所介绍的，在这个应试的过程中，中介不是唯一的行动者。中介、课外活动的组织机构与留学生圈子，三者彼此互动、紧密关联，共同构成出国留学产业链上的核心环节，协同生产出简历化的精英。

在我看来，正是中介自身定位的转型，使外围的"课外活动"得以成为产业链中的一部分。中介成了打造人设的规划者和教育者，但对于打造人设，单独的中介或许仍力有不逮。它们虽能帮忙规划活动，但依然需要专业的主体来组织活动，将其落实到实践中：人设必须通过活动体现，并在活动中被树立起来，这样方能显得具体而自然。课外活动的组织机构恰能帮助留学生实现这一点。此外，留学中介本身的经济考量使其并不自主组织活动，而是与课外活动的组织机构保持合作关系。首先，留学产业本质上是教育产业里一个细分的服务领域，服务方式以人际沟通为主；中介的运营成本中，人力成本占据了相当大的部分。由于留学服务会涉及语言培训、院校选择、文书写作、申请材料准备等不同环节，各个环节都有较强的专业性，各类专业知识的培训周期也比较长。这就意味着，具有综合能力、能够单独辅助客户全流程申请的顾问，在行业内可谓凤毛麟角。在活动项目日益繁多、不断要求创新的申请环境下，如果为课外活动这一环节组建专门的负责团队，则需要付出相当高昂的人力成本，对于以利益最大化为目的的商业中介而言并不划算。其次，一般为申请所做的课外活动都是留学生自己创办的非营利项目，更能反映大学招生官所提倡的"社会责任感"，写在申请经历中更有优势。若中介一手操办，一方面会减损其价值，另一方面这些假期的短期项目没有什么优势，也与中介的营利目的相冲突。最后，这些活动具有为中介招生做宣传的引流作用（这一点将在下一节详细阐释），若活动组织成为中介服务的一个内容，那么这一作用将被大大削弱。因此，与专门举办课外活动的组织对接合作，是个更经济也更省心的选择。

（二）中介与活动的关系

那么，中介与活动、与课外活动的组织机构之间，有着什么样的具体关系呢？

就活动来说，中介会为学员提供有关课外活动的信息，例如可以参加哪些比赛、活动，哪些夏校更有含金量、更受美国高校认可，哪些竞赛更具国际声誉等。但对于国际性的课外活动，普通留学中介一般能力有限、鞭长莫及。一些有资源和"关系"的中介已经能与国内外名校教授牵线，让学员加入学者的科研项目，或在学者的指导下做课题、写论文等，甚至可以顺带收获推荐信。在国内新兴的活动上，留学中介则有相当大的干预空间。事实上，在田野营和暑期学校等活动的发展壮大历程中，留学中介始终如影随形，施加着或明或暗的影响，甚至直接参与到其运营过程中。这个意义上的中介便不再是"滤镜"，而是真实地改变了学员的经历。

留学中介与课外活动的组织机构之间的关系复杂而微妙。举办活动的学生组织与特定中介之间有着紧密的关系。一方面，许多学生组织的创办者都是曾经与中介签约的留学生，而其中出自较为年轻的、强调人文关怀的中介的留学生，则可能依然与原中介（或在其中任职的指导老师）保持着联络，并时不时为原中介的晚辈提供一些学校信息和申请经验。另一方面，许多正在英美名校就读的留学生同时在留学中介兼职，通过给高中生改文书、规划活动、指导田野等获得酬劳。

因此，当许多留学生打算为举办活动筹集资金的时候，中介成了一个重要的资源；而识别出活动的申请价值的中介，则乐于成为这些留学生及其组织的合作伙伴。结果是，许多学生组织在创立的初期以及发展过程中均仰赖中介的支持。以暑期学校 V 为例，其创始人曾在某留学中介受雇，该中介不仅给了学生组织 10 万元作为项目的启动资金，还持续提供赞助。未能够在学生组织兴起早期投入资金的中介，在近年开始将目光投向一些声势渐大的学生活动，通过给这些活动提供赞助来进行自我推广。上文中作为案例的云南田野营创办者均为同一个留学中介的学员，并且在 2019 年初次举办田野营时得到了该中介的赞助，在 2020 年举办第二届时则有许多中介主动联系表示愿意赞助。她们最后选择了提供金额最高的一家。

中介与合作的学生组织之间往往共享学生资源，在招生上互利互惠。除了为活动提供资金支持之外，中介会在微信公众号里帮助学生组织宣传活动、转载招生推文，甚至直接推荐自己签约的准留学生去参加这些活动。作为交换条件，这些活动在推文里需要附上赞助商的信息，或是在线下活动场地许可中介打广告。举例而言，赞助某田野营的中介会帮该活动引流，与此同时要求在该活动的推文中打广告；某家中介和暑期学校 B 关系紧密，帮忙转载了暑期学校 B 的招生推文，且为该活动推荐了十余个学生。在暑期学校 B 的线下场地中，我观察到，每个教室都摆放着该中介的宣传手册。

中介与活动主办方合作，为活动带来资金和生源，所能得到的好处不仅有在留学生圈子中的曝光率，有时还可以实实在在地获得项目的学生资源。由于网络和线下投放广告的获客效果差强人意，成本也较高，留学机构尝试将目光投向那些留学生密度极高的学生组织，通过这些第三方组织来引流。因此，学生资源和学生信息是这一交易中最有价值的筹码，也是合作的最终目的。有些中介答应帮忙宣传招生的条件就是获得该活动中全部的学生信息。一名田野营的创始人坦言田野营与中介之间的互惠关系，"这差不多是一个利益链条了……中介需要这些项目来割韭菜"。

这些活动的存在还为中介开辟了新的业务。以暑期学校 V 为例，随着其在近年发展壮大，其在学生组织中声名远扬，在留学圈内部形成品牌，每年都吸引着更多人报名参与。部分暑期学校的录取门槛随之提高，录取率逐年走低，筛选性变得越来越强；到第三届、第四届时，主办方只会录取 20%~40% 的学生。日益激烈的录取竞争导致的后果是，原本一直支持该组织的中介开始提供新的服务，即帮助学生申请上该暑期学校。帮助学生申请自己一手扶持起来的项目，中介和活动就此形成了一个利益的闭环。除此之外，学生组织策划活动后，若有中介对此感兴趣，则学生组织有机会直接将全部招生名额外包给中介，也即所有参与活动的学生都由中介来安排。换言之，中介购买了学生组织的活动计划和思路，同时雇用学生组织的原班人马，直接为自己的学员安排一个活动来做。这是中介规划服务提供得更加彻底的一种形式。

四　结论与讨论

（一）从"制造流动"到"制造精英"

出国留学，是为了接受教育；而出国留学的筹备工作，是为了接受教育进行的"再教育"。马颖毅的著作 *Ambitious and Anxious: How Chinese College Students Succeed and Struggle in American Higher*

Education 立足于美国，描画了出国后雄心勃勃且焦虑的留学生群像（Ma，2020）；而本文则试图论证，因为留学产业提供的提前"教育"，留学生实际上对于融入问题相当从容——他们在申请过程中、"做活动"的体验中以及无数次标准化考试的跨国流动中，已经预先排演了海外的学习生活。而这一切，建立在跨国教育流动的基础设施及其变迁的基础之上。在当下，教育流动不再是单纯的家庭和个人意志的叠加，而是多重主体、不同过程和机制交织的结果；教育流动不止于"流动"这一动作的完成，为成功流动所做的准备过程也被赋予了独特的意义。教育流动的基础设施影响着流动，同时也影响着流动中具体的人；它充当着隐秘的社会分化机制，持续筛选、分类着年轻学子的阶层与三观。在这个意义上，教育流动的基础设施不仅主导着跨国教育流动的方向和目的地，更是一条制造精英的流水线。

"课外活动的组织机构"是本文的阐述核心。这些机构大多自发成立，留学中介和主办者的家庭构成机构主要的资金来源；主办者和运营者基本都是在读留学生或曾经的留学生，参与的学生则主要是有出国意向的准留学生。至少从字面上看，或至少在口头表述中，创始人的初衷均闪烁着趣味或道义的光芒，他们怀揣着"让更多人了解人文社科""在中国普及博雅教育""改变教育地域不平等"或"体验新生活方式/未来学习模式"的种种美好期许，投身于这项非营利的事业中，但似乎结局在一开始便已注定：与留学中介的商业合作关系、招生流程中隐含的区分机制，以及留学生们对活动意义的主动创造和挖掘，都使得这些活动最终不可避免地沦为了留学资本积累的场所、申请者的内部游戏。而这一趋势随着商业嗅觉灵敏的行动者纷纷进入该行业而越加明显。这些暑期学校、田野营等课外活动及其组织机构，逐步卷入留学申请产业链之中，成为跨国教育流动基础设施新的组成部分。

项飙与约翰·林德奎斯特（2019）在分析人口流动基础设施的构成时，区分了商业、监管、技术、人道主义和社会五个维度。本文主要讨论的是商业维度（留学产业）和社会维度（留学生关系网络），以及非营利组织的维度（可类比人道主义维度中的非政府组织）。但不容忽视的是，基础设施中的另外两个维度同样存在于教育流动的过程之中：在监管层面，举例来说，国家的留学政策、学生签证的审核与发放，以及2020年新冠疫情导致的出入境政策变动，都直接影响着教育流动的可能性和速率；在技术层面，航空业承载和限制着跨国流动，互联网普及和各种留学 App 的涌现使留学资讯更加开放透明。但这两个维度由于并非本文关切的重点，因此不予详细讨论。本文试图探索的是留学产业、非营利组织和留学生社会关系网络三者之间新近生成的交叉关系，以及这一关系如何影响了留学市场的形态，揭示了教育不平等的新运行逻辑。

商业中介是留学产业中的一部分，非营利组织是留学产业的外围辅助行业。二者相辅相成，互利互惠。中介使得非营利组织得以存续，非营利组织给中介承诺了潜在的经济价值，二者携手完成了对留学生的改造。这一改造既是人设树立的过程，也是留学生教育优势自然化的过程和群体区隔被建立起来的过程。留学生社会关系网络则给中介和举办课外活动的非营利组织保证了生源，也通过中介和组织拓展了自身的节点；沿着网络中交错的线，知识、经验与惯习在源源不断地传递。基础设施概念在本文中的适用性正在于，它不仅强调中介在进行商业活动、攫取经济利益，而且在发挥着重要的教育功能；非营利组织不仅在散播梦想的种子，也在划分人群边界；留学生社会关系网络有助于教育流动，但有时这种帮助仅存在于一个恒定的基础设施中。是基础设施的三重维度的交叉性，使我们能够更加深入和透彻地理解"制造精英"背后复杂而曲折的机制。

（二）"风格"与区隔

跨国教育流动基础设施的变迁，反映出留学申请及其关联产业日趋成熟的样态，使原本意在"制造流动"的基础设施衍生出了"制造精英"的功能。那么在此过程中，被"制造"出来的是什么样的"精英"？

我们已经看到，与此新趋势相伴的不是标准"优秀"留学生的批量生产，而是多种多样的"个性""人设"的独家定制。尽管年轻精英们出类拔萃得各有千秋，从他们的日常言行举止中，依然可以勾勒出一幅具有内在完整性的留学生群像。接下来，我将试图论证，这条由中介、活动和无数相关个体搭建起来的产业链并不仅仅有功能上的意义，也是一个隐而不显的社会机制，提前塑造了一个共享着相似文化和精神气质的学生群体。

1．"精英"留学生的风格

（1）开放、多元与新知

首先，人为构建的或在频繁跨国流动中形成的中英双语语言环境，使得（准）留学生们形成了独特的交流方式和日常语言风格：他们频繁进行"语码转换"，中英夹杂着交流，鲜少使用英文名称或概念的本土翻译；他们也普遍拥有且熟练使用国外通行的社交软件，并在社交平台上有相似的自我呈现风格。有来自国内大学的讲师抱怨，他班上的学生"无法使用标准的现代汉语，提问题都有语病"。其次，在生活和思维方式上，留学生们和其同龄人存在微妙的距离（且对这种距离有着清醒的认知）。有留学生对我讲，"可以从很多很微小的事情看出来，你属不属于这个圈子。是，很 minor，但你会知道不一样"。例如，在留学生之间，心理状况不佳或被诊断患有心理疾病，并因此寻求心理健康干预、定期见心理咨询师是司空见惯的事情。有受访者提到留学生圈子里"人均抑郁"，表示自己身边 80% 以上的人"至少见过一次心理咨询师，或者处于长期在见心理咨询师的状态"。他们基本解构了对于非留学生以及其他大众而言可能存在的病耻感，愿意公开谈论自己的心理状况。此外，在性与性别相关的议题上，留学生们由于提前接受过相关理论或同伴教育，普遍有着极其包容开放的态度。而这一点则成为群体内部默认的行为规范和留学生识别彼此的方式之一。

总体而言，留学生群体有着一套跨文化的独特"言谈"方式和语言风格，且会更加积极地关注社会议题，拥抱和接受"新文化"，呈现开放、多元、追求新知的心态。

（2）自信、成长与意义感

从"做活动"中获得的除了申请优势之外，还有一种持续的心态。尤其是对于自己举办了活动、做出了实际贡献的申请者而言，"做活动"

带来了自信心的增强、自我突破和对生活的掌控感。某田野营的创始人之一在访谈中表示,在她发起该组织之前,曾经觉得举办活动的前辈们都"很厉害","他们高中搞出这些东西,是很了不起的成就"。但真正尝试组织活动以后,她发现"就那么一码事,没有远看得那么高大上"。之后她开始学会降低预期,不高估任务难度,同时对自己的能力和局限都有了更清晰的认知。对于田野营的发展和现状,她感到比较满意。因为这一两年该组织在田野营之外开发了另一些短期项目,并与其他组织联动,在活动形式和内容上不断创新。作为对比,她对一名留学生前辈创办的乡村支教项目予以消极的评价。在她看来,尽管该项目数十年持续致力于乡村教育,但既没有获得公众曝光度,也没有在规模上发展壮大,因此是令人费解且不值得称道的。她将其归结为"年龄结构问题":对她以及许多同龄的留学生而言,成长迭代是生活的必然要求,也是意义感的绝对来源。

申请季以及"做活动"还赋予了留学生们一种高密度的时间感,时光的虚度指向意义焦虑。一名处在间隔年的受访者在几个月时间里,为某学生组织策划了冬令营项目,去上海参加了几周读书沙龙,学了法语和粤语,考了驾照,且在备考 AP 生物,还同时兼职为教育机构讲 AP 艺术史课程。但她依然觉得自己"过得非常没有意义,可能复盘这一年我也觉得我没有做什么特别的事情"。在筹备申请期间,紧锣密鼓的安排让留学生们习惯了高效而充实的时间,且这一时间是由新的思考、新的成就和自我突破来丈量的。申请季是拼贴画般的时间流,是高光时刻、记忆与幻想的蓄水池,始终在流动和成长;申请成功的瞬间定义了申请状态的极限,而在那之前的留学生都是不完整的、"成为"(becoming)的状态。

(3)反思、批判与逃离

毫无疑问,这些留学生都是相当有反思性的——无论是对自身还是对社会。在准备申请的过程中,留学生们需要反复确认和回答"我是谁""我如何成为今天的我",从而在文书材料和简历中逻辑连贯地表达自己。而这种自我呈现并非纯然不受限制,而是需要有意识地迎合美国大学的招生逻辑。其中很重要的一点是，留学生们需要主动汲取并充分展现出全球性的价值观，如倡导社会服务和公共价值、道德观和跨文化沟通能力。于是，在外人眼中，他们关注女性和劳工等弱势群体的权益，经常转发对时事热点的讨论，坚持平权、反歧视、自由等原则；他们用福柯、马克思和巴特勒的观点分析社会现象，在课堂上能快速地理解德勒兹、弗洛伊德与拉康。与此同时，中介在背后努力让留学生们习得思考和分析的技巧，他们参加的博雅教育项目也致力于将他们培养成世界公民。

尽管如此，初步涉猎批判性理论并不足以培养同情的能力。从凝视、消费"当地人"的人类学田野，到走马观花、仿佛隔绝在泡泡中的支教实践，再到实际上具有排他性的博雅教育实验，如火如荼地"做活动"的留学生们，却鲜少将自身代入地方，对自身在社会结构中的位置进行反身性思考。为申请习得的概念术语仅仅作为一种知识存在，是文书里升华的部分，他们很少走向田野与课堂之外的具体生活。许多学生只掌握了用理论的狭隘透镜来看待日常生活，而非关怀邻人的生命故事。在这个意义上，对西方理论家和生僻概念的把玩成为一种趣味，发挥着一种近乎亚文化的作用：建立共识，又制造区隔。

普通高中生是留学生用来描述自身的群体特征时经常指涉的一个参照物。在我与留学生们的聊天中，时时能感受到他们对非留学生群体的想象与评价。还有学生表示和普通高中生没有共同话题，自己的生活与普通高中生没有任何交集。这名学生认为，这一局面的形成主要是因为留学生更关注时事，更愿意参与社会话题讨论，而"感觉大部分的普通高中生他们就不会太关注这个问题"。

留学生和普通高中生之间的文化区隔，是西式博雅教育和体制内教育关系的具身体现。这种区隔并非在接受不同类型的高等教育后被制造，而是在高考与申请的两条岔路上行走时便逐步显形：不同的学生需要内化不同的考评体系。而在自我发掘与"做活动"的过程中，在留学产业的持续"教育"中，关于全球化"精英"的想象在留学生的心智结构中堆叠，逐渐形成了该群体共享的风格、心态与身份认同。

2. 特权与区隔

上述对留学生特征的描述，引导我们重返不平等的理论问题。早在20世纪70年代，批判教育社会学者的论述便已振聋发聩：教育并非20世纪美国改革蓝图中均贫富的协调器，作为社会再生产的场域与社会统治的工具，它很大程度上支持并延续着现有的社会不平等。教育甚至会将这种不平等合法化、神秘化，从而获得被统治者与被剥削者的认同。而在参与者们眼中，暑期学校和田野营一同，被想象成某种扁平的、独立于阶层秩序的世外桃源。这种超然的愿景忽视了既存本土教育体系对不同人群在时空上的限制，可能进一步复制而非颠覆教育分层的格局。人们或许忘记了，无论是博雅教育还是田野调查，都不会自动履行开放和公平的承诺。

布尔迪厄曾如此解释其"资本"概念："资本是积累的劳动（以物化的形式或具体化的、肉体化的形式），当这种劳动在私人性、排他的基础上被行动者小团体占有时，这种劳动就使得他们能够以具体化的或活的劳动的形式占有社会资源。资本是一种铭写在客体或主体结构中的力量，它也是一条强调社会世界的内在规律性的原则。"资本的性质决定了这不是一场"碰运气的游戏"，也不存在"短时间内改变人们社会地位的可能性"（布尔迪厄，1997）。留学生们在活动中积攒着具身的资本：从语言风格、说话习惯，到兴趣爱好乃至幽默感，这些文化特质让他们得以顺利通过人群的、国界的、文化的重重关卡；从中介的链接到校友和"申请战友"人际关系的拓展，他们在未来的赛道上有所依凭。由于这一过程潜移默化，且以精神和持久的"性情"的形式积淀（布尔迪厄，1997：194），因此最为隐蔽。

田野营和暑期学校——前者承诺了流动和调研的体验，后者构建了思想和学术的共同体——代表着活动在两个维度上的重要意义、所能培养的双重惯习。田野营将留学生们移置一个陌生的异域，包办了一场有无限的解释空间的活动。暑期学校将学生们封闭在一线城市的高端学术营地中，营造了一次沉浸式的名校学习体验。一个在空间意义上成就了经历的累积，另一个则在时间意义上让准留学生们提前武装头脑、适应未来的学习情景。这些体验、知识、观念、习惯，都成了申请赛道上隐形却又具身的资本。招生与录取的故事告诉我们，活动已经不再是一个有钱就可以得到的机遇，只有留学生"圈子"的会员身份才可以等价交换，以获得入场券。而这些在课外活动中积攒的具身资本，则使得教育的分流与不同人群的区隔看起来自然而然。课外活动不仅是少数人的游戏，也是个使不平等自然化的障眼法。它将不同社会分类变成日常的行为举止或含蓄的性情倾向，让社会建构的差异显得浑然天成，隐晦地维持着再生产的进行。由此，随出身而来的经济特权被掩盖了，它成了一种自然的、具身的行为实践，而不是装在口袋里随身携带的所有物。这是一种隐蔽的特权。

这种特权，并不仅仅意味着一种不平等的生产，其背后也具有再生产的意涵：从留学生们的故事中，我们大致能够洞悉经济资本、社会资本和文化资本之间更加隐秘、曲折的转化，以及由此产生的排他性。换言之，留学申请过程允许了优势阶层创造经济优势外的第二重优势。

参考文献

布尔迪厄，皮埃尔，1997，《文化资本与社会炼金术——布尔迪厄访谈录》，包亚明译，上海人民出版社。

项飙、约翰·林德奎斯特，2019，《流动，还是被流动：跨国劳务的基础设施》，《社会学评论》第 6 期。

Ma, Yingyi. 2020. *Ambitious and Anxious: How Chinese College Students Succeed and Struggle in American Higher Education*. New York: Columbia University Press.

第三部分

青年自我探索

"角落里"的行动：草根大学生志愿服务组织的
自主性研究 – 李贝津

"形同质异"：朋辈心理咨询项目在当代中国高
校内的发展——以 R 大朋辈心理咨询项目为例 –
杨欣蓉

"若即若离"的照护——L 校动物保护社群的流浪
猫照护研究 – 钟凯琳

"角落里"的行动：草根大学生志愿服务组织的自主性研究 *

李贝津

中国人民大学社会学院 2024 级硕士研究生

引　言

　　这篇文章写的是我自大一入学起便投身其中的志愿服务组织的故事，是我本科四年最难忘的经历。2019 年，初入大学校园的我加入了服务流动儿童的 F 组织，从一名怀揣志愿理想的普通成员逐渐成长为组织的负责人之一。在一次次服务经历中，我积累着经验与方法，也酝酿着思考与提问：一个既没有官方身份，又缺少经济支持，"穷得只剩理想与方法"的草根大学生志愿服务组织，是如何顽强地在"角落里"生存 12 年的？

　　"角落里"即"不起眼、被忽视"的群体或力量，是人们自发地相互联结的场所（冯仕政，2021）。生发于"角落里"的社会性是社会活力的源泉，也是培育公共性的基础。服务流动儿童的 F 组织正是"角落里"所孕育的充满生机的力量，F 组织的存续关乎在社会治理中如何调动蕴藏在"角落里"的社会活力的问题。在回答这个问题之前，让我们一同回望 12 年前那颗落在"角落里"的种子萌发的过程。

---

　　*　本文中的部分内容已发表在李贝津、富晓星，2023，《"角落里"的行动：草根大学生志愿服务组织的自主性研究》，《中国志愿服务研究》第 4 期。

（一）缘起：一颗种子的萌芽

2011 年，一群具有人类学、社会学知识背景的师生在台湾游学时发现了一种独特的志愿服务模式：志愿者们以花草植物为自己的"代号"，在与儿童亲密互动的过程中关注每一个孩子具体而独特的诉求。受这种以孩子为主位、关注服务对象需求的服务模式的启发，几名志愿者与指导老师以服务北京市的流动儿童为目标，一同成立了 F 组织的前身——某志愿服务团队。

12 年以来，F 组织扎根北京市海淀区的一所打工子弟小学（X 校），为该校的两个班级提供长期服务。F 组织的志愿者往往在学生二年级时开始跟班，持续陪伴孩子们从二年级到五年级的成长过程。把人类学、社会学、社会工作等学科的专业知识应用于志愿服务中，志愿者们在实践中探索出一套具有独创性的志愿工作方法和递进式的服务策略，以挖掘和满足儿童的主位诉求（富晓星等，2014）。F 组织的每次志愿服务活动遵循"1+1+1"（1 小时课前设计 +1 小时课堂活动 +1 小时课后评估）的标准化志愿服务流程，每名志愿者需要提交自观笔记或观察笔记作为下次活动设计的基础，从而为孩子们提供连续且递进式的服务。

及至文章写作的 2023 年，F 组织共计传承 12 代，志愿者总数 161 人，当年总人数 34 人。每代志愿者为自己选择的"代号"主题各不相同，F 组织从最初的水果家族逐渐发展为一个包含文具、零食、鸟类的大家庭。

2019 年，我加入了 F 组织，成为其中的第 9 代志愿者"薯片"。2022 年接手 F 组织后，考虑作为普通志愿者时从未考虑过的组织延续问题成了我不可推卸的责任。一个组织想要延续下去，合法的身份与充足的资源缺一不可。由大学师生共同运营的 F 组织在专业能力上具备优势，亦不缺少热情的志愿者加入。然而作为草根组织，其面临的制度与资源困境不容小觑。

（二）困境：一个边缘的难题

随着改革开放走向深入，中国的社会力量被逐步激活，各种各样的社会组织 [1] 日益涌现并参与到中国的社会治理中。有学者以组织成立的路径为依据，将中国社会组织划分为"自上而下"的官办社会组织和"自下而上"的民办社会组织。民办社会组织以是否在民政部门登记注册为界，又可细分为具有"合法"身份的社会组织和不具有"合法"身份的草根社会组织（唐文玉、马西恒，2011）。我国当前管理社会组织的规制型制度较为严格，据现行《社会团体登记管理条例》[2]，社会组织必须有一个政府部门作为主管单位，并且需要达到一定活动资金门槛才能登记注册。草根社会组织或因缺乏政府部门的信任，或因缺乏足够的注册资金而无法注册为社会团体，只能退而注册为企业组织（邓莉雅、王金红，2004），或是挂靠官办组织成为其下属单位。

由于未在民政部门登记注册，草根社会组织的总数始终缺乏统计。据清华大学 NGO 研究所调查估计，2007 年中国约有 300 万家未经登记注册的草根社会组织，而同期在民政部登记注册的社会组织总数为 38.69 万家。根据《中国社会组织报告（2022）》（黄晓勇，2022），2008 年以来我国社会组织总量持续增加，截至 2021 年底我国社会组织总量为 901870 个，但仍小于 2007 年调查估计的社会组织总量。大量类似于 F 组织的草根社会组织虽然未经登记注册，却广泛活跃于社会活动中，是社会治理力量的重要组成部分。

对此类草根社会组织而言，制度困境和资源困境是其生存与发展过程中面临的两大难题。由于成立方式与合法性程度的不同，草根社会组织与官办社会组织或具有"合法"身份的民办社会组织在资源汲取能

---

[1] 本文中的社会组织是指社会团体、民办非企业单位和基金会，亦有学者使用民间组织、非营利组织、非政府组织等概念予以指代。

[2] 我国现行《社会团体登记管理条例》于 1998 年 10 月 25 日中华人民共和国国务院令第 250 号发布，根据 2016 年 2 月 6 日《国务院关于修改部分行政法规的决定》修订。现行《社会团体登记管理条例》要求全国性的社会团体有 10 万元以上活动资金，地方性的社会团体和跨行政区域的社会团体有 3 万元以上活动资金。

力、动员能力和活动范围等方面存在显著差异，其生存和发展往往面临更大的现实障碍。

与具有"合法"身份的社会组织相比，草根社会组织不仅需要在制度合法性不足的条件下"求生存"，还要在弱势位置上汲取资源"谋发展"，二者不同的行动策略也由此产生。有学者指出，为争取生存空间和发展资源，部分草根社会组织转向制度外的道义正当性以寻求社会支持和政府默许（和经纬等，2009），并在与其他组织的互动中建立资源汲取的社会网络。亦有学者使用"非正式政治"这一概念来描述草根社会组织面对制度和资源困境的行动策略，例如广州业主委员会联谊会通过与人大代表、政府官员以及新闻媒体结成广泛的非正式网络，在维持自身生存空间的同时形成了较强的资源交换能力（张紧跟、庄文嘉，2008）。总的来说，为争取生存与自主空间，身处结构"弱位"的草根社会组织往往需要有选择地周旋在利益相关方之间。

有学者用"角落里"指涉社会中"不起眼、被忽视"的位置，即社会结构中的弱势群体和弱势特征（冯仕政，2021）。数量庞大却被忽视的草根社会组织正是"角落里"的生动写照。对F组织而言，"角落里"一方面意味着其作为草根社会组织在空间上的不可见位置，即以F组织为代表的草根社会组织因位于社会的边缘和角落，在社会治理与学术研究中长期受到忽视；另一方面则表现为其在结构上的有限嵌入，即F组织基于制度合法性和资源汲取的压力，在被纳入团学组织管理体系后，为保留自主空间主动占据边缘位置。

将目光投向角落之外，具有"合法"身份、汇聚更多资源的官办社会组织未必能取得更好的发展。对大学生志愿服务组织的研究表明，自上而下成立的青年志愿者协会等大学生志愿服务组织往往存在以下问题：对学校团组织依赖性强、缺乏自主开展活动的能力（刘和忠、吴宇飞，2011）；志愿服务项目临时性强且专业性不足，存在行为旅游化、管理松散化、理念表面化等问题，无法匹配服务对象的需求（富晓星等，2014）。

相对于官办社会组织，F组织中的志愿者基于自愿原则主动结合在一起，在资源有限且缺乏制度性激励的情况下坚持 12 年为流动儿童群体提供专业的志愿服务。就组织发展的外部条件而言，相比于自上而下成立、具有"合法"身份的青年志愿者协会，F 组织在生存与发展的道路上面临更大的现实障碍。但就服务质量、服务时间而言，自发建立的 F 组织却能在人类学、社会学专业方法指导下提供长期且稳定的志愿服务，抵抗志愿服务形式化、功利化的倾向。

两相对比，一个问题浮出水面：是什么力量支撑着 F 组织在制度与资源的双重困境下仍然得以延续，为服务对象持续提供专业化的服务？

（三）自主：一种突围的可能

对比 F 组织与官办社会组织，在制度合法性与资源获取均不占优势的情况下，二者的关键区别在于自主性特征，即对自身的组织目标、人员架构和活动内容具有较强的不受干涉的决策能力。服务于 F 组织的四年里，F 组织给我留下的最深刻的印象首先是"专业"，专业的理论与方法支撑是其立身之本，也是其区别于其他志愿服务组织的特征；其次是"自主"，无论面对何种挑战，F 组织始终不投靠也不妥协，坚持在自身的专业原则下开展志愿服务。

依据萨拉蒙等人对非营利组织特征的概括，社会组织自主性可被视为"民间性"和"自治性"的结合，即"组织独立于政府部门，自身活动不受外界影响"。亦有学者在制度与生活分析框架下，将"自主性"阐释为"嵌于生活之中并运作生活、改变生活的个体和群体理性化的自我选择、自我设计、自我组织与掌握调控的行动"（李友梅等，2008）。王诗宗、宋程成则认为，研究组织自主性的学者往往混淆了独立性与自主性的概念。他们认为组织自主性的内涵应为"组织能够按照自己的目标行事"，在目标设定和决策方式上都能自行其是（王诗宗、宋程成，2013）。即使存在一定的分歧，学界对组织自主性的概念亦有共识，概括起来即社会组织对其组织目标、人员架构和活动方案具有不受外界干涉的自主决定权。

已有研究将组织自主性视为草根社会组织天然具有且需要发展的特

征，认为一定的组织自主性是社会组织得以生存并发挥独特功能的前提
（黄晓春、嵇欣，2014）。但草根社会组织的自主性并不天然由其身份
所赋予，而是需要在行动中创造并维系。"独立于政府部门"并非中国
社会组织发展所必需的基础，"依附式自主"才是中国社会组织的普遍
状态（王诗宗、宋程成，2013）。既然社会组织需要独立性并非不证自
明的，那么与独立性关系密切的自主性为何会成为社会组织所必需的特
征，亦需要更加充分的论证。

　　因此，我关注的问题是，F组织的自主性如何在双重困境下为其提
供了突围的可能？具体而言，作为草根大学生志愿服务组织，F组织的
自主性在其生存和发展的过程中具体起到何种作用，其自主性为何需要
争取，又是如何维系的？

　　如前文所述，"角落里"意味着F组织空间上的不可见位置与结构
上的有限嵌入，亦决定了F组织在争取自主性时采取的特殊的行动姿
态。因此，本文以"角落里"的空间位置和行动姿态为分析框架，以F
组织生存与发展过程中争取自主性的过程为主线，论述F组织的边缘
位置与行动策略如何在其争取自主性的过程中发挥作用。"投身于角落"
从F组织的组织目标与理念出发，论述身为草根的F组织为何需要一定
程度的自主性，以及F组织的自主性需要主动争取的原因；"游走在角
落"和"扎根在角落"将阐述F组织在与团学组织、资助方和服务地点
互动时采取的行动策略如何帮助其在获取制度合法性与汲取资源的同时
维系自身的自主空间。

一　投身于角落

　　F组织成立之初就以服务城市中的流动儿童为宗旨，在人类学理论
与方法指导下形成了一套独有的志愿服务模式。志愿者们将流动儿童
视为平等的、能动的主体，在服务过程中以儿童的视角了解服务对象的
需要，而非居高临下地建构儿童的诉求。在理念上将儿童放在平等的主
位，在行动上"蹲下身"与儿童平视，F组织在尝试用儿童的视角理解

儿童生活世界、满足儿童主位诉求的同时，也共享了流动儿童在社会结构中客观存在的弱势地位。F组织的组织目标与服务理念决定了其在立场上旗帜鲜明地与流动儿童站在一起。这使得F组织与官办社会组织区分开来，并深刻地影响着F组织的理念与文化，从而对其自主性提出了底线要求。

（一）弱者的立场：非功利、平等、专业

处于"角落里"，F组织在志愿服务的过程中发展出了以非功利、平等、专业为特点的三条原则，并在招募、培训新成员以及设计、实施活动等具体实践中严格遵守。

1. 非功利的志愿服务理念

非功利的志愿服务里念即志愿者不以功利性为目的参与志愿服务，将流动儿童视为主位，在互动中满足其诉求。为功利目的而加入的志愿者不以满足服务对象需求为根本目标，往往将志愿服务视为满足自身需求的跳板，达到目的后便会抽身离开，与F组织的服务理念背道而驰。因此，F组织在招募志愿者时严格把关申请者的参与动机，对宣传文案、面试过程等环节精心设计，保证志愿者以非功利的态度参与志愿服务。

作为大学生志愿服务组织，F组织每年都因成员升学等原因急需吸收新鲜血液以维持组织运转。但F组织却并未在招新文案开头列出加入组织后的种种收获以吸引新成员，而是直截了当地表明团队对当下存在的畸形志愿服务现象的反对态度，强调团队以流动儿童为中心的服务理念和严谨科学的专业性质。

> 如果你希望提供长久陪伴而非蜻蜓点水，如果你渴望学习专业方法提高服务质量，如果你想改变志愿服务旅游化、志愿责任戏谑化、志愿心态完美化、志愿管理松散化、志愿理念表面化等种种现象，欢迎加入F组织——一个有理念、有方法的学习型志愿团队——一同开启志愿服务的新可能。（F组织招新文案节选，2021年9月14日）

F组织的招新文案充分体现了其招募新成员时"在精不在多"的理念。开头立场鲜明的表述旨在快速排除对志愿服务并无热情的读者，吸引对当下志愿服务现状有所反思、渴望投身志愿服务事业的潜在成员。只有读完文案中段对F组织的发展历程和工作方法的介绍，读者才能看到末尾标注的每次活动5小时的志愿时数。这种将现实利益后置的行文结构有悖传统组织吸引新成员的方式，体现了F组织希望通过自身服务理念吸引志同道合的志愿者，而非以志愿时数为招揽志愿者的手段。

F组织志愿者的服务时间较长，一学期累计获得的志愿时数往往在25小时以上。为获取毕业所需的志愿时数，部分临近毕业但不了解F组织具体工作要求的学生会慕名而来。因此，F组织在设计面试环节时开门见山地表明组织对志愿者的严格要求，使以轻松赚取志愿时数为目的的申请人知难而退。

> F组织是一个进行长期志愿服务的组织，每两周开展一次活动，在活动周的周日会进行一小时的课程设计，周二晚上进行半小时的课堂彩排，周三下午算上往返时间是两个半小时的活动。同时，每个志愿者至少要进行为期一年的志愿服务，通常是两年……每次活动之后还要写自观笔记进行记录和反思，请问你有信心坚持下去吗？（F组织招新面试时的介绍，2021年9月27日）

F组织不仅需要志愿者在一周内的多个时段完成工作，还要求他们坚持从事一年以上的服务。与志愿者在长期服务中投入的时间、付出的心血相比，F组织为志愿者录入的志愿时数仅仅是对其辛勤工作的认可，象征意义大于实际利益。花费相同甚至更少的时间和精力，参与各种短期志愿服务项目能够获得更多的志愿时数，对以志愿时数为目标的学生而言显然是更"经济实惠"的选择。因此，F组织这桩"赔本生意"自然不会吸引这部分申请人，也就维护了其非功利的志愿服务理念。

2. 平等的成员关系

以服务对象为主位，F 组织中的志愿者以儿童的眼光理解周遭世界，在长期服务中了解流动儿童的思维和行动模式。这一理念被运用到志愿服务的过程中，体现为 F 组织的志愿者蹲下身与流动儿童"平视"互动，与流动儿童建立平等的伙伴关系，了解他们的处境和需求。这种将他人视为与自身平等的主体、尊重他人看待世界的独特视角的理念同样内化于 F 组织平等的成员关系中，体现为一套扁平化、非科层化的管理体系。

有别于科层化的组织，F 组织内部并未建立清晰的职能部门，也无严谨的科层化管理体系以区分不同层级的志愿者。F 组织的具体事务由核心志愿者共同负责，以合作的方式开展工作。例如在第 10 代负责人小组中，"薯片"负责对接服务地点 X 校并运行二年级服务项目，"果冻"负责运行五年级服务项目，"椰果"负责财务管理，"仙草"负责宣传工作。在此基础上，每名志愿者都深度参与到服务项目的设计与运行过程中，并不存在项目设计与执行的断裂问题。在非科层化的管理体系下，F 组织的日常运作并非上下游分明的流水线，而是每名志愿者都参与其中的"小作坊"，共同生产 F 组织的服务项目。

非科层化的管理体系决定了 F 组织扁平化的人员架构，也带来了 F 组织内部平等的成员关系。F 组织的志愿者之间只有加入时间带来的"闻道先后"的代际之别，并无严格的层级区分。例如，2019 年秋季加入的志愿者不分年级高低，均被称为第 9 代志愿者，以各类零食为代号。代号抹去了志愿者们年级和身份的区别，不同代际的志愿者们彼此以代号相称，在活动设计与复盘的过程中畅所欲言，形成了类似初级群体的亲密的成员关系。正如第 7 代志愿者、曾任 F 组织负责人的四叶草所说，"我当时进去之后有几个师姐，她们其实当时应该是大三了。感觉我们在做活动的时候她们也挺愿意听我们的想法，真是有点像小组作业那种，大家都比较平等，不会因为年级（高）就比较权威"（四叶草，2023 年 2 月 6 日）。

F 组织的志愿者之间没有科层化的管理体系带来的地位之别，这种平等的成员关系使志愿者们习惯于在交流中将对方视为具有能动性的主体，并将这种观念带入与服务对象的互动中，尊重服务对象独特的思考和行为方式。

3.专业的服务能力

在以服务对象为主位的基础上，F组织进一步要求志愿者具备挖掘流动儿童主位诉求的专业服务能力。F组织具有鲜明的人类学、社会学以及社会工作的学科底色，在服务过程中发展出一系列志愿服务工具以挖掘流动儿童的主位诉求，并通过"三角验证法"对其进行检验。通过志愿者培训以及活动实践中的复盘与改进等环节，F组织在志愿服务的过程中培养出了一批掌握专业服务方法和具备服务能力的大学生志愿者。

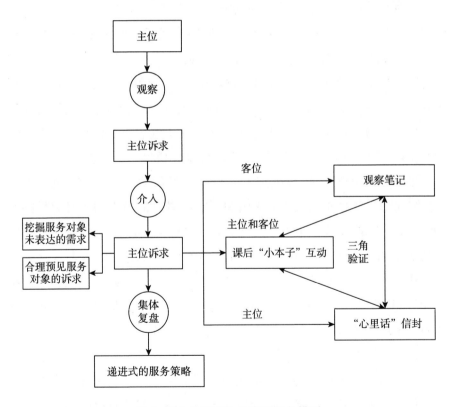

图1 "主位诉求"的志愿服务模型

挖掘流动儿童的主位诉求，即志愿者通过主位视角的观察和分析，将流动儿童隐藏的主位诉求呈现出来。主位诉求既包括儿童未表达出的诉求，也包括志愿者预见的儿童预期社会化过程中客观存在的诉求。为挖掘这些隐而未现的主位诉求，F组织在服务的过程中逐渐形成了一套志愿服务工具。其一，F组织在每次志愿服务活动中设置了专门的"观察员"负责影像与文字记录，并要求每名志愿者在服务结束后撰写自观笔记。由此形成的观察笔记与自观笔记呈现了志愿者对服务过程和服务对象的观察与分析，以便从中提炼流动儿童的主位诉求。其二，F组织志愿者在课程结束后，通过"小本子"以一问一答的方式与流动儿童保持联系，引导流动儿童说出自己的诉求。其三，F组织志愿者在"小本子"中设置"心里话"信封，鼓励流动儿童主动表达自己的生活感受。这三种工具分别从志愿者的观察视角、志愿者引导儿童的视角以及儿童的主位视角获取材料并进行分析，从而实现对流动儿童主位诉求的挖掘。在此基础上，F组织进一步使用"三角验证法"以保证志愿者在挖掘服务对象主位诉求时的信度。通过对由上述三种工具获得的观察材料进行不同视角的对比分析，志愿者得以检验自身是否成功发现了流动儿童的真正诉求。

F组织的资料收集和分析过程不仅需要花费志愿者大量的时间，也需要其具备一定的专业知识和实践能力。为此，F组织在志愿者培训以及活动实践的过程中采取多种方式培养志愿者的专业能力。开展第一次志愿服务前，F组织通过召开见面会的方式完成志愿者培训。在见面会上，新一代志愿者首先系统地学习F组织的工作方法，随后在老成员的带领下借助往期的自观笔记、观察笔记以及"小本子"信息记录等材料进行第一次活动设计。在此后的志愿服务过程中，F组织还会通过组织课后复盘、笔记摘选等方式不断增强志愿者的专业能力。例如，每次志愿服务结束后，负责同一班级的志愿者会对服务过程进行集体复盘，互相指出对方在服务中可借鉴或需要改进的地方。

（志愿者们）整理后离开教室，聚在校门外总结课程中出现的问题。有两个小朋友抓着铁门喊"肉干"姐姐，上课了才回教室。

"奶糖"在讨论中提到自己准备的教育意义难以传达的问题，并且建议之后的主持人放慢语速，多和孩子眼神交流，注意控制时间。（观察笔记，2019 年 10 月 30 日）

通过在整个志愿服务团队内对复盘形成的文字记录进行讨论，F 组织志愿者总结出服务过程中存在的疏漏，尝试提出解决方案并在下一次服务中进行实践。从实践到反思再到实践，F 组织整体的服务能力在项目运行的过程中得以不断增强。

流动儿童是城市中的弱势群体，服务流动儿童的 F 组织亦是社会组织中相对弱势的草根社会组织。处于"角落里"这一不受关注的空间位置，F 组织形成了以流动儿童为主位开展志愿服务的价值立场。这种"弱者的立场"要求志愿者们真正与流动儿童站在一起，从儿童的角度理解世界，挖掘深藏于流动儿童行为和言语背后的诉求，由此塑造了 F 组织的非功利、平等与专业原则。维护这三条原则，坚守自身的价值立场，是 F 组织争取自主性的根本目的。

（二）底线的要求：必要的自主性

作为草根大学生志愿服务组织，F 组织与官办社会组织的差异在于其自下而上的成立方式，以及由其草根身份决定的边缘位置。F 组织曾有机会成为所在学院团学组织的下设部门，但其最终选择挂靠本校的团学组织，成为自主程度更高的二级志愿团体。既然进一步嵌入团学组织的管理体系能够使 F 组织在制度合法性和资源汲取上更具优势，F 组织又为何选择维持自身的边缘位置呢？换言之，争取更强的自主性对 F 组织而言意义何在？

团学组织下设志愿服务组织的首要目标在于"促进青年全面发展"，鼓励、引导青年志愿者投身志愿服务，主要工作是对志愿服务项目与志愿者进行统一管理，在大学生志愿者与志愿服务项目之间搭建桥梁。无论从理念还是从行动考量，团学组织皆以青年志愿者为主位，更加注重青年在志愿服务中获得的个人成长。为使更多大学生获得参与志愿服务项目的机会，保证志愿服务项目平稳运行，团学组织建立了完善的科层化管理体系，以承接上级要求的志愿服务项目为主，在招募志愿者时广泛采取时间优先等方式。在这种源于"官办"身份和中心地位的管理策略下，F组织非功利、平等与专业三条原则均难以实现。

首先，团学组织科层化的管理体系在组织内部建立起明确的上下级关系，组织内部的层级高低与学生年级密切相关。这不仅决定了成员对组织事务的话语权大小，也给成员带来现实的利益差异。例如，奖学金评选和研究生免试资格审核都明确将团学组织的会长、部长等职务写入加分项目。这种科层化的管理体系和激励机制一方面更容易吸引以功利目标加入的申请者，另一方面推动成员参与组织内部的竞争，塑造了不平等的内部关系。新成员若在年级升高的同时未能竞争到更高一级的职务，往往就会选择退出组织，转移到其他学生工作岗位。此类层级明确且成员间具有竞争色彩的管理体系，与F组织内部扁平化的人员架构差异显著。

其次，团学组织流水线式的志愿服务模式一方面提高了志愿服务的组织效率，另一方面则使志愿者团队具有较强的临时性。团学组织的项目管理和志愿者招募方式遵循上级布置、广泛参与的原则。在项目设计上，其项目往往来自上级主管部门与其他社会服务组织，自主设计、提供志愿服务项目的能力不足；在志愿者招募上，其志愿者并非组织成员，而是在全校范围内招募所得。团学组织每周都会在其官方微信公众号上发布"志愿资源"汇总，采取时间优先的报名方式筛选志愿者，对其志愿理念、个人能力是否符合志愿服务项目要求等方面缺乏考核，鲜有项目对志愿者进行长期的专业能力培训。在这种流水线式的志愿服务模式下，大学生往往更在意自己是否能抢到轻松的志愿服务项目，而较少关心项目本身的服务效果。由此形成的志愿服务团队不仅在专业能力上有所欠缺，更难以贯彻非功利的志愿服务理念。

综上所述，F组织的三条原则均源自其独特的空间位置与价值立场，而团学组织的"官办"身份与中心地位决定了其科层化的管理体系以及以青年志愿者为中心的项目管理方式，使其形成了与F组织迥异的行动策略。在团学组织的管理框架下，F 组织所坚守的三条原则，无法获得保障。因此，对身处"角落里"的 F 组织而言，争取自主性是其维护自身基于独特空间位置而形成的价值立场的底线要求。

二　游走在角落

自主性并非每个组织天然需要的特征。对于大部分社会组织而言，在其组织目标、原则与政府相一致的情况下，深度嵌入政府的管理体系是其生存与发展的重要依托。自主性问题的产生有两个前提：其一是该组织的组织理念或原则受到外部管理体系的挑战，其二则是该组织在生存与发展的过程中必须嵌入政府的管理体系以获取合法性和汲取资源。F 组织基于其立场形成的三条原则在团学组织的管理框架下无法实现，这是该组织需要自主性的根本原因。但非功利、平等与专业的原则仅仅是 F 组织"不变质"的底线要求，想要实现组织的延续与发展，经济资源和人力资源是 F 组织必须解决的问题。为此，F 组织通过与主管单位建立互信关系以实现结构上的有限嵌入。通过"自甘边缘"，F 组织与团学组织建立起"合作而不合并"的关系，得以保留一定程度的自主空间。

（一）有限的嵌入：谋发展的条件

对于所有社会组织而言，合法性与资源是其生存与发展所必需的。其中，制度合法性往往成为社会组织获取资金、人员、场地等资源的"入场券"。F 组织同样需要基础的合法性保障以实现组织发展的两个具体目标：其一，申请基金会或非营利组织的资金支持；其二，为组织内的志愿者录入志愿时数。前者是 F 组织维持生存的经济基础，后者则是 F 组织对志愿者基本权益的保障。

1. 经济基础："钱是一切的根本"

F 组织的日常开销主要产生于两个方面，即常规志愿服务和志愿团队交流。前者包括 F 组织志愿者培训、志愿者在学校与服务地点之间往返的交通费、购置志愿服务所需物料的费用等，通常占总支出的六成左右；后者包括 F 组织自身开设的志愿服务工作坊以及参与上级组织的志愿服务展所需的活动经费，通常占据总支出的四成左右[①]。F 组织2016~2017 年财务报告显示，一年间 F 组织总支出约 10000 元，均由公益基金会提供。作为草根大学生志愿服务组织，F 组织的活动项目完全依靠公益基金会、非营利组织的资金支持。若缺乏稳定的资金来源，F 组织的志愿服务项目显然难以为继。

2020 年秋季学期开始时，由于刚刚结束与扶持单位的合作关系，F 组织尚未获得稳定的资金来源，暂时依靠往年剩余的组织经费维持运转。屋漏偏逢连夜雨，受新冠疫情影响，F 组织的服务地点 X 校告知每名志愿者必须准备三天内核酸检测阴性证明方可进入校园开展服务。同期北京市海淀医院单次核酸检测费用为 120 元，在团队总人数为 30 人的情况下，这意味着 F 组织该学期活动开始前便需要支出 3600 元的核酸检测费用。这笔预算之外的高昂费用给 F 组织带来了较大压力，如何重新获取稳定的资金支持成为 F 组织继续活动必须跨越的难关。时任 F 组织负责人的"话梅"和"妙脆角"随即开始寻觅与 F 组织的活动领域相契合的公益项目，以防刚刚开始该学年活动即面临经费"大出血"的 F 组织无法度过那个寒冷的冬天。经济资源一直是 F 组织负责人极为关注的问题，在新冠疫情造成的冲击下，F 组织进一步认识到活动经费是组织得以生存和延续的根本。然而，要获取稳定的资金支持，制度上的"合法"身份越来越成为 F 组织不可或缺的"入场券"。

2016 年，中共中央办公厅、国务院办公厅印发的《关于改革社会组织管理制度促进社会组织健康有序发展的意见》明确要求加强对社会组织资金的监督，同年《关于支持和发展志愿服务组织的意见》要求推进志愿服务组织依法登记注册与监督管理。在此背景下，公益基金会与非营利组织均加强了对申请项目经费的志愿服务组织的资质审核。以2021 年 D 组织主办的大学生社会公益创投大赛为例，D 组织明确要求

---

① 数据来自 F 组织 2021~2022 年春季学期项目预算表。

参赛团队必须"在高校团委或院系挂靠并正常管理运营"。缺乏"合法"身份的草根社会组织没有参赛资格，自然无法获取资金支持。由此可见，一定的制度合法性已经成为F组织获取生存与发展必需的经济资源的前提。在此情况下，通过挂靠校级团学组织，F组织使自身具备了申请外部资源的基本条件。

2. 权益保障："让志愿者劳有所得"

2019年春季学期，F组织挂靠学校青年志愿者协会，成为二级志愿团体。此前由于缺乏上级联络团体，F组织无法在"志愿北京"平台上申请成立志愿服务团队，也就无法申报志愿服务项目和登记志愿时数。因此，F组织的志愿者长期处于参与志愿项目却无时长认证的状态。

对提倡非功利的志愿服务理念的F组织而言，志愿时数似乎并不重要，登记志愿时数带来的功利化倾向恰恰是F组织所反对的。但在组织发展的过程中，F组织逐渐意识到为志愿者登记志愿时数与功利化倾向之间并无必然联系。规范登记志愿时数，使每个志愿者付出的努力得到认可，是组织对志愿者负责、保障其权益的必需之举。

如上文所言，F组织的日常活动需要占用志愿者大量的课余时间，活动设计、实施、复盘以及笔记撰写等日常任务都需要志愿者投入大量的时间与精力。但由于F组织无法为志愿者登记志愿时数，面对学校对毕业生"社会实践与志愿服务"数量和时长的硬性要求，F组织志愿者只能进一步压缩自己的课余时间参与其他志愿服务组织的项目，以获得基本的志愿服务时长认证。由此带来的后果是，志愿者在F组织付出的心血无法得到认可，其基本权益缺乏保障，打击了其参与F组织志愿服务的热情。与此同时，志愿者为获得志愿时数不得不额外参与其他项目，不利于F组织自身的项目运行和长期发展。

"志愿者需要志愿时数"并不等同于"志愿者仅仅为志愿时数而来"，在大学生志愿者需要志愿服务时长认证以取得学位证书的前提下，志愿者对志愿时数的需求是客观存在的。让志愿者"劳有所得"，使其付出的努力不仅在服务对象处得到反馈，也在制度内得到认可，是F组织最终决定挂靠团学组织的初衷。

（二）合作式游走：守底线的策略

挂靠校级团学组织后，F组织取得了一定程度的制度合法性，从而获得了汲取资源的资格。但这种有限的嵌入尚不符合团学组织的要求，F组织需进一步明确其主管单位以适应学校的管理要求。

2019年秋季学期开始后，F组织负责人之一"四叶草"即收到来自学校的消息，要求其寻找一个"明确的主管单位"，不能仅挂靠校级团学组织而无事实上的主管部门。在谈话中，学校团学组织进一步建议"四叶草"将F组织注册为学校社团，并为其寻找一个业务上的主管部门。"四叶草"随即询问社团部负责老师相关事宜，得知当年的社团注册期已结束，建议F组织下学期进行补注册，或成为由学院团学组织管理的学生组织。

在此情况下，及时寻找一个合适的主管部门成为F组织维持生存的必要保证。为此，F组织与所在学院的团学组织取得联系，说明了F组织目前面临的难题，请求学院团学组织的帮助。面对F组织的求助，学院团学组织表示以往并无独立的大学生志愿服务团队在学院成立学生组织的先例，但学院可以允许F组织的项目成为学院团学组织下设的志愿服务项目。面对学院的援助，F组织负责人"小组"在感激之余，亦对F组织未来能否在新的组织形式下维系组织理念有所担忧。成为团学组织的下设项目不仅涉及组织架构的调整，也意味着在新的管理模式下，F组织的专业性可能受到短期性、临时性的志愿服务模式的冲击："它们（团学组织）做那种服务的时候，因为全校招人，然后也是比较一次性的，就很难有那种做得很好并且能坚持下去的（项目）……我们打出来的招牌就是一个长期志愿服务组织，因为我们每次三角验证的工具的挖掘都是一个链条式的东西，不可能说你来一次就结束，那我们完全就散架了。"（葵花，2023年4月9日）

最终，F组织负责人"小组"决定向学院充分说明F组织的服务理念与活动内容以争取信任，在与学院紧密合作的同时保留一定程度的自主性。F组织在学院已经开展了十余年活动，与学院团学组织联系紧密，不少成员同样服务于学院团学组织下设的青年志愿者协会。在与F组织的进一步交流下，学院团学组织对F组织的服务理念与目标较为认同，对F组织在校外开展的活动较为信任。在此基础上，学院团学组织同意成为F组织的主管单位，而不要求F组织必须成为其下设的志愿服务组织。这意味着F组织只需要在学院团学组织完成"备案"，再向学校团学组织提交活动申请，即可正常开展活动。至此，通过与所在学院的紧密联系和互信合作，F组织保留了自身二级志愿服务团体的身份，得以在学校与学院两级团学组织的共同监督下有序开展活动，其组织目标、人员架构与活动安排基本未受影响。

综上所述，为维系自身的生存与发展，F组织通过挂靠学校团学组织获取了汲取资源所需的制度合法性；为保留自身的组织原则，F组织基于其与所在学院团学组织的互信关系实现了结构边缘的有限嵌入，从而得以实现与学院团学组织"合作而不合并"的自主性。

三　扎根在角落

手握制度合法性的"入场券"，F组织得以进入社会领域，着手争取其生存与发展所需的经济资源和社会认同。在汲取资源的过程中，F组织同样遭遇了自主性问题：扶持F组织的公益基金会以及非营利组织有自身的组织目标和行动策略，F组织的服务地亦对其志愿服务项目存在一种独特的评判方式。在与上述主体互动的过程中，身处结构边缘的F组织采取了"以专业换自主""戴着镣铐跳舞"等策略，最终得以在"角落里"扎根并繁荣生长。

（一）汲取资源："以专业换自主"

如上文所言，F组织的活动经费主要来自公益基金会和非营利组织。对社会组织而言，资金是其生存与发展所需的关键资源，资金来源的单一化很可能使组织对单一主体的依赖程度加深，进而威胁组织的自主性。F组织自2022年与非营利组织D组织签订资助协议起，便以其提供的公益基金为唯一的资金来源。但这种单一的资金结构并未限制 F 组织的自主性，F 组织在接受 D 组织资助的过程中逐渐从"受助者"成为"共创者"，坚持并发展着自身独特的志愿理念与工作方法。

2021 年 12 月，时任 F 组织负责人之一的"薯片"从上一任负责人"话梅"处得知，总部位于福建的非营利组织 D 组织推出了一项大学生公益创新创业支持计划，将为入选团队提供公益基金支持。对暂时未取得资助的 F 组织而言，同样在教育领域深耕的 D 组织无疑是一个合适的资助者。本次支持计划是 D 组织举办的第一届大学生公益创新创业项目，旨在帮助具有"长期可持续性、创新性、引导社会向善"等特点的大学生公益创新创业项目落地，对项目的类别并无硬性要求。决定参加此次大学生公益创新创业支持计划后，F 组织从流动儿童的需求出发，结合 D 组织长期关注的乡村儿童阅读助学领域，将下一学期的大主题确定为"阅读激励"。

项目书入围后，F 组织于 2022 年 3 月 12 日参加了由 D 组织举办的线上路演。在路演的过程中，来自 D 组织的项目导师对各个团队所确定的服务对象的需求与其服务项目的适配度进行了着重考察："你的项目如何定位服务群体的需求？志愿者的活动如何实现你的服务目标？"时任 F 组织负责人的"薯片"则答以团队预调研时的发现："我们在这学期开头的预调研里访问了五年级的语文老师，一起批改了五年级的作文。结果发现……有好几篇作文都是成对出现的，比如两个孩子写的文章完全一样，只是把金灿灿的橘子改成了金灿灿的枇杷。后来我们发现其实是抄写的网上的作文。老师告诉我们，孩子们虽然很喜欢去图书馆翻书，但这种阅读的兴趣并没有反馈到写作上……所以我们就希望能够通过我们的专业方法来满足孩子们的主位诉求，尝试着引导孩子们从阅读到表达。"（薯片，2022 年 3 月 12 日）此外，"薯片"还举出了 F 组织以"递进式"的服务策略来回应志愿服务效果问题的例子，获得了 D 组织项目导师的肯定。

对 F 组织而言，"以服务对象为中心"的服务理念和挖掘服务对象主位诉求的工作方法一向是其作为学术性志愿服务团队的立身之本。D

组织将"志愿服务满足服务对象的需求"作为衡量项目价值的重要标准，与 F 组织的理念不谋而合。F 组织以其预调研中对流动儿童主位诉求的挖掘和长期实践中确定的工作方法，赢得了来自 D 组织的认可与资金支持。在公布最终支持名单的微信公众号文章中，D 组织将 F 组织称为"城市中的自己"，认为 F 组织的流动儿童教育项目与其自身所关注的乡村儿童阅读助学领域殊途同归。

受新冠疫情影响，F 组织未能完成原定的阅读激励项目，但 D 组织并未因此而终止对 F 组织的资金支持，而是承诺在第二届大学生公益创新创业支持计划时仍对 F 组织进行资助。2023 年 1 月，D 组织推出了第二届大学生公益创新创业支持计划，并邀请 F 组织再次参与。D 组织的项目负责人表示欢迎 F 组织在上一届项目设计的基础上继续完善，主办方将"开放一定的绿色通道，希望能鼓励到你们"。此外，D 组织将上一年 F 组织提交的项目材料作为项目书指导范本发放给其他参赛者，体现了其对 F 组织项目质量的认可。最终，F 组织于 2023 年再次与 D 组织签订资助协议，获得了来自 D 组织的 4000 元公益基金支持。

回顾 F 组织与 D 组织之间资助关系的建立过程，从一支申请资助的普通大学生团队到项目书成为范例的核心队伍，F 组织完成了从"受助者"到"共创者"的角色转变。通过展示自身"以服务对象为中心"的服务理念和具有人类学专业背景的工作方法，F 组织成功使 D 组织将自己视为志同道合的伙伴，建立起稳定的资助关系。F 组织自身的专业能力使其有自信坚持自身的组织目标与活动安排，无须担忧因受到单一资助者的控制而难以"另择良木"。同样，D 组织并未将 F 组织视为"下级"加以管理，这也是出于对 F 组织专业性的信任。在此过程中，F 组织采取了更加积极的"以专业换自主"的策略，通过展现自身的专业能力来获取 D 组织的信任，主动构建起与资助方之间平等的合作关系。

（二）争取认同："戴着镣铐跳舞"

自 2011 年起，F 组织为海淀区打工子弟学校 X 校中的流动儿童提

供课外服务。相比于 D 组织对志愿项目专业性的重视，X 校更加关注 F
组织提供的服务对学生学业能力水平提升的作用。在 X 校的部分老师
看来，一场成功的志愿服务活动需要学生能获得实用的体验，高校志愿
者也能得到志愿时数和独特体验。

　　然而 F 组织的活动课与传统的课程不同，往往不会呈现"规规矩
矩"的课堂状态。为挖掘并满足孩子们的主位诉求，志愿者需要深入了
解孩子们的生活经历。但志愿者无法如人类学家一般和孩子们共同生
活，只能分组活动使每名志愿者尽可能地与组内的 3~4 名孩子形成亲密
的互动关系，了解孩子们眼中的世界。因此，F 组织的课堂上存在大量
的小组讨论以及互动环节，这种独特的课堂形式往往无法保证严肃的课
堂氛围，因此引起了 X 校部分老师的质疑。

　　　　老师：你们人怎么这么多？人太多了效果会好吗？我们教室这
　　么小，效果不好吧？
　　　　志愿者：是这样的，我们分别带两个班级做小组活动，分散开
　　来能照顾到每一个孩子……
　　　　老师：以前就两三个人，现在人太多了，班主任反映教室太乱
　　了。而且上次这么多人挤在一起，比学生还多。
　　　　志愿者：上次四一班在考试，所以一起带四二班，之后会分开
　　上课。
　　　　老师：你们走了以后，孩子们都闹哄哄的，课都不好上了。你
　　们就每次来两三个人体验一下就好了。
　　　　志愿者：……
　　　　老师：你们要注意课堂秩序，有人来检查的话太乱的都不知道
　　在干什么，影响很不好。
　　　　志愿者：好的，我们会注意的。
　　　　　　　　　　　　　　　　　　　（观察笔记，2019 年 10 月 30 日）

　　稳定的课堂秩序可以通过志愿者加强对课堂纪律的管理来实现，更

为困难的是 X 校与 F 组织在选择课程主题时的协商过程。初次与 F 组织沟通服务内容时，X 校老师希望大学生志愿者可以弥补本校老师在外语教学上的不足，为学生上一节英语课。F 组织便尝试将这一要求与自身"帮助流动儿童实现预期社会化"的服务目标相结合，从自身所观察到的流动儿童"想与陌生的志愿者交流，又表现出羞涩和犹豫"的特点出发，发现孩子们具有提高交际能力的潜在需求。因此，志愿者们在第一节课上以"say hi"为主题，在带领流动儿童学习如何用英语问候陌生人的同时，帮助孩子们树立与陌生人交流时的自信心。志愿者一方面遵照 X 校的要求开展主题活动，争取服务地的认可和继续活动的机会；另一方面则将 X 校提出的需求与流动儿童的主位诉求相结合，通过灵活的活动设计贯彻自身的组织理念。这一策略被 F 组织总结为"戴着镣铐跳舞"，通过让渡部分活动主题上的自主权以争取活动设计上的自由，确保达成 F 组织的服务目标。

对 F 组织而言，这种有限的让渡并未对其自主性造成根本影响。F 组织以满足服务对象的主位诉求为目标，首先就要明确流动儿童真正的需求是什么。X 校老师作为与流动儿童长期相处的群体，相比于 F 组织的志愿者而言，他们对服务对象往往有更深入的了解。虽然 X 校老师更倾向于提出具有应试色彩的服务要求，例如教孩子学英语、写作文等，但亦有老师会从班级内的人际关系等角度出发向志愿者提供活动主题方向。

2021 年 9 月进行预调研时，五年级班主任老师告诉志愿者，由于另一所打工子弟学校因拆迁废校，该学校的五年级学生编入 X 校同年级班内继续学习。彼此尚不熟悉的孩子们分散成两个小群体，集体意识不强。因此，老师希望 F 组织能够从增强班级凝聚力、使孩子们学会团结互助的角度设计主题活动。

这反映了流动儿童在充满不确定性的求学过程中适应环境的需要，符合 F 组织开展志愿服务的初衷。老师对班内情况的长期观察为 F 组织志愿者指明了活动设计的方向，是 F 组织进行活动安排的重要参考。

在有限让渡活动主题自主权的情况下，F 组织尚能通过"戴着镣铐跳舞"维持自身在活动安排上的自主空间。但随着为 X 校提供课后服务的大学生志愿者团队越来越多，处于"买方市场"的 X 校开始对 F 组织的活动安排进行更进一步的干涉。

2021 年，随着"双减"政策落地，X 校调整了课程安排，F 组织的志愿服务时段随之移到了"课后服务时间"。X 校美术、音乐等课后服务的师资并不充裕，而海淀区丰富的高校资源所带来的各类大学生志愿团队缓解了 X 校课后服务的压力。仅海淀区一所高校内，除 F 组织外，还有两支队伍同时在 X 校内提供志愿服务。X 校希望志愿者们能够提供其紧缺的美术、音乐等课程，而团学组织亦能通过每周招募志愿者的方式以一周一次的频率为 X 校提供服务。

其他团队与 X 校一拍即合，然而这一活动频率却给常年保持隔周提供服务的 F 组织带来了巨大的负担。为保证志愿服务的质量，F 组织志愿者需要在服务前进行活动设计并完成彩排，活动后参与复盘并撰写自观笔记、观察笔记和"小本子"内容，还要在此基础上完成下一次活动设计。为了与服务对象建立密切联系，F 组织内每 10 名志愿者形成固定小组，每次活动均由同一小组负责对应班级的志愿服务。为了保证照顾到每一个孩子，每次参与活动的志愿者不能少于 7 人。小组内难免存在因不可抗力而无法参加活动的志愿者，在这一安排下，F 组织的志愿者几乎无法实现轮换。若将活动周期修改为每周一次，则意味着 F 组织的每名志愿者必须在有限的课余时间内完成双倍的工作量。在向 X 校老师反映服务周期上的困难时，老师指出其他团队都能实现每周服务，F 组织若不能做到，将会给 X 校老师的排班造成困扰。面对 F 组织的为难，老师劝说时任负责人"薯片""不要在志愿服务上花这么多时间，体验一下就可以了"（"薯片"自观笔记，2021 年 9 月 29 日），并说如果 F 组织决定退出，其他团队也能填补上三个班级课后服务的空白。

为争取继续开展活动的机会，F 组织只能接受一周一次的服务周期，主动与其他团队结为"盟友"以减轻志愿者的压力，保证志愿服务的质量。"薯片"通过 F 组织内来自 J 学院的志愿者"乌鸦"与该学院项目负责人取得联系。经过协商，J 学院的团队同意与 F 组织轮流给 X 校学生上课，这保证了 F 组织依旧隔周为二年级的两个班级提供服务。另一支来自 F 组织的团队为 X 校提供的是不限年级的合唱课程，因参与合唱课程，各班留下的学生数量均有所减少。相应地，F 组织也根据服务对象的数量调整了志愿者数量，将原本负责二年级的志愿者调入五年级组并分为两个小组，轮流完成单双周的志愿服务。通过"广结盟友"，F 组织艰难地适应了 X 校提出的服务周期要求，得以继续在 X 校提供志愿服务。

除调整服务周期外，F 组织具体的活动内容亦受到进一步限制。2022 年初在 F 组织的志愿者进行预调研时，X 校的校长希望 F 组织的活动能有"更实际的内容"，例如和其他团队一样教孩子们跳绳、剪纸、唱一首歌等。面对 X 校提出的要求，F 组织通过访谈各班老师将活动主题确定为"阅读激励"，旨在帮助流动儿童提高阅读与写作能力。在服务过程中，X 校向时任 F 组织负责人"仙草"提出，希望志愿者在课堂上给孩子们讲解阅读理解题目，以提高孩子们的应试水平。此类课程设计使 F 组织难以贯彻自身的组织理念，志愿者们只好向 X 校老师解释自己设计的阅读课也能帮助孩子们拓宽阅读面，最终能在应试中体现出课程的效果。面对来自服务地的质疑，F 组织的志愿者不得不进入 X 校以提高应试能力为标准的评价体系中，尝试寻找自身志愿服务的价值所在。

如上文所述，在面对同样具有专业服务经验的 D 组织时，F 组织的专业能力和项目成果是其争取信任与经济支持的坚实基础。然而在面对服务地 X 校时，F 组织则面临更加复杂的评价体系。F 组织的服务对象并非 X 校，但要为其中的流动儿童持续提供志愿服务必须经过 X 校的许可。因此，获取作为服务对象的孩子们的认可并不足够，F 组织必须努力争取来自服务地的认同才能实现长期志愿服务的目标。比起理论化的服务理念与工作方法，F 组织的服务地 X 校更注重学生在志愿服务中所获得的能力。F 组织虽然具有一套完整的志愿服务工作方法，但其服务目标即帮助流动儿童实现预期社会化难以用量化的标准进行评估。随着 X 校成为志愿服务的"买方市场"，F 组织不得不卷入与其他团队的比较中。相比于合唱课程后孩子学会了一首歌、剪纸课程后孩子们制作了一幅作品，F 组织长期服务的效果更难直观呈现，因此更难获得服务地的认可。身处弱势位置的 F 组织虽然能够采取"戴着镣铐跳舞""广结盟友"等策略以维护自身的自主空间，但这样的策略并不稳定。在与 X 校协商的过程中，F 组织不得不改变自己的活动安排，减少单次活动的人员数量和时间投入以适应其他志愿服务组织的活动周期，努力在应试体系下阐释自己活动的意义与价值。

结　语

本文讲述了服务流动儿童群体的草根社会组织 F 组织在"角落里"争取自主性的故事。作为草根社会组织，F 组织并不具备"官办"组织所具有的合法性与资源汲取的优势，却能在结构边缘展现出独特的韧性与潜力。以专业性为基础的自主性是 F 组织区别于其他组织的特征，这种独特的自主性如何形成并得以保留是本文关注的重点。

我将"角落里"这一概念阐释为空间上的不可见位置、结构上的有限嵌入和行动上的自主姿态，以此分析 F 组织在求生存与谋发展的同时争取自主性的过程。F 组织与流动儿童相遇在不起眼、被忽视的结构边缘，形成了"甘居客位"的价值立场，亦形成了非功利、平等、专业这三条原则。为维护自身的价值立场和原则，F 组织坚持"甘处边缘"的价值立场，通过与团学组织建立互信合作关系保留了一定程度的自主性，以"合作而不合并"实现结构边缘的有限嵌入，解决了合法性问题。F 组织在与资源提供者和服务对象互动的过程中仍然需要争取自主性。F 组织分别采取"以专业换自主""戴着镣铐跳舞""广结盟友"等策略，以"甘当草根"的价值立场努力扎根"角落里"。F 组织的价值立场源自其独特的空间位置，这是该组织必须争取自主性的根本原因。F 组织空间上的不可见位置与结构上的有限嵌入决定了其独特的行动姿态，塑造了草根社会组织争取自主性的独特路径。

表 1　F 组织的自主性生产路径

空间位置	价值立场	行动策略
不可见的角落	甘居客位	以流动儿童为主位，反对功利化与官僚化倾向
有限的嵌入	甘处边缘	建立互信合作关系，保持"合作而不合并"的自主性
结构的弱位	甘当草根	"以专业换自主""戴着镣铐跳舞""广结盟友"

　　F 组织在"角落里"争取自主性的过程，也是其抓住一切机会，在保障"不变质"的前提下争取生存机会的过程。F 组织所采取的行动策略，目标都是保留自主空间以坚持组织原则、保证服务水平。与 F 组织相似，身处"角落里"的草根社会组织往往在与其他主体建立基于专业服务能力的合作关系时面临更大的困难。但与此同时，草根社会组织争取自主性的行动影响着主导规则的他者，此类组织在"角落里"的实践亦如潮水塑造礁石般，具有潜移默化的力量。

参考文献

　　邓莉雅、王金红，2004，《中国 NGO 生存与发展的制约因素——以广东番禺打工族文书处理服务部为例》，《社会学研究》第 2 期。

　　冯仕政，2021，《社会治理与公共生活：从连结到团结》，《社会学研究》第 1 期。

　　富晓星、刘上、陈玉佩，2014，《"主位诉求"的志愿服务模式探究——以流动儿童为例》，《社会学研究》第 4 期。

　　和经纬、黄培茹、黄慧，2009，《在资源与制度之间：农民工草根 NGO 的生存策略——以珠三角农民工维权 NGO 为例》，《社会》第 6 期。

　　黄晓春、嵇欣，2014，《非协同治理与策略性应对——社会组织自主性研究的一个理论框架》，《社会学研究》第 6 期。

　　黄晓勇主编，2022，《中国社会组织报告（2022）》，社会科学文献出版社。

　　刘和忠、吴宇飞，2011，《大学生志愿者活动问题分析》，《中国青年研究》第 11 期。

李友梅等，2008，《中国社会生活的变迁》，中国大百科全书出版社。

唐文玉、马西恒，2011，《去政治的自主性：民办社会组织的生存策略——以恩派（NPI）公益组织发展中心为例》，《浙江社会科学》第 10 期。

王诗宗、宋程成，2013，《独立抑或自主：中国社会组织特征问题重思》，《中国社会科学》第 5 期。

张紧跟、庄文嘉，2008，《非正式政治：一个草根 NGO 的行动策略——以广州业主委员会联谊会筹备委员会为例》，《社会学研究》第 2 期。

"形同质异"：朋辈心理咨询项目在当代中国高校内的发展

——以 R 大朋辈心理咨询项目为例

杨欣蓉

中国人民大学社会学院 2024 届本科毕业生

引 言

在文章的开篇，对于"朋辈心理咨询项目"这个概念，许多读者大概是陌生的。后文会对它展开比较系统、详尽的介绍。而在此之前，我想回到选题、论文写作过程当中，先以一种更加个人体会化的方式，朴素地呈现朋辈心理咨询项目在我眼中的另一副面孔。

在我的整个大学生活中，朋辈心理咨询项目几乎贯穿始终，"朋辈咨询师"则渐渐成了我最强烈的自我身份认同之一。我在项目中接受的训练，以及与其他温和、友善的项目成员的相处经历，和我关于人际关系的反思与成长缠绕在一起，帮助我在一定程度上缓解了——用确定论文选题时，导师曾经说过的话来描述——人际关系这个我的"核心焦虑"。

在这个过程中，我一直很想弄明白：我在人际关系上的焦虑从哪里来？而来到大学后，朋辈心理咨询项目又为什么能够帮助我将它缓解？反过来说，如果没有加入朋辈心理咨询项目，我在大学会成为什么样的人？如果我加入其他学生社团，我可以获得相似的成长经验、顺利交到朋友吗？这个项目凝聚起的学生团体有何特别之处？朋辈的交朋友方式能不能照搬到其他地方？

作为社会学初学者，我的直觉告诉我，这些问题并不仅仅是一种"个人困扰"，其中或许有值得探讨的"公共议题"。

我是结束了高考这场激烈竞争的青年中的一员，在来到大学这个新的环境时，已然面临着我那关于人际关系的"核心焦虑"。一方面，人际关系困扰是常见的大学生心理健康议题之一，其本身就是朋辈心理咨询项目力图以"朋辈咨询"（朋辈支持）的方式回应的，而背后或许有相应的结构性背景值得探讨。另一方面，项目似乎凝聚起了有自身特色的一个学生团体，以特定的模式开展内部的人际互动。根据我基于个人经验的观察，同为项目学员、咨询师的朋辈成员大多是温和、善解人意的。与他们在咨询实务训练小组（Section，简称 Sec）上、模拟咨询练习（Co-counsel，简称约 Co）中的互动，让我感到安全、舒适，从而能够更勇敢地表达自己，更自如地与他人相处。这样的积极体验，重塑了我对于人际关系的理解，以及处理人际关系的方式。这样的感受，也常常出现在参与项目的其他朋友口中。这是如何做到的？我想，在朋辈心理咨询项目的开展实践中，或许有缓解人际关系焦虑的独特机制值得探寻。

在我带有浪漫色彩的想象中，朋辈心理咨询项目尝试做的，是鼓励每个人进行自我探索，并积极构建一种人与人之间真诚、彼此接纳、相互支持的关系——这是我感知到的具有社会学关怀的"互助"意象。而通往这种"互助"的方式，一方面表现为项目的直接功能，即咨询师对来访者的"助人"活动；另一方面则表现在项目的开展过程中，项目成员基于项目框架进行的"自助"实践。

那么，源于美国的一个小小学生项目——朋辈心理咨询项目在中国高校内如何落地、如何运作、具体效果如何？相较于它在主体性、人际关系方面的理念和愿景，项目的运作是否受到了一些现实因素的结构性局限？这些局限是以什么样的机制发挥作用的？

由于个人能力的不足，我最终没有找到一个足够社会学的议题，用来精当地承载我对这些问题的思考。我仅仅是在基于导师的启发而形成的写作框架下，迂回地进行了一些浅显的讨论，形成了这篇粗糙的文章。不过，在为问题寻找答案的过程当中，得益于师友、受访者的启发，我仍然产生了许多稚嫩但珍贵的思考，并在文章里尽可能地悉数进行了呈现，感谢他们！作为朋辈心理咨询项目的受益者，我将始终记得朋辈带给我的社会情感教育，并且心怀感恩。而在下面，我将从项目十周年故事集中的一篇动人的回忆录开始，展开对于朋辈心理咨询项目的介绍。

　　如果问大一的哪一天对我最重要，我会毫不犹豫地回答，是第一次走进朋辈小屋的那一天。在大一上学期，那一天，上完了最后一节晚课，我按照惯例到漫咖啡自习。一切都平平常常，但就是在这样一个平淡无奇的夜晚，我却收到了一个对我而言不啻于平地惊雷的消息。

　　已经不记得当时具体的想法和心情了，只记得自己在那个灯光昏昧的公共空间里哭得不能自已，捂着痛如刀绞的心口在座位上缩成了小小的一团，仿佛整个世界都只剩下了自己那颗被撕得血肉模糊的心脏。用尽了所有的理智，等回过神来时已经哭了整整两个小时。

　　我从未觉得如此需要倾诉，如此需要一个人来安慰我和帮助我，因此毫不犹豫地收拾好东西走向了朋辈小屋。这件心事过于沉重，也过于复杂，我并不想因此把朋友拖进这种情绪的深渊。在小屋里接待我的咨询师是一个清秀白净的姐姐。我原本并不想把事情的原委说出来，但是随着咨询逐步深入，她还是问到了最开始引起我崩溃的事情。我断断续续地从头说起，最后没忍住又哭了出来，眼泪沾湿了半包的抽纸。讲到最后，我几乎是带着对自己的恨意说："对不起，我本来没想说这件事情的。"但她的神态、语调、声音都恰到好处，对我说："谢谢你对我的信任。"这句话就像是能够包容一切的海洋，给予了我足够的耐心和空间。

这个物理空间并不特别，但是因为有她在，所以是安全的，也是能够停下来休息和喘息的。现在我不记得她到底说了什么、我们是否制订了 plan，但是我始终觉得，是那种从她身上感受到的安全感支撑我度过了那个难熬的夜晚。

也许是因为这件事，所以即使知道朋辈的课程需要付出极多的时间与精力，到了大一下学期，我还是参与了朋辈的课程，开始了走向咨询师的漫漫之路。

——《R 大朋辈心理中心十周年校友风采录》第三篇：《接过陌生人手中的花》

在 R 大东、西、北区的三栋公寓楼内的学生活动空间，分别设有一间朋辈小屋。正如前文所描绘的，朋辈小屋面向需要"安慰"与"帮助"的同学提供心理支持，每天 18:00 至 22:00 开放，无须预约，推门即入。而在小屋内负责值守并接待来访的，并非专业咨询师，而是同样身为在校学生的朋辈心理咨询师（以下简称朋辈咨询师）。在前文中，作者正是在朋辈咨询师的陪伴、支持下，度过了一个"难熬的夜晚"，由此决定成为朋辈咨询师中的一员，为其他需要帮助的同学提供帮助。若借用前文题目中的譬喻，在朋辈小屋的物理空间中，身为"陌生人"的朋辈咨询师以耐心、包容的姿态，创造出一方安全、接纳的精神空间。正是在这方空间当中，作者接过朋辈咨询师递来的、象征朋辈间心理支持的"花"，捧在手中，以"走向咨询师的道路"这一方式向他人继续传递。

这样一幅温情脉脉的画面令人动容。而作为支撑的，是 R 大自 2011 年起借鉴美国斯坦福大学"桥"朋辈心理咨询项目（The Bridge Peer Counseling，以下简称"桥"项目）开展的朋辈心理咨询项目（以下简称朋辈项目）。2011 年，作为首批探索实践朋辈项目的高校，R 大设立朋辈心理咨询中心（以下简称朋辈中心），主要负责朋辈项目的运营。该项目选拔、培训在校学生，使其有能力运用一定的咨询技巧，结合心理健康知识，为同龄人提供准专业的一次性面对面个体心理咨询（张晓京等，2018），即朋辈心理咨询。

作为青年群体中的中坚力量，大学生的身心健康和综合能力与国家、民族的未来密切相关。然而，大学生正经历由青春期向成年早期的过渡与转变，变化的居住环境与生活方式、高强度的学习和工作、复杂严峻的就业形势等压力，使得大学生的心理健康问题频发（方圆等，2023）。陈雨濛等关于中国大学生心理健康问题检出率的研究指出，2010年至2020年，大学生焦虑、抑郁、睡眠问题和自杀未遂的检出率显著上升（陈雨濛等，2022）。然而，在大学生心理健康问题日益严峻的同时，中国高校普遍面临心理健康专业工作者与学生配比不足的问题。教育部、国家卫健委等17个部门联合印发的《全面加强和改进新时代学生心理健康工作专项行动计划（2023—2025年）》指出，高校按师生比例不低于1∶4000配备专职心理健康教育教师，且每校至少配备2名，但我国多数高校尚未达到这一标准。

在20世纪60年代，美国社会面临相似的问题，并尝试寻求解决方案。在种族、性别、阶层等多元化变革诉求激烈地推动社会改良的背景下，彼时美国的青少年心理问题多样化、复杂化，辍学、吸毒、犯罪等社会问题层出不穷（毛广，2012），这对校园心理健康教育与服务体系构成极大挑战。由此，美国精神卫生领域和教育学界掀起了一场心理咨询模式变革，各高校开始将校园心理健康服务与教育纳入学生事务体系，逐步发展出将预防、辅导和治疗相结合的服务与教育体系，形成"将临床心理工作和日常教育工作合二为一"的指导理念，从培训教职员工入手，使他们具备应对心理困扰的能力，并渗透到日常的学校教育教学体系内（俞国良、侯瑞鹤，2015）。

而随着美国教育学界准专业化运动的开展，朋辈互助逐渐进入教育学者的视野，并推动了高校利用同龄人互助的优势资源开展学生服务。经过一定培训的"准专业人员"为同龄人提供心理咨询服务的朋辈项目由此诞生。朋辈项目强调学生间的准专业互助，鼓励处于相近人生发展阶段、相似发展环境与面临相似问题的同龄学生在接受训练后，互相提供心理帮扶（丹德烈亚、萨洛维，2013：159）。这一项目被认为兼具校园心理服务和心理健康教育功能，既"帮助来访者"，又可使朋辈咨询师及其所在的校园获益，在全美高校得到了广泛推行。而斯坦福大学的"桥"项目就是其中的范例。

"桥"项目诞生于 1971 年，最初开设于由学生互助的药物滥用咨询中心，后逐渐完善为多功能的朋辈心理咨询中心（丹德烈亚、萨洛维，2013：153）。该中心位于校园内的一栋独立三层小楼，完全由学生管理和运作，提供面对面咨询、电话咨询、哀伤辅导、冲突调解、酒精和药物预防等服务。斯坦福大学根据完整、专业的训练方案，选拔、培养具有胜任力的学生，在经过考核后上岗担任朋辈咨询师，并定期接受专业人员的督导（周莉、雷霄，2016）。 该项目的首要宗旨在于为学生提供心理咨询服务，除此以外，对受训学生进行教育也是项目的宗旨之一（丹德烈亚、萨洛维，2013：154）。

在我国，"心理健康教育与服务"概念的出现较为晚近，直至 20 世纪 80 年代，专业的心理咨询机构才开始在中国高校出现（樊富民，1993）。R 大心理健康教育与咨询中心是全国最早的学生心理健康教育专门机构之一，其设立于 1987 年，隶属于学校的某学生教育管理部门[①]，负责在校内开展心理健康教育，并提供心理咨询服务。该中心配备有专职、兼职心理咨询师，日常工作主要包括开设心理健康通识课程、开展校园心理健康教育活动、进行危机干预，以及提供一对一心理咨询等。

2010 年起，R 大心理健康教育与咨询中心引入斯坦福大学"桥"项目的理念和模式，以"参与国际合作"的方式，对心理健康工作进行了创新探索。2010 年 11 月，R 大举办首次"大学生朋辈心理咨询工作坊"，邀请斯坦福大学时任心理咨询中心高级副主任马丁内兹博士（Dr. Aleiandro Martinez）主讲。2011 年 2 月，R 大"朋辈心理咨询师培训计划"正式启动，对选拔出的学员进行系统的心理咨询技巧培训；经过完整的课程培训、闭卷考试和技能一对一评估，首批朋辈咨询师在当年秋季产生。随后，设在学生公寓的两个朋辈小屋开放，R 大朋辈中心开始试运行。2012 年 1 月 9 日，R 大朋辈中心正式挂牌成立，标志着朋

---

① 2005 年，该部门设立了科级建制的心理健康教育与咨询中心。

辈项目正式落地，成为 R 大独具特色的心理健康教育与服务品牌项目。此后，R 大朋辈中心不断发展，服务团队日渐壮大，活动形式越加丰富，成长为独具特色的校内学生组织。2019 年 6 月，该中心正式更名为 R 大朋辈心理中心，业务由核心的朋辈心理咨询向多元化、本土化方向探索。

至此，本文概述了朋辈心理咨询模式的内涵及其在美国的发端，并介绍了 R 大引进斯坦福"桥"项目的基本历程。由此，本文试图回应的经验问题如下：R 大朋辈项目借鉴斯坦福"桥"项目的模式开展，其运营、培训工作在中国高校的语境下是怎样被实践的？作为大学生心理健康教育与服务项目，该项目的运行取得了何种成效，又面临怎样的困境与可能性？

前文已经提到，R 大朋辈项目主要依托朋辈心理中心这一组织开展。而要分析该项目的开展情况，组织分析理论或可提供一个视角。在组织社会学中，新制度主义提出"制度的形同质异"理论，从制度环境与组织互动的角度理解组织的运作、发展逻辑。该理论认为，为了获得合法性，组织需要发生变形以适应其所处的"制度环境"，这使得组织产生"形同"趋向，从而导致组织"形同质异"的特性。与此同时，环境压力导致的这种变形，往往与组织的绩效并无关联（Powell & Dimaggio，1991）。R 大朋辈项目的运营以校内组织朋辈心理中心为依托，而朋辈心理中心最初参照运营"桥"项目的斯坦福大学朋辈中心而设立。那么，R 大朋辈心理中心作为"舶来品"，在其所处的制度环境中发生了何种变异，从而具有怎样的"形同质异"特性？这一特性对朋辈项目的绩效表现有何影响？这是本文尝试回应的理论问题。

通过对以上经验、理论问题的回应，本文将勾勒朋辈项目在中国高校内的开展图景，分析其发展中面临的困境、取得的成效，刻画其在中国高校土壤中发生的适应性变异。R 大朋辈项目是国内首批探索美国朋辈心理咨询模式专业化运营的项目之一（张晓京等，2018），本文借助"形同质异"的理论工具对其进行个案研究，或许有助于我们更好地理解在中国高校内开展朋辈项目的局限性与可能性，为朋辈心理咨询模式在我国的本土化发展提供一些启示。

在研究方法上，本文所用的资料主要通过参与式观察、访谈、问卷调查、文献法等方法收集。作为 R 大朋辈项目第 17 期学员，我完整经历了项目的选拔、课程培训、考核评估等各个环节，正式上岗成为朋辈咨询师，参与朋辈小屋的值班工作，并定期参与督导会。此外，我还曾担任朋辈中心人事部副部长，负责咨询师岗前培训、日常排班、案例整理、督导会组织等工作。在此过程中，我得以对朋辈项目的开展进行了较为深入的参与式观察。课程学员、朋辈咨询师、运营支持团队成员等多重身份，使我能够较为深入地了解该项目的培训体系、组织架构、运营模式，获得对项目参与的切身感受，并接触到一些项目资料，作为理解项目开展情况的背景信息。

访谈是本文的重要资料来源，我对项目指导老师、（准）朋辈咨询师、行政团队成员等项目相关人员共 13 人进行了半结构式访谈，访谈时长 80~120 分钟不等，主要以线下面对面的形式开展。为保护受访者隐私，文中所有受访者信息均经过了匿名处理。

我还使用问卷调查的方法进行了资料的收集，基于 6 人次的预访谈设计并通过微信朋友圈面向 R 大学生发放问卷，调查他们对朋辈心理咨询的认知与需求，最终收回问卷 65 份。此外，我还在微信公众号、学校官网等平台上，检索并整理了 R 大朋辈项目的大量公开信息（包括往年项目学员招募推文、行政团队成员招募推文、项目介绍推文、活动新闻推文等），这些也被用作本文的研究资料。

一　R 大朋辈项目的基本图景

为使读者对 R 大朋辈项目有所了解，以便后续分析的展开，本部分将首先对该项目的基本图景进行描绘，包括朋辈中心的组织架构，以及朋辈咨询师的选拔、培训、管理方式。朋辈中心是项目的运营组织，在对其架构的勾勒中，该组织与其原型——斯坦福大学朋辈心理咨询中心的实质不同将得到初步呈现。朋辈咨询师则是项目的核心参与者，项目主要围绕朋辈咨询师展开。以涉及朋辈咨询师的活动为线索，项目内容可以得到一个比较完整的呈现。基于上述的介绍，我将结合中美朋辈项目的理念，提炼朋辈项目、朋辈心理咨询的"理想类型"。

（一）运营组织：朋辈中心的架构

在官方微信公众号发布的推文中，R大朋辈中心的最新版简介如下。

> 由学校学生工作部门指导的，以开展朋辈心理咨询、朋辈团体心理辅导、心理健康科普活动为主要工作职责的校级学生组织，旨在从情感、学业、人际关系、就业、个人适应与发展等诸多方面为在校生提供支持与帮助，致力于解决大学生的心理困惑，使他们能够在同龄人中得到温暖和关怀，促进学生独立人格和良好心理适应能力的发展。

然而，查阅项目初期的资料，其中对朋辈中心的描述却与此存在微妙的不同。

> "R大朋辈心理咨询中心"，我们定义它是"由学校学生工作部门指导，由学生独立运营的校园服务机构，旨在在情感、学业、人际关系、就业、个人适应与发展等多方面为在校学生提供支持与帮助，使他们在同龄人中得到温暖和关怀，促进学生独立人格和良好心理适应能力的发展"的机构。（张晓京，2013）

对两者进行比较可以发现，朋辈中心这个10年前的校园服务机构，在今天已经成了朋辈心理中心这一校级学生组织。可见，其名称与性质已然发生了变化。一方面，作为朋辈项目的运营机构（组织），朋辈中心①在2019年正式更名为朋辈心理中心。无疑，这一更名并非作为孤立

---

① 为增强阅读的连贯性，除了需要强调之处以外，下文将模糊掉朋辈中心在更名前后的名称差别，一律以"朋辈中心"指代。

事件而发生的，背后有朋辈中心在本土化历程中所发生的渐进性变迁。另一方面，这一渐进性的变迁实质上也是组织职能、定位上的变迁，正如其由校园服务机构向校级学生组织的变化所反映的那样。而我发现，其组织职能与定位的变迁历程，可以从组织架构的变迁之中折射出来。

因此，在本节中，我将概述朋辈中心现行的组织架构与运营模式，呈现该组织历经十余年发展变迁到今天的结果，使读者对项目组织架构的现状有基本了解。而对于项目发生的变迁，后文将结合其组织架构变迁的部分具体内容，进一步讨论其所处制度环境与其的密切关联，以及这对项目的运营效果产生的影响。

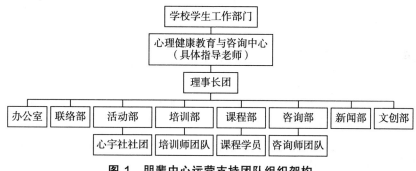

图 1　朋辈中心运营支持团队组织架构

如今，朋辈中心在官方介绍中的定位是"学生自我服务和管理的校级学生组织"。其成员由专业服务团队和运营支持团队两部分构成。其中，专业服务团队主要包括朋辈咨询师、朋辈培训师[①]、课程学员等。课程学员是项目课程的培训对象，在接受项目课程培训、经过两轮评估后，他们可获得朋辈咨询师资格。

同时，他们可以自愿加入运营支持团队，而运营支持团队则与多数校级学生组织具有相似的组织架构、运作模式。在组织架构上，运营支持团队实行"指导教师 - 理事长团 - 部长团"的管理模式，每年换届一次，理事长原则上由大四学生担任，部长原则上由大三学生担任。每个

[①]　通过第一轮评估但未通过第二轮评估的课程学员，无法获得朋辈咨询师资格，但可获得朋辈培训师资质，面向各学院各班级开展心理健康培训，提供朋辈团体心理辅导。

部门另设有副部长、干事若干，原则上分别由大二、大一学生担任。其组织架构如图 1 所示。在运作模式上，运营支持团队按部门分工协作。各部门的主要职能如表 1 所示。其中，办公室与联络部作为职能部门，负责维持组织的基本运行与内外联络。新闻部、文创部两个部门承担组织的宣传工作。而课程部、培训部、咨询部则是朋辈项目的运营部门，分别负责课程学员的培养、朋辈培训师团队的组织、朋辈咨询师团队的管理。这几个部门由于与专业服务团队关联较为密切，部长往往由具有一定专业素养的朋辈咨询师兼任。

表 1　朋辈中心 2024 年运营支持团队部门分工

部门	负责工作与主要职能
办公室	致力于协助指导老师维持整个组织的有序运行，支持和配合各部门工作及活动的开展。主要职能包括：人员管理、财务报销、物资调配、场地运营、信息文书整理及对外联络工作
联络部	具体负责朋辈中心的内外部联络工作。主要职能包括：内部人员的管理和团队内部建设、校内外学生组织及校友等日常联络等工作
活动部	负责心理健康特色活动的策划与实施，负责"5·25"心理健康季、秋季心理健康月等大型活动的组织策划
培训部	对朋辈心理团体带领者进行组织和管理，具体开展各学院心理骨干、学校心理委员、新生辅导员等的培训工作以及协助开展各类团体辅导工作
课程部	负责朋辈咨询师培养课程的全过程服务工作，包含课程学员选拔、课程小组组织及课程学员的考核
咨询部	负责朋辈咨询师的管理及服务工作，负责日常来访案例归档管理及危机案例的转介
新闻部	负责朋辈中心相关活动的摄影摄像、文稿撰写、视频制作等工作，运营"RUC朋小辈"微信公众号
文创部	负责朋辈形象识别系统的开发、日常宣传用品和活动文创用品的设计制作以及各项活动的海报制作等工作

值得注意的是，活动部的主要工作包括"大型活动的组织策划"，这既与朋辈项目的运营并不直接相关，又并非组织运作的基本职能。而若回顾前文中 R 大朋辈中心的最新简介，我们可以看到，活动部主要履

行的，是简介中提及的"开展心理健康科普活动"这一职能。事实上，虽然朋辈中心是作为朋辈项目的运营组织而成立的，早期的部门设置也以项目运营为核心（如表2所示）；但如今的朋辈中心，职能已经并不局限于项目的运营：这被视为其在本土化过程中的"创新"之处，也与我国高校心理健康工作的整体样貌具有内在一致性。有教育工作者曾指出，我国心理健康教育与服务的本土化实践，包括心理健康通识课程的开设、心理健康科普活动的开展等（张晓京，2013）。而其中的机制，我将留待后文对R大朋辈项目所面临困境的分析中进一步阐释。

表 2　朋辈中心 2012 年部门分工

部门	负责的工作内容
人事部	负责朋辈心理咨询学员招新及项目的运营，统筹各部门的工作
办公室	负责朋辈小屋的装修与维护和朋辈项目的财务管理
宣传部	负责通过各种途径宣传朋辈项目
技术部	负责宣传品的制作和朋辈项目网站的建设与维护
校园拓展部	负责新闻稿和材料的收集与撰写、宣传主题讲座以及折页的设计
公共关系部	拓展校外朋辈项目以及组织校外交流活动
课程部	协调组织朋辈心理咨询互评，每周组织小组讨论，协调朋辈咨询师的合格考核
成员激励部	负责团队凝聚力的增强，从生活上关心朋辈中心的每个成员

（二）项目内容：作为理想类型的朋辈心理咨询

回顾前文所述，朋辈项目"旨在选拔并培训在校学生，使其有能力使用一定的咨询技巧，结合人的发展和精神健康知识，经过考核后，在专业人士的督导下，为同龄人提供准专业的一次性面对面个体心理咨询"。可见，这一项目的内容主要包括选拔、培训并考核课程学员，以及为在岗朋辈咨询师提供支持、服务等。在本节中，我将对项目内容的前一部分[①]，即朋辈咨询师的选拔、培训等环节作一勾勒。结合参

[①]　至于另一部分内容，即朋辈心理咨询服务本身，我将在后文展开论述。

与项目的朋辈咨询师为朋辈心理咨询赋予的意义、对朋辈心理咨询的理解，我将尝试描述作为社会行动的朋辈心理咨询，并将其提炼为一个可供分析对照的理想类型。这一行动以具有特定能力、人格特质的朋辈咨询师为行动者，以朋辈咨询师赋予朋辈心理咨询的意义而与来访者相关。

1. 选拔标准：能力、人格与动机

在斯坦福大学"桥"项目的方案中，有系统、完整、清晰的培训课程设计，这扩大了项目课程学员的招募范围，使其无须具备心理学的专业背景。该传统在 R 大的朋辈项目中得到了延续。朋辈中心制定了一套包括流程与标准在内的细则，用于课程学员的选拔。

项目课程学员的选拔由课程部负责组织，分为报名表筛选、两轮面试，共三个环节[1]。在报名表筛选环节，学生需要填写过往助人经历、情绪问题处理经历等信息，由课程部的同学评分后判断是否通过筛选。在评分细则[2]中，上述经历反映的共情能力、反思能力、情绪认知与处理能力等，是决定简历通过的核心指标。而在面试环节，现任朋辈咨询师、项目指导老师会对报名者的语言表达能力、倾听能力、朋辈心理咨询学习动机、亲和力等情况进行考察与记录[3]。最终，"具有心理咨询潜质、对心理咨询有兴趣、持有较强的助人动机、愿意成为咨询师"[4]的报名者将通过选拔，被确定为新一期朋辈项目的课程学员。

综上，由两个环节的课程学员选拔标准，我们大致可以对朋辈咨询师的理想形象作一勾勒：在能力与特质上，他们具有较强的语言表达、

---

[1] 往期的学员招募中，由于报名人数较多（往往在 150 人以上），故首先通过简历筛选出 80 人左右进入面试，并对通过一轮面试的报名者（45 人以下）进行二轮面试，最终确定 30 名左右的同学入选项目。而在 2022 年的第 19 期项目学员招募时，由于报名人数较少（不足 100 人），课程部取消了简历筛选环节，直接对所有报名者进行两轮面试。2023 年的第 20 期学员招募中，报名人数进一步减少（不足 80 人），最终只进行了一轮面试。这一状况反映了朋辈项目面临的困境。这一困境出现的原因，由于不在本文的研究设计范围内，因而在这里暂时无法做出回应。

[2] 即简历打分模板。

[3] 参见《朋辈心理咨询学员一轮面试手册》。

[4] 参见《R 大朋辈心理咨询项目十周年发展报告》。

共情与倾听、情绪处理、反思等能力，并且在语言、行为、形象上表现出较强的亲和力——这意味着"心理咨询潜质"；而在参与项目的动机上，他们对心理学／心理咨询感兴趣，有助人意愿，希望投入朋辈心理咨询的学习中，并在完成培训后承担朋辈咨询师的工作。

就参与项目的动机而言，"较强的助人动机"是成为项目课程学员——未来的朋辈咨询师——的首要"通行证"。此外，"对心理咨询的兴趣"也是选拔学员的重要标准，并与前者具有千丝万缕的联系。后文将对此展开论述。在理想情况下，为"助人"赋予较大意义的课程学员，能够以比较充沛的热情投入课程的学习之中，并在完成培训后，以较强的耐心、意志力持续投入自身消耗较大的咨询工作中（周莉、雷雳，2016）。不过，助人动机并非越强越好，太强的动机可能过于偏执，也可能有虚假成分，前者与朋辈心理咨询所秉持的"助人自助"工作理念是相悖的。在后文中，我将对这一理念做进一步阐释。

回顾本小节，我通过对项目学员选拔标准的梳理，描绘出朋辈咨询师的理想形象，并对后续可能由此展开讨论的方向作了概述。在下一小节中，我将介绍朋辈项目的培训内容，以呈现朋辈咨询师对朋辈心理咨询的理解。

2. 培训体系：伦理、技术与知识

根据斯坦福大学朋辈项目的教材和教学大纲，参与项目的学员需要完成朋辈心理咨询技巧和校园心理健康专题共计 4 学分 64 个学时的专业课程[①]。R 大的课堂教学基于斯坦福大学的课程方案，同时结合我国特点进行了一定的补充与完善。其基本的教学内容主要包括伦理规范、咨询技巧、校园心理健康专题知识三个部分。

咨询技巧是核心课程，重点是让学生掌握独特的咨询结构。其内容包括咨询伦理、咨询技巧等模块，每一模块都有清晰、明确的步骤和脉

[①] 在 2021 年春季的第 17 期项目及以前，该部分内容由"校园心理健康专题"课程讲授，独立于主要讲授伦理规范、咨询技巧的"朋辈心理咨询技巧"课程。而由于项目人员变更，自 2022 年春季的第 18 期项目起，该部分内容合并至"朋辈心理咨询技巧"课程中，以专题讲座的形式讲授。出于呈现理想类型的考虑，后文将就课程改革前的培训模式进行介绍。

络，便于非专业的学生学习（周莉、雷雳，2016）。

　　其中，咨询伦理主要是朋辈咨询的八个基本戒律①和基奇纳提出的五大助人伦理原则②，其界定了朋辈咨询师的角色规范、工作边界。咨询技巧则包括主动倾听技巧、处理情绪的技巧与问题解决的七个步骤，对应一个完整的咨询结构，即故事探索、情绪处理与问题解决。具体而言，主动倾听技巧包括对言语和非言语的关注、复述、提问等。这些技巧的使用，有助于与来访者建立一个相互信任的关系，使其感到被关注和被理解。处理情绪的技巧是朋辈咨询中最为关键的技巧，往往被作为重点来教学和复习。其分为四个步骤，简称ICAD③，目的在于陪伴来访者认知并宣泄情绪，恢复情绪状态的平稳。而问题解决的七个步骤简称PROPORP④，用于帮助情绪平复后的来访者梳理具体可操作的问题解决方案。

　　作为咨询技巧课的配套活动，学员每周需进行2小时实务小组讨论，以及3小时左右两两结对的模拟咨询练习。实务小组讨论由已获得资格认证的朋辈咨询师带领，针对当周课堂教学的内容设置讨论方案，对朋辈心理咨询的伦理和技巧进行实践与练习巩固。实务小组讨论的形式、内容比较灵活，学员要进行自我展示和自我表露，增进彼此间的了解；其间还会穿插与技巧相关的活动游戏、案例分享与讨论等，加深学员对所学内容的记忆和理解⑤。而模拟咨询练习则以学员两两结对角色扮演的形式进行。其中一方扮演来访者，讲述面临的心理困扰，提供练习案例；另一方扮演朋辈咨询师，运用所学为来访者提供心理支持。这一实务练

①　内容包括：关注此时此地、共情、首先关注情绪、不要解释、不要替来访者承担责任、不要论断、不要给出个人建议、不要问以"为什么"开头的问题。

②　内容包括：使来访者获益原则、公正原则、忠诚原则、自主原则、不伤害原则。

③　内容包括：识别情绪（identify feelings）、澄清并定义情绪（clarify feelings）、让来访者对情绪负责（acknowledge feelings），以及处理情绪（deal with feelings）。

④　内容包括：寻找之前的解决方法（past）、寻找可用资源（resource）、考虑备选方案（options）、制定详细的行动计划（plan）、设想可能的阻碍（obstacles）、推荐其他的专业帮助（refering），以及回顾总结（previewing）。

⑤　事实上，正是在每周的实务小组讨论中，小组成员间建立起与彼此的联系，这强化了带领者、学员对于朋辈项目的归属感。在后文中，我将对此展开讨论。

习有助于学员更好地体会课堂所学，逐渐熟练地掌握咨询技巧、结构。

而校园心理健康专题课程则主要讲授抑郁症、自杀、危机干预、自我认同、家庭、亲密关系和性等与大学生息息相关的话题，增强学员的危机识别和应对能力。其中，抑郁症、进食障碍、丧失与哀伤等主题保留自斯坦福大学的教学大纲；而自我认同、宿舍关系、家庭关系等主题，则是根据中国大学生面临的主要发展议题而作的补充。

3. 小结："助人自助"的朋辈心理咨询

在上一小节中，我概述了朋辈项目的主要培训内容与形式。这当然并非意在为读者呈现一本极简版的朋辈心理咨询教科书，其目的在于以下两个方面。

一方面，就朋辈项目的运营而言，对朋辈咨询师的培养是整个项目的枢纽环节。故澄清这一环节的内容，有助于我们理解项目的内核，基于此更好地在组织视角下分析朋辈中心的"形"与"质"。另一方面，对课程学员而言，接受培训的过程，是对于朋辈心理咨询的理解被形塑、渐渐能够扮演起朋辈咨询师角色的过程。因此，基于对培训体系的梳理，我们能够更清晰地把握朋辈咨询师视角下的朋辈心理咨询，为后文论及他们在项目内外的行动提供一个背景。本文认为，这一行动包括"助人"与"自助"两个面向。在 R 大朋辈项目的一周年报告与十周年报告中，该项目的理念都被概括为"助人自助"。这一理念具有微妙的双重意涵，既阐明了该项目的"服务"与"教育"两方面功能，又展示了朋辈心理咨询活动的工作方式。

就朋辈项目的功能而言，它试图使助人者与受助者同时获益。换言之，朋辈项目在具备"助人"面向的同时，也致力于使朋辈咨询师们在"助人"的道路上"自助"。在教育的意义上，正如斯坦福大学"桥"项目的原版教材所述，朋辈心理咨询模式主张"引导高校学生从依存他人（dependence）走向自我独立（independence），再到学会彼此交往（interdependence）"。其既强调自主权（autonomy），又重视主体间交流互助（mutual support）的专业理念，使得作为项目参与者的朋辈咨询师从中获益多多。

而就朋辈心理咨询活动的工作方式而言，"助人自助"理念是对助人工作的一种专业想象，具有人本主义色彩。在这种人本主义理念指导下的助人工作，强调受助者的主体性。正如朋辈心理咨询的基本假定所述："当给予学生机会的时候，他们通常都有能力解决自身生活的问题。"（Peter & Vincent，2010）作为校园心理健康服务的朋辈咨询，致力于"帮助来访者自己找到解决问题的方法"，即"助人自助"。R 大朋辈项目对课程学员的选拔、培训体系，正是基于对朋辈心理咨询的此种"助人自助"的专业想象而展开的。例如，咨询伦理所强调的"不要给出个人建议"，正意味着不直接帮助来访者解决问题；而主动倾听、处理情绪、问题解决等咨询技巧，则致力于帮助来访者理清感受和想法，从而自行寻找解决问题的方法。

可见，"助人自助"理念似乎点明了朋辈心理咨询与朋辈项目的核心，因而构成了两者的一种理想类型。接下来，我将在对项目基本图景的介绍之上更进一步，对朋辈项目的实际开展状况进行考察。在后文中，我试图从"助人自助"的双重意涵着手，分别从组织与行动者两个视角出发进行论述。综合两个方面，我试图得出这样一个结论：由 R 大朋辈中心这一组织负责运营，以朋辈咨询师为主要行动者而开展的朋辈项目，在其所处的政治、文化、社会多方面制度环境中发生了实质上的变异，相较于其"舶来"时的理想类型具有了"形同质异"的特性。

二　校级学生组织的苦衷：体制依赖及其作用机制

有学者指出，制度并非狭隘的规制章程，而是一切能够约束行动并提供秩序的共享规则体系（鲍威尔、迪马吉奥，2008）。沈原、孙武三在以"形同质异"为理论工具研究中国社会团体时，针对彼时中国共产主义正式组织所处的社会环境，由组织社会学中"剧变的环境"概念，发展出"风险制度环境"概念。他们提出，改革开放造就了具有高度不确定性的制度环境，即"风险制度环境"。原有的"再分配体制"与萌芽中的市场机制共同构成了这一环境的根本特征，故这一环境意味着在同一时点上存在"二重制度空间"。前者是共产主义组织起源的制度环境，后者使得共产主义组织感受到生存危机，急需适应市场社会的合法性要求，以获取其中的资源（沈原、孙武三，2001）。

本文认为，在R大运营朋辈项目的R大朋辈中心，同样置身于某种"二重制度空间"之中。不过，此"二重制度空间"与中国共产主义组织所处的制度空间恰恰相反。

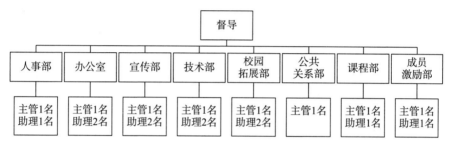

图 2 朋辈中心主管团 2012 年组织架构

资料来源：项目一周年报告中的朋辈项目组织与运营情况介绍。

一方面，就其源头而言，朋辈中心与朋辈项目所借鉴的斯坦福模式漂洋过海而来。大洋彼岸的斯坦福大学以其40余年的运营经验发展出的一套项目运营体系，构成了R大朋辈中心的一种制度环境。这一体系向R大朋辈中心"专业化校园心理健康服务与教育项目运营机构"的身份以及运营朋辈项目的合法性提出了一些要求。例如，作为独立的校园服务机构，斯坦福大学的朋辈中心完全由学生自主运作和管理（entirely student-run and staffed），其规章、财务、研讨活动、项目活动等都由学生主管并负责统筹安排[1]。而在朋辈中心创立之初，其运营模式便与此"形同"，组织架构也相对扁平化（如图2所示）。另一方面，就朋辈中心在中国高校内的发展而言，学校的行政体制构成了R大朋辈中心的另一制度环境，既为其提供资源支持，同时要求其接受学校学生工作部门等科层机构的管理。

---

[1] "桥"项目官网，https://web.stanford.edu/group/bridge/index.html，最后访问日期：2024年3月25日。

本文认为，正是在这"二重制度空间"制度压力的共同作用下，R大朋辈中心具有"形同质异"的特性：在"形"的方面，它与斯坦福大学的朋辈中心具有相同外观，最初以"校园服务机构"的名义运营朋辈项目，提供校园心理健康服务。就其"质"的方面而言，它实际上成了学校学生工作部门领导下的"半科层机构"，以"校级学生组织"的方式运作。正如前面我曾提及的那样，朋辈中心在R大发展的过程中，经历了由"校园服务机构"向"校级学生组织"的演化，这一变异可谓是一种"质变性演化"（鲍威尔、迪马吉奥，2008）。时至今日，朋辈中心在组织架构、性质、职能上都已经与斯坦福大学的朋辈中心不甚相同，这反映了其自成立之初便有所表现的，作为学校学生工作部门下辖的一个学生组织的实质。

在前文中，我已经对朋辈中心的组织架构、运营模式进行了介绍。借用沈原等用以描述中国社会团体实质的体制依赖概念，接下来我将首先结合对项目诞生、组织架构发展历程的梳理，阐释R大朋辈中心作为校级学生组织的实质所在，随后分析这对于其所运营的朋辈项目"助人"服务效果的作用机制。

（一）从校园服务机构到校级学生组织：朋辈中心的体制依赖

沈原等曾通过对中国青少年发展基金会的分析指出，中国的现存社团虽具有"社团法人"的名义，但实质上是中国共青团的一个分支机构，对中国共青团以及其他正式组织具有强的体制依赖，这具体表现为体制等级依赖、组织架构依赖、运作网络依赖、产权依赖，以及社会信任依赖五个方面。而在本文看来，R大朋辈中心向校级学生组织的演化，是其获取体制内合法性的需要，这说明了其本质上对学校及学校学生工作部门的体制依赖。

这一依赖首先表现在R大朋辈项目的引入过程中。在回顾R大引入朋辈项目的开端时，项目指导老师之一将其称为"机缘巧合"。而这一机缘巧合的种子之所以最终发芽，是因为推动这一机缘巧合的，不是其他人，而是R大彼时分管学生工作的副校长。

我们以前根本就不知道美国在做这个东西，是他们的校友找到
了咱们学校当时的副校长……当时他去美国就是参观访问去了，然
后他在哪个学校还是哪个地方的一个演讲，下面听众中有一个是斯
坦福大学的校友，她是 Peer Counselor，她就向那个副校长推荐有
这么一个学生的项目。她觉得 Peer Counseling 很好，所以想要推
到……也不只是推到中国……她自己的专业是东亚研究，所以就是
只要有东亚国家的人……她都会去推荐这个东西。嗯，大概是这么
个事，然后正好他碰上这个就是纯粹属于机缘巧合。（项目指导老
师，2024 年 3 月 15 日）

这个巧合的相遇发生以后，从斯坦福大学而来的朋辈项目，沿着
"分管副校长 - 学生工作部门负责人 - 心理中心老师"的路径传递，最终
来到了一名老师的手中，由这名老师具体负责 R 大朋辈项目的专业建设
与指导工作①。可以说，是上级领导的接受与认可，使朋辈项目的"舶来"
成为可能；而反过来说，如果没有各级领导自上而下的层层推动与支持，
很难想象该项目能够顺利在 R 大"登陆"。正是在"登陆"以后，早期
的朋辈中心才在学校学生工作部门领导的推动下，为了运营项目课程、
维持朋辈小屋的运作而成立；而在朋辈中心初创期，心理中心的老师与
学生还曾到斯坦福大学实地考察其运营模式，此行由同一名领导推动。
由此可见，R 大朋辈中心的诞生本身就依赖于体制内权力与资源的支持。

朋辈中心的部门设置变迁也说明了此种依赖在其组织职能上的表
现。由表 2 可见，在刚刚成立时，朋辈中心的主要职能为朋辈项目的
运营，各部门的工作均以此为中心展开，包括咨询师学员的招募与培
训、朋辈小屋的装修与维护，以及相关的财务、宣传工作等。而随着朋
辈中心的发展，组织的职能渐渐发生了一定的变化。其中，"校园拓展"
（outreach）部门的职能变迁可为此提供一条分析线索。如表 1 所示，活
动部的主要职能被界定为"负责心理健康特色活动的策划与实施，负

---

① 包括早期的工作坊筹备与开展，以及后续的项目课程培训、学员考核、咨询师督导等。

责'5·25'心理健康季、秋季心理健康月等大型活动的组织策划"。而如表2所示，在成立之初，校园拓展部负责"新闻稿和材料的收集与撰写、宣传主题讲座以及折页的设计"，承担的是朋辈项目的宣传工作。可见，其职能发生了由"拓展校内资源"向"举办校内心理健康科普活动"的变化，满足的是学校开展心理健康教育工作的需求。而这些工作原本是心理咨询中心这一科层机构的职责范围，朋辈中心作为心理咨询中心的下属组织，逐渐承接了部分职能。这体现了朋辈中心的职能随着体制内需求变化而调整的特点，即其对体制的职能依赖。

此外，这种依赖还反映于朋辈中心的组织架构变迁上。如图2所示，朋辈中心创立之初，组织架构原本较为扁平化，各部门成员（1名主管与0~2名助理）组成"主管团"，协同负责朋辈项目的运营工作。成员无等级、资质之分，仅在分工上有所侧重，且在许多活动中都共同参与组织活动。而在组织发展过程中，理事长团和部长团等层级逐步确立。其最终确立起的"指导教师-理事长-部长-副部长"管理模式，明显借鉴了我国高校行政体系中的层级管理结构，同时与学生会、团委等其他学校学生工作部门下辖的校级学生组织同构。这一组织架构的调整，不仅使得朋辈中心能够更好地融入学校行政体系，还方便了其与学校其他部门、学生组织的沟通与协作，可谓反映了朋辈中心对体制的组织依赖。这一方面有助于朋辈中心更好地汲取组织中的资源，另一方面也便利了上级部门对朋辈中心的管理。

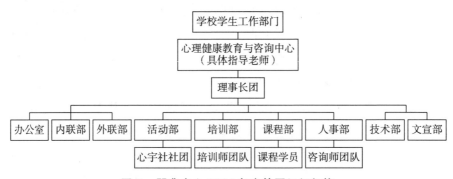

图3　朋辈中心2021年主管团组织架构

资料来源：《R大朋辈心理咨询项目十周年发展报告》。

综上所述，不同于完全由学生自主运营的斯坦福大学朋辈中心，R大朋辈中心处于中国高校行政体制内，从诞生之初就注定了需要在体制内寻求得以存续的合法性。在其组织架构、部门职能等变迁过程中，这表现为其对于主体性的让渡，即在资源、组织、职能等方面对于体制的依赖。其中，资源依赖是本质上的，职能依赖是前者的必要结果，而组织依赖在形式上为其汲取资源、接受管理提供了便利。

从结果上来说，朋辈中心这种体制依赖的特性，使得朋辈项目"助人"服务发生了一定程度的变异。在后文中，我将对该变异的具体作用机制展开分析。

（二）目标替代与创新的形式化："助人"服务的两重变异机制

新制度主义在研究组织的"形同质异"特性时指出，制度环境可能给组织带来"形同"压力，而这种压力与组织自身的绩效往往没有关联（Meyer et al.，1991）。沈原、孙武三的研究则指出，共产主义正式组织顺应制度环境压力而发生的分化，使其能够同时动员再分配体制与市场机制中的资源：在这些组织保有体制依赖特性的同时，与市场机制相吻合的制度"形同"，使这些组织获得了在体制外动员资源的合法性，因而与其绩效直接相关（沈原、孙武三，2001）。

那么，对于同样处在"二重制度空间"中，一方面借鉴斯坦福大学运营模式，另一方面适应中国高校行政体制而发展的R大朋辈中心而言，在早期与斯坦福大学朋辈中心的制度"形同"，包括在培训方案、运营模式上的借鉴，对其自身的绩效表现，包括朋辈项目的开展效果有怎样的影响？

无疑，R大朋辈中心成立早期这种具有"拿来"意涵的"形同"，确立了组织的架构、目标、愿景，有助于推动项目运营工作的初步开展，使其获得提供心理健康服务的合法性。

然而，由于朋辈中心的体制依赖特性，其绩效成果实际与上级部门的绩效表现直接挂钩。一方面，正如前文提到的职能依赖特性，这使得上级部门的心理健康教育工作，成了朋辈中心的职能之一；另一方面，这也使得以一种与斯坦福大学朋辈中心"形同"的方式运营的朋辈项目，作为学校心理健康服务工作，被划进上级部门的绩效表现范围内。在本文看来，朋辈中心与上级部门绩效的这两方面关联，反过来抑制了朋辈项目的开展效果；而朋辈中心与斯坦福大学朋辈中心的"形同"，在前者体制依赖的特性下，通过目标替代、创新的形式化等机制的作用，使得朋辈中心的"助人"服务发生了一定程度的变异。

1. 目标替代机制

德国学者米歇尔斯（Michels，1968）在研究20世纪初欧洲国家劳工组织和社会主义党派时发现，许多组织在实际运行过程中，常常由于种种原因背离其原定的正式目标而追求与原目标不同甚至相悖的目标，进而提出了目标替代这一概念来描述这一组织现象（周雪光，2008）。而在R大朋辈中心职能演化历程当中，我们能够看到目标替代现象的发生。

前文中我提到，为运营朋辈项目而成立的R大朋辈中心，最初以"助人自助"为愿景。项目旨在训练朋辈咨询师，使其为校内同学提供朋辈心理咨询服务，即"助人"；又在这一过程中使他们自身获得成长，达成"自助"。其中，朋辈心理咨询服务的提供以"助人自助"为理念，即帮助他人自己找到解决问题的方法。然而，随着朋辈中心的发展，其在"助人"方面的目标逐渐发生了偏移。后文将主要以R大校园心理健康活动的开展为例进行论述。校园心理健康活动，旨在通过"面向健康的大多数"进行心理健康科普，促进学生的心理健康发展。

正如前文所提及的，在中国高校的心理健康教育与服务体系中，校园心理健康活动的开展是具有中国特色的心理健康教育实践（张晓京，2013），一般由学校学生工作部门及其下辖的心理咨询中心负责开展。而正如前文所述，在R大，朋辈中心以其职能依赖的特性，承接了开展相关活动的工作，如心理剧本游园会、心理减压定向越野活动等。

无疑，这些活动并不在朋辈中心成立之初，通过一对一朋辈心理咨询提供"助人"服务的设想之中，而是适应我国高校心理健康服务体系的发展现状，承接高校心理健康教育工作的需要。就其实质而言，这些活动的开展同样以"助人"为初衷，正如运营支持团队的一名负责人所说，它们为大学生探索自我、关注自身的心理健康提供了契机。在这个意义上，朋辈中心参与心理健康教育工作，但核心理念仍然未偏离其"助人自助"的专业想象。

> 心理教育，或者说心理健康的一些活动……它覆盖面更广，然后能够覆盖更多的人，虽然说可能给他们带来的改变不一定特别深刻，但是也是给了他们一把钥匙，或者说给了他们一个机会，去尝试着打开一部分的自己。包括我们现在办的那个心理健康的沙龙，去尝试着讨论一些东西，我觉得也是给他们一个契机，可以去尝试了解一部分的自己。（小方，2024 年 3 月 6 日）

然而，这些活动有时会作为上级单位下发的行政工作指标，成为主管领导的工作绩效需要。这一方面给承接相关工作的运营支持团队带来了比较重的负担，例如，谈及某年"5·25 大学生心理健康节"前后的工作，运营支持团队的一名负责人小禾曾在访谈中表示，当时需要在短短数周内接连举办十来个活动，不只活动部，整个运营支持团队上下的工作都以系列活动的策划、宣传、开展为轴心，终日忙碌不停。另一方面，这也使得活动的举办存在形式化的倾向，而遮蔽了这些活动的"助人"实质。对此，小禾在访谈中叹息："感觉领导根本就不懂朋辈。"（小禾，2024 年 3 月 7 日）

综上所述，随着朋辈中心的发展，它渐渐以一种不同于最初"助人"设想的方式，向校内学生提供心理健康教育、服务。而在此过程中，朋辈中心的组织目标，由朋辈项目的运营，转向了上级心理健康教育工作绩效的提升。这些心理健康教育活动的开展，作为上级下发的绩效指标时，可能存在形式化的倾向，进一步偏离了组织的"助人"初衷。

2. 创新的形式化机制

而就朋辈中心原本对于"助人"的设想，即朋辈项目的运营而言，朋辈中心体制依赖特性则通过创新的形式化机制，作用于项目运营效果。作为校园心理健康领域的创新举措，R大朋辈项目以其"借鉴国际经验"进行"专业化建设"的模式而被学校宣传、推广。而与之存在微妙张力的，是项目于专业性建设、运营等方面面临的一定困境。

以专业性建设中的咨询师培训为例，课程的讲授主要由心理中心的指导老师负责。而作为学校心理中心的职工，指导老师的主要工作是心理中心的个体咨询服务，以及心理健康通识等课程的教学；项目的培训，事实上是作为心理健康课程教学的一部分开展的。这意味着，项目相关的工作——除了课程讲授以外，还包括参与学员招募面试、确认Sec方案、提供督导等环节——既没有额外补贴的激励，又不受上级的督促。一名指导老师曾在访谈中提及，曾经感到"太消耗了""没有人支持"而"有无数次想放弃"。坚持已经不易，遑论对项目体系的进一步打磨。与此同时，指导老师对于相关专业知识、技巧的理解，主要来自十年前的工作坊，以及基于自身专业所学对项目体系的"钻研"与"摸索"。在这个过程中，由于缺少与斯坦福大学项目方的对话，基于文化比较的进一步专业性建设也显得有些乏力。

> 我就非常想要和他们交流一下，就是说我想知道他们的水平是什么？他们的学生学了这么几次了，他们水平是啥？嗯，会不会有一种可能，他们天然就对这个东西更擅长？……就没有机会去问到他们说，那他们的学生对于这些东西的看法，文化差异的部分，文化差异部分就没有机会明白了。（指导老师，2024年3月15日）

无论是"没有人支持"，还是"没机会交流"，反映的都是朋辈中心在组织、资源上的缺失。而如前文所述，朋辈中心的资源主要由学校学生工作部门提供，后者作为科层组织，追求的更多是绩效表现上的提高。最初与斯坦福大学模式的"形同"，使R大朋辈中心能够以朋辈项目的运营，为R大校园心理健康工作带来"创新"。而当朋辈中心与斯坦福大学模式的这种"形同"，本身已经作为一种象征性的"创新"符号，嵌于 R 大的校园治理体系中，为 R 大学校学生工作部门带来了绩效成果时，其项目运营效果如何、培训的专业性是否得到保障、是否为学生提供了有效的咨询服务，对于科层机构的绩效表现而言，似乎已成为没有那么值得关注的问题。在这时，缺乏组织、资源支持的项目运营在专业化建设上便容易陷入停滞不前的境地。

综上所述，R 大朋辈中心在采取与斯坦福大学模式"形同"的策略开展朋辈项目，以"助人自助"的专业想象为学生提供专业心理健康服务的实践中，面临来自本土制度环境的压力。这一压力使 R 大朋辈中心由最初的校园服务机构，逐渐演化为具有体制依赖特性的校级学生组织。由此，在目标替换、创新的形式化等机制的作用下，R 大朋辈中心的"助人"服务发生变异。一方面，朋辈中心的职能有所拓展，不再局限于朋辈咨询的提供，有时疲于应付上级的行政工作；另一方面，其对项目的运营存在流于形式的倾向，而深层问题的发现、解决，则在一定程度上受到了忽视，未能得到足够的资源支持。

需要说明的是，本文分析朋辈项目的开展状况，主要围绕其在"助人"面向上所面临的困境展开。这并非意味着该项目未能给校内同学带来实质帮助——相反，正如本文引言中的故事所呈现的那样，朋辈项目的开展，事实上在相当程度上丰富了 R 大的心理健康资源，为校内学生寻求心理支持提供了新的可能性——而仅仅意在强调这样一个观点：从组织视角着眼，在中国高校内开展的朋辈项目，在其"助人"实践中面临具有本土特色的处境，使得其作为心理健康服务的实效有所变异。

三　从接受选拔到上岗值班：朋辈咨询师的"自助"行动

李林倬（2014）曾考察制度化过程与网络的相互影响，认为在独立董事制度化过程中，独立董事在原先领域中的身份地位具有重要影响。其研究将制度学派的"形同质异"理论与网络视角相结合，关注独立董事这一行动者及其所形成的网络在制度化过程中的作用。若将朋辈项目的引入理解为制度移植的过程，则本文基于组织的视角，由这一制度的载体——R 大朋辈中心的"形同质异"特性，分析了 R 大朋辈项目在"助人"面向上的变异。而本文也引入行动者的视角，由朋辈心理咨询师这一 R 大朋辈项目中的主要行动者，进一步对项目的"助人""自助"效果展开分析。在组织视角下，朋辈项目以其运营组织的体制依赖而在 R 大存续，并获得资源。而在行动者的视角下，本文将分析朋辈咨询师在选拔、培训、上岗等流程中的行动或动机，指明这样一个事实：R 大朋辈项目以其筛选机制、伦理规范与专业技术，在校园内构建起一个"法团"意义上的职业共同体，于其中获得具有"自助"意涵的自我疗愈、人际支持、职业发展。

（一）跨过"助人"的门槛

在前文中，我对 R 大朋辈项目的选拔标准进行了介绍，从能力、特质与动机勾勒出了理想中的朋辈咨询师形象：他们具有较强的语言表达、共情与倾听、情绪处理、反思等能力，表现出较强的亲和力，对心理学 / 心理咨询感兴趣，希望投入朋辈心理咨询的学习中；有助人意愿，希望在完成培训后承担咨询师的工作。符合这一形象的咨询师，看似能够更好地完成培训，并胜任后续的咨询工作。

其中，报名者加入项目的动机是决定其通过的重要标准。朋辈咨询师是曾经通过选拔的学员。根据对十余位朋辈咨询师的访谈，我将其动机主要分为四类。以这四类动机为线索，我们能够看到朋辈咨询师在加入项目前对于项目的期待，从中透视更广阔的中国高校环境。

最符合项目期待的一类动机，是"兴趣"与"助人"。前者往往源自与心理健康问题的接触经历，而与后者有所关联。一些朋辈咨询师对咨询的兴趣源于自身的助人经历。他们曾成功为需要帮助的亲友提供心理支持，由此产生进一步的助人兴趣。

> 然后还有一个原因是，就是高三的时候我有两个朋友，他们会说当他们很困顿或者很焦虑的时候，就跟我聊天会很有用。所以就

想到要不要试一下。（小庄，2023 年 5 月 24 日）

另一些兴趣的产生，则来自需要帮助的经历。在遭受心理困扰时，从专业的心理咨询或身边人的支持中受到帮助的经历，使一些朋辈咨询师希望能将助人行动传递下去。高三时心理状态糟糕的小明便曾获得老师的理解、包容与接纳，因而希望加入朋辈项目，"成为像老师们一样温暖的人"（小明，2023 年 5 月 25 日）。而作为小明口中"没有那么好的运气"的人，在需要时未能受助的小黄，由于深深体会过心理困扰的严重性，以一种设身处地的方式，希望使他人免于陷入相似的境地。

> 我觉得如果当时的我也能够得到帮助的话，那结果会不会不一样。就是会不会变得更好之类的。所以我想说在别人遭遇一些困难的时候，我能够伸出援手，它是不是能够在他的生命中带来一点改变。所以我觉得这样的话对我来说就很好。（小黄，2023 年 5 月 27 日）

这类动机在推动朋辈咨询师加入项目的同时，事实上也反映了部分朋辈咨询师的特定生命历程——曾经和心理问题接触的直接经验。而在我国传统的"差序格局"中，这表现为以一种切身同情的方式对他人的心理状况给予的关注：它以一种"波纹"的方式向外推出，中心是"当时的我"那样的人，外围是像"身边的他"那样的人，由此抵达具有启蒙意味的"普遍的人"。通过纵向意义脉络的延续，咨询师以一种"推己及人"的方式，从助人行动中寻求一种意义感的来源。而这在意义感缺失的现代社会，以及大学校园内都是弥足珍贵的。

而第二类动机是"自我疗愈"。这一动机以"自我"为出发点，基于对自身心理状况的关注，为了提高自我认知水平、解决自身问题而加入项目。小方便表示，最初加入项目时，主要是出于自我探索的愿望。而在上述助人"差序格局"的意义上，我们可以发现，这一动机也并未脱离在自身意义脉络下对自我主体性的探寻，以及对他人的关注，因而同样指向对意义感的寻求。

> 我也是在大学之后……重新去整理了一遍自己从小到大的一个成长经历。嗯，对，然后其实会发现有很多让我感觉到不是那么开心，或者是，嗯，有一些痛苦的事情就是在自己的成长经历里面，然后就会很想说怎么样能够去更多地探索这个部分，甚至是把自己治愈的这种想法，所以当时可能也是会慢慢的对心理，包括自己的个人成长经历有了更多想要去探索的一些欲望，所以就加上这些，我可能就尝试着去报名了。（小方，2024 年 3 月 6 日）

第三类则是"人际交往"，这一动机又可以具体分为两个子类。一是漫天撒网型。小哲在大一时曾经一口气报了十几个社团，而报名项目也是抱着试试看能不能结交一些朋友的心态。在这背后，是新生入校寻求群体归属感、自我发展方向时的迷茫。在这个状态下报名的小哲被刷掉了一次，直到休学一年回校后才再次报名通过选拔。二是精准打击型。小欣在访谈中毫无遮掩地承认，自己报名加入项目，并非出于对心理咨询的兴趣，而仅仅是为了"找点人玩嘛，像加社团那种一样"（小欣，2024 年 3 月 23 日）。在小欣看来，相较于层级分明、难以融入的各个校级学生组织，朋辈项目更适合"交朋友"；而相较于其他兴趣社团，朋辈项目不需要以特定爱好为基础，而后者是其在忙碌的校园生活中无力发展的。这名同学最终顺利通过了面试，而她对于朋辈项目的原初想象，从侧面反映了高校学生以绩点为中心的竞争压力。

> 我们现在社会压力这么大，大家就是内卷嘛……当这个学习成为中心，压得人很紧，他有什么时间和兴趣去发展一些额外的东西？就是像我们学业压力这么大，大家卷绩点考研就业，反正就各方面人都很累，但不想搞这事。我觉得我大一大二没参加社团也有这方面的原因，就是觉得太分散精力了。嗯，那课都上不完，作业都写不完……就觉得大一实在是没有交到什么舍友之外的朋友，嗯，然

后觉得这样度过大学实在是太遗憾了。（小欣，2024 年 3 月 23 日）

这一竞争压力在第四类动机——功利性动机上也有所表现。朋辈中心是校级学生组织，按照相关规定，其运营支持团队成员能够获得保研加分，层级越高，加分越多。为了能够在组织内顺利留任，部分成员在听说加入专业团队有助于留任后，主动报名成为项目课程学员，并试图请课程部的同学"开后门"。不过，根据面试官共同商议的结果，这些同学最后未能通过面试的选拔。

综上所述，符合朋辈咨询师画像的报名者，出于兴趣 / 助人与受助经历、自助意愿、人际交往需要，或者功利性动机，成了朋辈项目的成员。而从中，我们可以透视其所处的高校环境，粗略勾勒这一环境的基本样貌：升学竞争激烈，学业压力较大，内卷严重。而与此同时，他们实际上又比较紧迫地面临着自我发展、寻求社会支持的困境。正是在此背景下，部分报名朋辈项目的同学对其赋予了探索自我、与人交往的期待。与此同时，"助人"活动及其带来的意义感也构成许多同学对项目的期待。那么，在参与项目后，这些期待是否得到了足够的回应？我将在后面分别展开讨论。

（二）接受"自助"的培训

在本文看来，R 大朋辈项目以其伦理规范、心理健康专业知识与技术培训，为参与者提供了一种心理健康教育，从而提供了自我疗愈、人际互助的可能性。

一方面，这种自我疗愈、人际互助依托于培训体系提供的交往契机。如前文所述，在朋辈项目的培训体系中，项目课程学员在每周课后还需要参与 Sec 与约 Co。在这两个环节中，学员都需要遵循基本的伦理（如不评判、倾听），"对于听到的就是别人释放的东西都有很强的包容性"（小禾，2024 年 3 月 7 日），由此对咨询需要营造的安全氛围进行模拟。这样的人际互助本身，为课程学员提供了一种稳定的社会支持。正如出于人际交往需要而加入项目的小欣所述：

其实你就每周多了三次社交机会，还是强制的。所以就是说，就算你这三次不一定聊得特别开心，但是不知道就不用很深，它也是三次社交，就是我感觉对我来说这一周三次社交它也可以概述很多心情。而且大家还可以聊一些，有一些固定的东西聊，不用怕尴尬呀。（小欣，2024 年 3 月 23 日）

此外，Sec 往往通过"每周的开心事件、不开心事件"这一生活分享环节破冰，并全程鼓励大家真诚、开放地表达。而约 Co 由于模拟的是真实的咨询场景，扮演来访者的课程学员被鼓励分享真实案例。因此，双方在为彼此提供练习素材，也有机会在对方的陪伴下探索感受、梳理心事、获得真实的咨询体验，在精进咨询技术的同时，以互助的方式获得自我疗愈。

另一方面，项目课程学员在培训体系外建立的私人关系，也有助于彼此的进一步疗愈与支持。对小方来说，在加入项目后，她意识到了自身的"回避型依恋"问题，跟同为咨询师的一位朋友的互动为她提供了改变的可能。在小方因为情感问题而向这位朋友频繁求助时，忙于期末复习的对方明确表达了自己的不愉快，并对小方的倾诉需求进行了拒绝。与此同时，对方真诚地告诉她，自己没办法真正帮她走出来，要调整状态只能靠她本人。而虽然这段时间忙于考试，不能给她更多支持，但他会一直陪在她的身边；等忙完了考试，他会再回来和她聊聊。回顾这段经历时，小方认为对方真诚、稳定的表达，让自己的"回避型依恋"问题得到了缓解。

他很真诚地去跟我说这些的时候，我就能够好像就是那种回避的那种状态，就是噢，曾经一个人就是背对着他，但是好像现在我稍微愿意转过来一些，然后噢看到他伸出来的很精准的手，好像愿意我去拉住他那种感觉。对，好像就是会有一点点治好，也不能说完全治好，就是会让我的回避有一点不同。（小方，2024 年 3 月 6 日）

可见，朋辈项目成员共享一套现代心理学话语体系，掌握一套"自我探索"的工具，并参照心理咨询的基本伦理、沟通技术展开互动。这种互动以彼此之间的理解、共情为目标，让互动各方感到安全、信任，由此建立起稳定的关系。在一定意义上，朋辈项目似乎创造出了一个"乌托邦"，或者说涂尔干意义上的"法团"，使项目成员在学习自我探索工具的同时，在人际互动的彼此映照中，获得自我疗愈的可能。这正是小禾等受访者所指出的，朋辈项目所凝聚起的学生团体，区别于其他工具性、事务性更强的学生组织之处。

　　朋辈是一个很有包容性的地方。嗯，就任何情绪、任何语言其实在这里都能够被接纳。比如说你要到了辩论队里面或者其他形式里面，你可能更多的工作是在一起打辩论什么的，一起就是背题之类的，但可能那种状态，是跟你在朋辈不一样的状态，而那种状态可能跟你自己本人真实的性格状态又不太一样。

　　我感觉朋辈的朋友就是更能包容真实的状态，大家在一起也许会有更深的触动，然后更靠近。对，就是你在朋辈，你可以聊你在很多其他社团聊不了的事情，关于自己的事情。然后朋辈的同学其实也很能接纳你过去的一些事情，其实都会觉得很 OK。因为大家都是接受过心理方面的部分培训，就可能明白这种过去的经历对人现在的影响，可能就是会更加包容，不带那种很激烈的评判之类的。（小禾，2024 年 3 月 7 日）

（三）上岗后的"助人"与"自助"

在完成培训、通过考核后，朋辈咨询师便走进朋辈小屋，正式上岗值班。在朋辈小屋的外墙上，粉刷了 R 大朋辈项目的口号："最懂你的人，最专业的帮助（Talk as a friend.Help as a counselor）。"[1] 这一口号，恰恰点明了朋辈咨询师似乎具有的双重角色优势：他们既是"朋辈"

---

[1] 《R 大朋辈心理咨询项目十周年发展报告》。

（friend），具备与来访者年龄相仿、面临的问题相似等特征，容易产生共情与理解，从而具有"最懂你的人"的形象；同时，他们也是"咨询师"（counselor），经过了系统的培训，有能力有效地为同学们提供心理支持方面"最专业的帮助"。然而，本文认为，在朋辈咨询师上岗值班的实践中，其双重角色正预示了"助人"服务失效的可能。

一方面，"朋辈"角色似乎意味着朋辈咨询师与来访者之间具有天然的亲近感，这有助于建立信任关系，促进咨询的进行。另一方面，"朋辈"角色也意味着相对有限的阅历、生命经验。虽然朋辈心理咨询有其完整的咨询结构，操作门槛较低，但朋辈咨询师的自我意识发展水平毕竟有限，而自我意识对于理解、共情来访者来说是必不可少的，又无法通过项目培训在短期内快速发展。因此，朋辈咨询师可能容易感到焦虑和无助，使咨询流于技术，而使得开展咨询的效果难免受到局限。"之前我真的特别紧张。嗯，我每次接一个来访我都会想，哦，有点，都有点逗，然后都有点像那种考试一样。就是好像他是我的评估师，哈哈，就是我，我到底问的这个，我抓住他的核心了吗？我抓到他的重点了吗？到底怎么样呢？"（小玮，2024 年 3 月 23 日）而在我面向 R 大校内同学发放的问卷中，朋辈咨询师阅历有限的特征是主要问题之一。

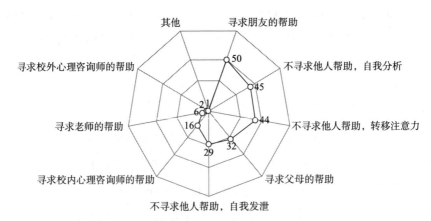

图 4 遇到心理困扰时倾向于采取的解决方式

咨询师的身份，使得朋辈心理咨询具有较浓厚的专业性色彩。然而，大量本土研究表明，中国的传统文化因素，如集体主义价值导向、"面子"、污名、心理问题躯体化等使得中国人主动求助专业精神治疗的比例低于西方国家（朱艳丽、汪新建，2011），并在求助的模式上具有文化特异性（李强、高文珺，2007）。根据问卷调查结果，超过半数（36/64）的 R 大同学认为在遇到心理困扰时，没必要寻求朋辈心理咨询，有其他方式可以解决。而在遇到心理困扰时的解决方式上，排名前三位的方式分别为"寻求朋友的帮助"（50/64）、"不寻求他人帮助，自我分析"（45/64）与"不寻求他人帮助，转移注意力"（44/64）。由此可见，受朋辈咨询师角色的影响，加之中国的传统文化因素导致中国人寻求"专业帮助"的意愿较低的事实，朋辈咨询师在正式上岗后提供的"助人"服务，事实上认可度相对比较有限。

换言之，就朋辈心理咨询服务本身而言，其在"助人"实效上的效果有待优化，覆盖面有待扩大。不过，上岗后在小屋中提供咨询的实务经历，事实上为朋辈项目中许多有志于在心理咨询与相关专业领域深造的参与者提供了专业实习的丰富经验，特别为跨专业申请心理咨询项目的朋辈咨询师开辟了职业发展的道路。在此意义上，R 大朋辈咨询师的上岗实践本身，在某种程度上实现了其"自助"面向上的愿景。

结　语

总而言之，本文基于组织社会学中制度的"形同质异"理论，考察了 R 大朋辈项目在中国高校内的发展情况。首先，本文通过对档案资料的梳理，对 R 大的朋辈项目的组织架构与项目内容分别做了呈现，并基于项目的"助人自助"愿景，提出从"助人"与"自助"两个面向研究项目的绩效表现。

其次，借用组织分析中"二重制度空间"的概念，本文通过分析 R 大朋辈中心与其所处的两重制度环境的互动，提出了 R 大朋辈中心的

"形同质异"的特性：该组织虽然与斯坦福大学朋辈中心"形同"，但实质是学校学生工作部门领导下的校级学生组织。其在资源、组织、职能等方面对体制的依赖，使得 R 大朋辈项目在"助人"面向上的表现有所变异，偏离了最初"助人自助"的工作理念。

最后，本文引入行动者的视角，通过分析 R 大朋辈咨询师在其所处的制度环境中的行动发现，朋辈咨询师在选拔、培训、上岗服务等环节的行动，使其在中国高校的制度环境内建构起一个"法团"意义上的职业团体。这一团体的形成，展示了朋辈项目对其所选择的课程学员进行启蒙式人文教育，从而在"自助"面向上取得卓著效果。然而与此同时，朋辈心理咨询提供的"助人"服务则因制度环境的限制而一定程度上流于形式："最懂你的人"可能受限于自身的阅历、理解力，而"最专业的帮助"则令人生畏。由此，R 大朋辈项目与其"助人自助"的设想已经"形同质异"。

值得一提的还有朋辈咨询师在朋辈小屋以外的"助人"与"自助"实践。一方面，褪去了咨询师身份的朋辈咨询师，可以以朋友的身份，在日常生活中扮演朋辈支持者的角色。例如，从未考虑前往朋辈小屋寻求心理支持的妮妮便表示，自己有一位在朋辈小屋担任咨询师的好朋友，是她在面临心理困扰时首选的交谈对象，因为对方"善于倾听"，并且能够更深入地理解自己。在这个意义上，朋辈咨询师是以四散在学校内各个人际网络中，而非值守在咨询室内的方式，成了校园中的一群"最懂你的人"，从而实现了项目的"助人"愿景。而在这时，不受咨询师伦理限制的朋辈咨询师，以何种方式提供何种限度的心理支持，如何把握朋友与咨询师的角色界限，则是每个朋辈咨询师需要面对的问题。另一方面，在访谈中，不少朋辈咨询师都提到了培训经历对他们日常生活的积极影响。例如共情和理解能力的提升，更擅长运用咨询技术了解他人的需求、优化沟通效果、维持人际关系等。但在日常交往中，如何把握"咨询技术"与"真实自我"的关系，既使前者为后者所用，又不使前者将后者遮蔽，同样是朋辈咨询师需要灵活处理的问题。

就是我能够去，我把这些包括换位思考，包括共情的能力去练习好了之后，或者去发挥出来了之后，嗯，我也能够更加地在人际关系中去理解别人。然后能够去更好地维持一段关系吧。对，就是去理解对方，然后更好地去共情对方，更好地去跟对方链接。（小方，2024 年 3 月 6 日）

因为是在朋辈之外的人，他们不理解朋辈这套技术怎么样，然后有的时候我就会去想他到底在意的，或者是说他到底喜欢的是我这个人还是我的技术。但是后面我还是觉得想明白了，就是噢，管他呢，反正这技术是我的一部分了。反正你喜欢就喜欢呗，有什么？然后我就觉得说无所谓，反正如果他因为这个喜欢我，那我觉得也是 OK 的。（小方，2024 年 3 月 6 日）

在讨论 R 大朋辈项目"形同质异"的特性时，本文指出了项目在开展"助人"服务时面临的困境，但并不意在对此进行批判。相反，本文尝试饱含同情地理解 R 大朋辈项目在制度环境的压力下发生的质变，同时看见其在中国高校内创造出一块人文教育的"飞地"：这为有心的学生孕育了"自助"的契机，从而获得突破结构性限制的可能性。而顺着这些可能性的缝隙，即使朋辈中心、朋辈项目仍然陷于科层化、行政化，包括社会文化的限制中，也不妨碍项目中的诸多行动者在既有结构框架下，以"助人自助"的理念，既为自身找寻意义、获得"自助"，又以多重"助人"行动，为整个高校的心理健康教育与服务环境带来微小的、逐渐积累的积极改变，使整个学校社区在迈向"互助"的道路上向前迈进。

参考文献

鲍威尔，沃尔特·W.，保罗·J.迪马吉奥主编，2008，《组织分析的新制度主义》，姚伟译，上海人民出版社。

陈雨濛、张亚利、俞国良，2022，《2010~2020 中国内地大学生心理健康问题检出率的元分析》，《心理科学进展》第 5 期。

丹德烈亚，文森特·J.，彼得·萨洛维编，2013，《朋辈心理咨询：技巧、伦理与视角》（第 2 版），中国人民大学朋辈心理咨询中心译，中国人民大学出版社。

樊富民，1993，《我国高校心理咨询活动现状调查》，《青年研究》第 6 期。

方圆、王路石、陈祉妍，2023，《2022 年大学生心理健康状况调查报告》，载傅小兰、张侃主编《中国国民心理健康发展报告（2021~2022）》，社会科学文献出版社。

李林倬，2014，《"身份地位投射"：对独立董事制度"形同质异"的考察》，《社会学研究》第 6 期。

李强、高文珺，2007，《中国人心理困扰的应对方式及其社会文化根源》，《理论与现代化》第 5 期。

毛广，2012，《中美朋辈心理咨询的比较研究》，《赤峰学院学报》（自然科学版）第 16 期。

沈原、孙武三，2001，《"制度的形同质异"与社会团体的发育——以中国青基会及其对外交往活动为例》，载中国青少年发展基金会、基金会发展研究委员会编《处于十字路口的中国社团》，天津人民出版社。

俞国良、侯瑞鹤，2015，《论学校心理健康服务及其体系建设》，《教育研究》第 8 期。

张晓京，2013，《译者序》，载文森特·J.丹德烈亚、彼得·萨洛维编《朋辈心理咨询：技巧、伦理与视角》（第 2 版），中国人民大学朋辈心理咨询中心译，中国人民大学出版社。

张晓京、徐紫薇、周莉，2018，《从斯坦福大学到人民大学：朋辈心理咨询项目的中国实践》，《北京教育（德育）》第 11 期。

周莉、雷雳，2016，《美国朋辈心理咨询模式及其对我国的启示——以美国斯坦福大学为例》，《教育理论与实践》第 15 期。

周雪光，2008，《基层政府间的"共谋现象"——一个政府行为的制度逻辑》，《社会学研究》第 6 期。

朱艳丽、汪新建，2011，《躯体化：苦痛表达的文化习惯用语》，《东北大学学报》（社会科学版）第 3 期。

Meyer, John et al.1991. "Institutionalized 0rganizations: Formal Structure as Myth and Ceremony." In Walter W. Powell and Paul J. Dimaggio (eds.) *The New Institutionalism in Organizational Analysis.*The University of Chicago Press.

Michels, Robert. 1968. *Political Party*. New York: Free Press.

Peter, Salovey & D'Andrea J. Vincent. 2010. "A Survey of Campus Peer Counseling Activities." *Journal of American College Health* 6:262-265.

Powell, Walter W., & Paul J. Dimaggio (eds.) 1991. *The New Institutionalism in Organizational Analysis*. Chicago and London: The University of Chicago Press.

"若即若离"的照护

——L 校动物保护社群的流浪猫照护研究

钟凯琳

中国人民大学社会学院 2023 届本科毕业生

引言　与流浪猫相遇

在这个田野开始之前，我从未在学校里碰见过流浪猫；而两年后，我已经在一家动物保护公益组织工作，院子里的流浪猫正听着噼啪作响的键盘声在我身边酣睡。与流浪猫的相遇，既帮助我写完了毕业论文，也成了我人生的一个小小转折点。

然而，我的研究并不像求职那么顺利。在田野的时候，我几乎每天会花一两个小时逛喂猫点，它们一般都设在隐蔽的角落，很多地方我甚至从未注意过。在偌大的校园里，神秘的流浪猫们行踪隐秘、行动敏捷，但猫也"以食为天"，所以在喂猫点遇见它们的可能性会大大增加。沿着喂猫点，我仿佛打开了一幅由猫的足迹绘制的隐藏地图，但它们仍旧可望而不可即，对陌生的我更是远远见到就撒腿逃跑。

在碰过几次壁以后，我开始尝试理解和模仿猫的行动方式，比如像它们一样在遮蔽物之间移动，并在它们面前尽量蹲下或伏下身体，不让自己的体形显得太大；以及在猫警惕地看过来时假装在干其他事情，等它们放松以后再继续观察。到了后来，我也能偷偷跟着猫走上一段路，有时甚至还能跟它们喵上几句。在那时，兼任喂猫志愿者的我会顺便给猫加餐，也经常在拌好饭以后，一抬头就看到它们坐在不远的地方安静地看着我。这种感觉难以言喻，就好像我在照护猫的时候，猫也在关怀着我——尽管它们对我带的罐头可能更感兴趣。

当然，流浪猫的日常生活没有那么岁月静好，动物保护社群①的照护工作常常是"一地猫毛"。流浪猫的出生首先就不被祝福，它们大多是被人弃养或走失的家猫（Felis catus）和它们的后代②。在农业社会，猫主要以狩猎老鼠、守护粮仓来换取人类的饲养，后来则逐渐成为宫廷贵族和平民百姓用以自娱的宠物。20世纪以来，现代意义上的宠物产业相继在欧美和中国兴起。《2021年中国宠物行业白皮书》显示，2021年我国城镇宠物猫的数量是5806万只，猫成为我国饲养最多的宠物。但由于宠物主人的照管不周，加上猫自身的繁殖能力极强，流浪猫的数量在不断攀升，流浪猫造成的社会问题和面临的生存困境也逐渐突显。

由于缺乏人类的喂养，流浪猫会为了觅食而翻垃圾或捕食小型动物，对公共卫生和生态环境造成一定的破坏，人类贩卖、误杀或虐杀流浪猫的事件并不鲜见。而对于流浪猫来说，人口密集、交通发达、环境频繁变化的城市无疑风险重重，流浪猫赖以生存的食物和空间等资源，也会随着它们的大量繁殖而逐渐稀缺。

为了抑制流浪猫数量的无序增长，许多国家和地区建立了相应的法律法规与社会机构，对流浪猫采取迁移、扑杀或收容等措施，并加强对宠物行业与宠物饲主的监管（张谦、殷光文，2007）。受西方影响，

---

① 本文主要关注的是照护流浪猫的行动，其中不同的行动者不一定有固定的任务，因此本文一般不对照护者的身份进行严格区分，而将团体工作的动物保护组织与独立开展照护的社会爱心人士统称为动物保护社群。

② 即使脱离了人类的直接掌控，流浪猫仍然生活在人类的聚居地，其需求也间接地由人类满足；而野猫一般远离人类的聚居地，不从人类身上获得任何生存资料，并在种群内部完成自我维持和繁衍。虽然有些人将流浪猫称为"野猫"，但本文为了强调二者在生物学与法律上的区别，统一使用"流浪猫"一词指代生活在户外的无主家猫。

我国香港、澳门、台湾地区的流浪动物照护① 与治理实践开展较早，体系也较为完善。我国只有关于宠物和流浪狗管理的地方性法规（刘宁，2013），但流浪动物治理所涉及的执法部门过多、对相关责任人的责任界定不够明晰等问题，都导致行政机关对流浪猫的治理是有限且被动的（班曼曼等，2014）。

在聚焦人猫冲突的治理以外，动物保护社群从关怀的逻辑出发，提供了应对流浪猫问题的替代思路：他们在户外建立固定的喂猫点，为流浪猫提供食物和医疗救助；或者自费开设收容所，使无法进入人类家庭的流浪猫能够与人类共享城市的空间。但喂食、救治和收容难以解决流浪猫数量过多的问题，也无法阻止新的流浪猫进入当地。因此近年来，国内很多动物保护社群开始效仿欧美推行 TNR，即对流浪猫进行诱捕（trap）和绝育（neuter）后放归（return），逐步提高区域内流浪猫的绝育率，以期在提升流浪猫福利水平、保护人类利益与维持生态系统稳定之间达到平衡。在动物保护社群的照护下，流浪猫的生存状况得到了改善，公众对流浪猫的认知水平也有所提升。但相对于流浪猫的总量和分布来说，目前照护的规模与范围有限。

借用 Fisher 和 Tronto（1990：40）对照护的定义，照护是"一种物种活动（species activity），包括我们为维护、延续和修复我们的'世界'所做的一切，以便我们能够尽可能地生活在其中"。在跨物种的视角下，人类与非人类不是相互对立的，照护者与照护对象的关系也不是一成不变的；在二者共存（co-existence）与共塑（co-becoming）的世界中，人类与非人类既通过照护实践建立了照护关系，也在照护关系中互相回应，甚至彼此照护。但在以人类为对象的照护中，照护对象的需求与同为人类、共享文化的照护者所拥有的需求很容易被假定为相同的，或者至少也是相似的。而在以非人类他者为对象的跨物种照护中，

---

① 照护的英文"care"具有丰富的含义，中文文献则会根据具体的语境对其进行不同的翻译：当"care"指代不局限于医疗领域的日常行动时，一般采用"照护"、"照料"或"服务"等翻译，而"关怀"、"关心"更偏重"care"中的情感与道德含义（凯博文，2020：Ⅲ）。本文关注的是以改善流浪猫生存境况为核心的人猫互动，因此笔者主要将"care"翻译成"照护"，而在需要强调照护的意向性时则使用"关怀"一词。

无论选择谁去照护，还是决定谁能够被照护，抑或以什么方式照护，都从本体论和方法论层面挑战了那些以人类为对象的照护研究中"不证自明"的前提假设。除此以外，与其他动物相比，介于自然与文化、荒野与城市之间的流浪猫同时表现了脱离与回归社会秩序的倾向，流浪猫照护也因此具有更丰富的张力。

流浪猫具备独立生存的能力，并不必然需要照护；而其他野生动物同样面临饥饿、疾病或受伤等生存困境，也会对环境带来不良影响。为什么只有流浪猫会成为动物保护社群的照护对象？

由于缺乏政策支持，社会对于流浪猫的照护存在争议，不仅流浪猫会主动与人保持距离，动物保护社群也不愿意让人类与流浪猫有过多接触，其中包括进行照护的社群自己。但照护既意味着照护者关怀照护对象在特定情境中面临的具体问题，也意味着照护者在与照护对象的直接接触中给予照料（Puig de la Bellacasa，2017）。那么在人猫相互回避、照护"若即若离"的状态下，流浪猫照护具体是如何开展的呢？

现有解决流浪猫问题的方法主要是通过绝育来控制并逐步减少流浪猫的数量，但绝育对于流浪猫身体完整性与种群繁衍能力的干涉（Meijer，2021），似乎并没有超越扑杀手段从根本上解决流浪猫问题，而这也是流浪猫照护所面临的核心争议之一。那么以绝育为核心的流浪猫照护最终导向的人猫关系又是什么呢？

在本文中，我关注的是照护者与流浪猫建立的照护关系，以及这种"若即若离"的跨物种照护如何挑战照护中以人类为中心的经典叙事，并在宠物（伴侣动物）、经济动物、实验动物和野生动物以外，揭示动物与人新的共存的可能性。为了更好地了解流浪猫照护的过程和细节，我以 L 校为田野点，并于 2022 年 3 月至 2023 年 6 月以志愿者的身份加入 L 校猫协，在参与猫协日常工作的同时进行参与观察。

L 校坐落在市中心，通过实体围墙将校园内外区隔开来，但流浪猫能在一定范围内自由穿行；校园内人口密度较大，人员流动较为频繁，工作、居住、餐饮、购物等功能区齐全，人工建筑和绿化带相间分布，为流浪猫提供了基本的生存条件。校园内主要分为教学区和家属区，学生一般居住在教学区内的宿舍楼，而多数教职工及其家属，以及少部分学生则居住在主要由比较低矮老旧的居民楼组成的家属区内。

最晚在 20 世纪 80 年代，流浪猫就已经在 L 校出没了。目前经常在学校里活动的流浪猫有 60 只到 70 只，它们分布在学校的各个区域，大多数不亲近人类。L 校没有管理流浪猫的部门或相关规定，在校内照护流浪猫的主要是 L 校猫协。与其他流浪猫照护团体类似，L 校猫协是由志愿者组成的非营利组织，其资金来源主要是爱心捐助。除了收容以外，猫协的工作基本涵盖了照护流浪猫的所有方式，包括喂食、医疗救助以及开展 TNR 等。除了猫协以外，L 校内还有少数自发照护流浪猫的家属区居民、楼管和学校职工等。他们主要是投喂住处附近的流浪猫，其中一部分人也与猫协开展合作；当这些居民因为产权纠纷、卫生问题或喂养观念不同等与他人发生冲突时，猫协也会参与协调。

我访谈了 L 校猫协的核心成员与家属区内自发照护流浪猫的居民。访谈主要采用半结构的形式，我询问了受访者选择照护流浪猫的原因，关注他们照护流浪猫的行动细节和情感态度，以及他们在照护过程中与学校管理者和其他居民的互动。针对猫协的核心成员，我询问了猫协的发展过程和运作情况，而家属区内的居民则提供了流浪猫的来历、流浪猫照护的历史，以及家属区内人猫关系的信息。除此以外，我也收集和分析了发布在猫协微信群和微信公众号上与流浪猫相关但不涉及个人隐私的信息。

在研究过程中，我向研究对象说明了研究目的和材料最终的呈现方式，需要进行录音的访谈都征得了受访者的口头同意，受访者不愿公开的资料也在文中进行了匿名化处理。

一 令人不安的共存：流浪猫何以成为问题？

以失序的方式介入人类生活的流浪猫让人们意识到，不存在纯粹由人类构成的城市，也不存在能让流浪动物归去的荒野（黄宗慧，2008）。在不安的共存中，本文回溯了猫为什么会流浪，并从流浪猫的身份和照护者的行动两方面，探讨流浪猫如何成为一个值得关注的社会问题乃至道德客体，进而成为被照护的对象。

（一）游走于灰色地带的流浪猫

与介于野生和家养之间的生物特性相对应，流浪猫的社会身份也介于自然和文化之间。在《现代汉语词典》中，"流浪"表示"生活没有着落，到处转移，随地谋生"，一般用来形容无家可归、沦落街头的人（中国社会科学院语言研究所词典编辑室，2012：832）。顾名思义，"流浪"的猫并不是自然产生的，而是依附于有主宠物猫的身份被建构出来的；"流浪"对于"归属"的预设，同时指向了流浪猫作为"前宠物"或"前商品"的历史，与结束户外"流浪"生活、回归人类家庭的可能性（Eddy，2003）。

"流浪"的定义，呈现了人们对流浪猫生存状态与生活空间的认知。在 L 校，流浪猫大多是学生或租客因为不能养或不想养而弃养的宠物猫和它们的后代，也有部分是由于散养或其他原因走失的。在校园里自发照护流浪猫近 30 年的蒋奶奶说：

> （流浪）猫是怎么来的呢？我这么观察，最早就是搬家扔的，装修扔的，比如我要搬家了，我搬那边比较好，俩猫不带了，扔了；或者我没搬家，但是我装修了扔了；还有的是大学生捡的，他在宿舍里被宿管发现了扔了，或者他毕业了扔了。
>
> 有一次在后边这坡上有一只小猫，冬天一只小猫多可怜，在它尾巴上，拿胶布黏着一个纸条，我就给拿下来了，打开一看，写着"奶奶，没办法了"，就是宿管不让喂了，被发现了，就放到这儿，他觉得还能活。署名是奶瓶，这孩子叫奶瓶，也没长大。后来我想这活不了，后来找人，就放到人家家里头，后来被领养了。（2023年 4 月 13 日）

在被遗弃或走失后，只有极少数流浪猫能够被领养，大部分流浪猫终其一生无法回归人类家庭，它们的子女也面临着成为"流 n 代"的命运。在城市中，人与宠物猫和流浪猫的关系同时构成了两种生态（文化）社区：作为伴侣动物，宠物猫越来越受到重视，但流浪猫既失去了与人类的直接联系，其生物本能又不为城市秩序所容纳，因此流浪猫经常会被视为野性、失序的边缘群体（Van Patter & Hovorka，2018）。

共处同一屋檐下，人和流浪猫之间难免会产生矛盾。比如公猫在发情期间会经常"吵架"，也会喷洒尿液来标示自己的领地，这引起了学校居民的抱怨甚至投诉："（猫尿）味道太重了，受不了。"（景云，猫协负责人，2022 年 3 月 30 日）而人们不满的矛头除了指向流浪猫以外，也经常指向为流浪猫提供照护的动物保护社群，并认为流浪猫是因为得到社群的照护才聚集到自己家门口的。

> 有的人可能觉得你（动物保护社群）在这喂猫，（它们）都在这拉屎拉尿，然后发情了又叫春什么的，多影响我的生活。然后还有一些本身就怕猫的，你在我小区楼下喂一群猫，我怎么出门。（希言，猫协志愿者，2023 年 2 月 16 日）
>
> 有一个，我们楼下，我是二层，一层楼下的邻居，她女儿特别怕猫，可是因为我在这儿住，那猫就老到这儿来找我。后来她就有点不高兴，我就给她捡了一小盒小石头，特别小，打到猫身上也不会疼的，搁她家阳台里，我说你见它进了你家栅栏，一楼不是有个栅栏吗？你就拿一块砍它一下，（石头）特别碎，不会疼的，主要是起一个吓唬它（的作用）。后来她们也不砍了，她就说她又买了一个什么棒，那天我看她们母女俩在阳台上窗户打开这样子，我说你俩干吗呢，说吓猫，不顶用，猫不怕，买的什么玩意儿，我也不知道什么科技，这玩意儿。后来我说赶紧走，别在这招人讨厌，我往那边走，猫跟着我就跑了。它们就是等饭来了，吃完了还想要。（蒋奶奶，家属区喂猫人，2023 年 4 月 13 日）

流浪猫的习性对人居环境造成了一定的破坏，而城市生活对于流浪猫而言危机四伏。城市的空间设计往往不会考虑流浪猫的利益，人类活动较少的隐蔽角落与废弃空地为流浪猫提供了一定的生存空间。但与宠物猫相比，流浪猫的生活还是充满了大量不可预料的风险。它们"永远不知道明天和意外哪个先到来"（景云，猫协负责人，2022年5月4日）。如果流浪猫打架受伤了，或者患上了重病，由于它们很难及时被人发现，其结局很可能是默默无闻地死去；而不受法律保护的流浪猫也是"可杀"（killable）的对象（Haraway，2008），即使有人伤害了流浪猫，也不会受到处罚。蒋奶奶和李奶奶见过太多这样的悲剧。

> （流浪猫）有被害死的，也有病死的，我觉得好多好多只了。
>
> 这是黄豆，被人家毒死了，为什么说毒死了，就是它吃老鼠药了，它躺在那死了以后，这都流白沫。
>
> 那小明特别可爱，它是被流浪狗给吓死了。建地铁，拆了那边好多房子，然后那些居民走的时候，好多人不把狗带走，从西门铁栏杆钻进来的成群的流浪狗，那一年把我的猫咬死了十几只，有的是咬破了它不吃，有的也没有伤口，就死了，估计是吓死了。（蒋奶奶，家属区喂猫人，2023年4月13日）
>
> 就在非典的时候，我还没在这个楼，图书馆楼没盖，就在那片楼的法律系教授，他的老伴是小学的老师，我就说教授、老师都是搞教育的，可是你不懂这个，就一个人拿一个大棍子，猫生了小猫，打得嗷嗷叫，小猫这一点，我就在楼道救了6只，邻居也帮着我救。（李奶奶，家属区喂猫人，2023年4月9日）

（二）从关怀走向行动的照护者

动物保护社群开始关注流浪猫问题的契机往往在于对猫的喜爱与同情。家属区的喂猫奶奶们都有过照顾动物的经历，她们抱有朴素的护生观念，认为动物和人一样都是生命，因此人应该尊重生命，即使不喜欢动物，也不能伤害它们。

一些动物不能杀，不能伤害，从德这方面，就是说要做好事、善事。我们家我小时候记得养猫还是养狗，过去都有一个顺口溜，就说"养猫养狗，越过越有"，不管什么动物，养了就觉得你家里生活上有气势……我的思想就是说，你在大的环境当中，不管你哪个国家，什么人，哪个品种，都是生命，你养的动物同样，就是语言、长相不一样而已。（李奶奶，家属区喂猫人，2023 年 4 月 9 日）

在猫协招募志愿者的报名问卷中，大多数人填写的报名原因也是喜欢猫或者小动物。但他们对流浪猫的关怀并不止于恻隐之心，也出于想要帮助流浪猫的责任感。虽然校园里的流浪猫基本上都不太亲人，更不用说上手能摸到，但这并不会磨灭猫协志愿者的热情。

猫它是有各种各样的个性的，每个猫都是不一样的，有的猫它从小就是宠物猫，它肯定很熟悉跟人类亲密的环境。但是流浪动物的话，它可能从小就没有一个很好的环境让它去生存，可能它又不适应跟人类接触或怎么样。我们得换位思考一下，从它的角度来思考一下它到底喜不喜欢让人类接触。我们的目的是让它们生存得更好，而不是让它们服务于我们，让我们去"rua"他们，然后让我们开心。（温言，猫协志愿者，2023 年 2 月 15 日）

遗弃宠物猫的人往往觉得猫是自然的一部分，将"弃养"视为"放生"。但流浪猫并非天生的野猫，而是由人类驯化、与人类朝夕相处的宠物家猫。流浪猫对社会环境造成的破坏，本质上是它们的动物本能与人类的城市秩序发生的冲突。流浪猫无法控制本能的行为，城市原本并非它们的栖息地，因此在动物保护社群看来，流浪猫问题是由其"流浪"的状态直接造成的；而猫会"流浪"，归根结底是由人类不负责任的养宠行为导致的，所以人类负有关注与行动的责任。

　　每个人他对小动物的感情程度不一样，但是我觉得所有人最基础的一点就是应该做到负责任，比如说你不喜欢猫或者没有能力养猫狗，你就不要去养，你不要心血来潮养了一只猫狗，后来觉得不行就把它们丢掉，我觉得这是一个所有人最基本应该做到的程度，就是不要让小动物成为流浪动物，然后从根源上就解决这个问题。

　　我觉得（流浪猫产生的）根源还是在于我们人抛弃了它们，所以我觉得我们人应该为此负一点责任，包括减少和控制流浪猫的数量，就是不管通过什么方式，绝育也好，或者说不弃养也好，领养也好，是一种反过来保护生态环境的方式。（云歌，猫协负责人，2023 年 2 月 17 日）

　　照护不仅仅是工作，还是始于关怀的道德行动（Mol et al.，2010）。流浪猫承担了人类弃养的所有恶果，而在无法遏制弃养行为的背景下，强烈的道德感驱使动物保护社群主动承担了照护流浪猫的责任。因此，即使脱离了人类的直接控制，与人类的关系仍然是流浪猫身份界定和生存状态的中心，而这恰恰也将流浪猫与原本就属于自然生态系统的野生动物区别开来。

　　时常有人为自己救助的流浪猫或者在 L 校外看到的流浪猫向动物保护社群求助，甚至有人想将自己的宠物猫遗弃在学校，让社群代为照护。然而，自发开展照护的社群所拥有的资源并不足以照护所有流浪猫，照护他人故意丢弃的宠物猫无异于变相鼓励弃猫行为。为了优先保障校内流浪猫的生存质量，动物保护社群并不会照护 L 校以外或被人遗弃至 L 校内的流浪猫，野生动物也不属于 L 校的社群的照护范围。有些野生动物属于国家保护动物，会受到政府机构的照护，比如林业局会救助受伤的野生鸟类。然而，有些野生动物会被流浪猫捕食，定期投喂能在一定程度上减少流浪猫的捕猎行为，但无法彻底遏制流浪猫的捕猎本能。动物保护社群选择照护被人类遗弃的流浪猫，但那些受到流浪猫威胁的野生动物又该怎么办呢？

2022 年，在 L 校附近的某所高校里，有学生拍到了流浪猫追赶小鸭子的过程，视频在该校论坛里迅速传播，也被传到 L 校猫协创建的微信交流群里。有同学表示了类似的担忧，但猫协的负责人景云马上解释道：

> 这类捕猎行为必然是存在的，然而在 L 校校内远远没有到能把某种鸟类"灭绝"的程度。就算把校园和社区里的猫都赶走或者杀死，短短几个月的时间内周围区域的猫还会重新占据这片领地。而且我们救助猫的同时也救助鸟，猫粮得有快一半都是喜鹊、灰喜鹊吃的。（景云，猫协负责人，2022 年 5 月 28 日）

流浪猫虽然不是野生动物，但在长期的流浪生活中逐渐成为"城市生态中的一环"（景云，猫协负责人，2022 年 6 月 22 日）；放任流浪猫在野外继续生活，本身是对人类弃养行为和流浪猫生存本能的妥协。而无论动物保护社群有没有开展照护，流浪猫都会继续存在，社群对流浪猫的照护间接地惠及了其他野生动物。

二 "若即若离"的照护：人猫关系的张力

作为弃养宠物猫的后果，人类不得不与"不速之客"流浪猫共同生活。然而，虽然有了照护，但人猫关系并非简单地从互不相容走向和平共处。在照护的具体过程中，人和流浪猫在某种程度上仍然是相互回避，甚至相互排斥的：除了天性不亲人的流浪猫主动回避人类以外，在遵循"最小干预原则"的照护中，包含照护者在内的人类也要尽可能避免与流浪猫接触；以绝育为核心的 TNR 在稳定并减少流浪猫数量的同时，根本上也是在逐步减少流浪猫的存在。但"若即若离"的照护指向了人猫关系新的可能，而新的关系并不一定会以照护的形式呈现。本文将具体分析照护中人猫关系的张力，并讨论流浪猫在照护中所呈现的能动性、人类对动物他者的理解和回应，以及照护在情境中的流变性和在道德上的复杂性。

（一）亲人的猫最好命？

对于流浪猫来说，"性格决定命运"也是成立的。能够返回人类家庭是流浪猫最好的归宿，但由于不同流浪猫的野化程度各不相同，只有亲近人类的流浪猫才能够适应与人相伴的室内生活，也更有可能结束流浪的命运。同样的，亲人的流浪猫在野外更容易得到人类的关注和照护，但它们伤害人类，或者受到人类伤害的风险也会更高。

注视、抚摸、拥抱和亲吻等都是人类表达亲密的方式，但不一定是猫咪所喜欢的行为。即使是家养的宠物猫，也会有不喜欢被触碰的身体部位；而即使不害怕人类，流浪猫也不一定知道如何在不伤害人类的情况下与人类玩耍。L校内很少出现亲人的流浪猫，因为强行抚摸或抱起亲人流浪猫而被它们抓挠的事件并不鲜见。流浪猫有可能会携带狂犬病毒，但一般都不会打狂犬疫苗，所以如果伤口较深，被抓伤的人只能自行负担狂犬疫苗的费用。在2022年3月，猫协救助了一只患有口炎但非常亲人的橘猫。在被发现的时候，它丝毫没有逃跑的迹象，也愿意接受人类的抚摸，但当志愿者试图将它抱走时，它很快就挣脱了志愿者的手并逃跑。而当它接受了救治，并在猫协负责人景云家中寄养时，景云的手腕上就常常会出现它的抓痕。

> 明镜喜欢被人摸，但摸到它不舒服或者不喜欢的地方，它就会用爪子固定住你的手，然后用脚挠你。这是猫咪之间互相玩耍的行为，但人的皮肤没有猫毛覆盖，比较脆弱，就容易受伤。（景云，猫协负责人，2022年4月3日）

亲人的流浪猫既有可能误伤人类，也容易受到人类错误的照护。因为猫科动物是纯粹的肉食动物，在它们的自然饮食中不含淀粉和植物纤维，油盐酱醋等调味品更有可能对猫的肝肾造成不可逆的损伤，所以人类的食物并不适合猫食用。然而，亲人的猫咪懂得如何向人类乞食，心软的人类却不一定知道如何正确喂猫。有些大胆的流浪猫甚至会直接蹲守在喂猫点附近的学生宿舍门口等待，猫协志愿者温言表示：

> 有很多热心小伙伴，他们都会把吃剩的什么骨头、薯片放在那个碗里面给猫吃，猫吃不了那个东西，那样的话就不是很好。超橘不是得了流感吗？阿姨还把板蓝根想掺进猫粮里给它吃……当时正好我们在，然后我们就跟阿姨说这个人吃的猫不能吃，阿姨就给拿回去了。（温言，猫协志愿者，2023年2月15日）。

除了人类的食物以外，也有人向流浪猫投喂劣质猫粮，或猫条、金枪鱼罐头等猫零食。但它们往往含有很多诱食剂，就像人类的快餐一样，适口性强却缺乏营养。一旦养成吃这些食物的习惯，流浪猫就会变得挑食，拒绝更加健康但没那么好吃的猫粮。长此以往，它们有可能变得肥胖或营养不良，也容易患上其他疾病。但在校内的固定喂猫点中，猫协志愿者和家属区居民每天投放质量合格的猫粮，也时常在干粮里拌些鲜肉罐头或维生素粉等，让流浪猫获取的营养更加全面。因此，亲人的流浪猫可能还不如其他流浪猫健康。猫协只能对那些不遵循科学投喂方式的人进行劝阻，而对于经常接受路人投喂的流浪猫，猫协会在喂这些流浪猫的过程中将猫零食与干粮混合，然后逐渐减少猫零食的比例，慢慢调整它们的饮食结构。

然而，最危险的情况在于亲人的流浪猫对人类的戒心更小，因此更容易被有心之人抓走或虐待。蒋奶奶常年喂养的流浪猫就经历过这种意外：

> 我天天喂，它们特别乖，不怕人，它们以为人都像我这样是善良的。它们就在楼后玩，后来忽然有一天我回来没有了，楼后有一个老太太，那时候80多岁，现在差不多快100岁，去世了，她说有一个男的骑个自行车，把这猫摁到车筐里，用手摁着带走了，就特别坏。我不知道这男的是谁，后来我就打听，最后知道了是学校

东门传达室分报纸的男的，我就找他去了，然后他就带着我去他扔的地方。那哪找得着啊，那就孤零零几栋家属楼，连个围栏都没有。我说你要是敢再来，我就到这来闹，天天来闹，让你们单位把你开除了，让你们单位知道你是什么样的人，后来他才没再来过。

你说它得了猫瘟以后，它连跳到这台上的劲儿都没有了，我就让我老伴从市场买的虾，煮熟了以后把皮扒了给它，这个虾是高蛋白，后来它就能很快恢复，就能跳上来了，天天在那等着我，就等着我回来喂，特别乖。你说怎么着？肯定是死了，没有人喂，我在小区里转半天，一个猫碗、猫盆都没看见。其实你扔在一个有人喂的地方，再说它们又没妨碍你在东区分报纸……（蒋奶奶，家属区喂猫人，2023 年 4 月 13 日）

蒋奶奶照护的这只流浪猫曾经得过猫瘟，生存能力本身就没那么强，又突然被迫进入了一个完全陌生的环境，容易导致应激反应。对流浪猫和它的照护者来说，这无疑是无妄之灾。

（二）野外照护的"最小干预原则"

在猫协成立以前，家属区的蒋奶奶、李奶奶等居民和一些教职工最初把流浪猫带回家里养，或者送给校外想要领养的人。后来李奶奶在家属区租了一个平房，将能抓到的流浪猫都送到房子里，和蒋奶奶等居民一起照顾，并为它们寻找领养人。

那时国学馆没有建，是城中村，全是小平房，你不知道，你没来，破破烂烂一大片平房，正好有人搬走了还是怎么了，空了一间，李老师在那儿当基地救助流浪猫，发展我也去，每天都过去。那一进门是一个小外屋，然后里边还有一个门，把那门开开，里边一圈小垫子什么的，都是猫，我们在那救助了好多猫，现在都拆了，现在已经都盖了国学馆了。

这是我在国学馆之前的平房里救助的小猫，它特别聪明，我一开外边的锁，它就跑出来，知道我来了，在那等着。其他流浪猫都缩在角落里，还是比较害怕，根本不敢出来迎接我，它就敢……后来我就找学生给拍个照片，我说它挺漂亮的，能不能收养它，小时候比这还漂亮，长得特别好看。后来有一天，有个母女俩开车来给接走了。（蒋奶奶，家属区喂猫人，2023 年 4 月 13 日）

随着校区的扩张，在原来的平房被改建为教学楼以后，曾经被奶奶们收容的流浪猫不是被送养了，就是被放归野外了。由于收容这些流浪猫花费的成本非常高，短期内也无法让所有流浪猫都结束"流浪"的状态；而在校园内的大部分流浪猫在一两米开外看到陌生人类就会逃跑，更不用说与人类进行直接的接触，所以在猫协成立以后，照护流浪猫的方式逐渐变得更有针对性。

对于亲近人类、适应人类接触和室内生活的流浪猫，猫协会先将它们送至医院进行体检，然后根据它们的身体状况，将流浪猫留在医院救治或送至寄养家庭生活，在确保它们身体健康、免疫手续齐全后，再为它们寻找合适的领养家庭。

对于在长期流浪生活和代际更替中已经野化的流浪猫，让它们与陌生人接触，或强行将它们转移到室内环境里，它们更容易处于紧张，甚至应激的状态。所以即使是大病初愈或年老体衰，不亲人流浪猫的最好归宿还是野外。

亲人的流浪猫最好的结局就是不流浪，这样猫的健康有保障，而且拔完牙以后它们的野外生存能力也下降了。但像残雪那种不亲人的猫，只能放归，因为对它来说比起进家，它可能更想死在熟悉的野外环境里。（景云，猫协负责人，2022 年 4 月 1 日）

这只是说我们的观念，就是说让流浪猫与人保持一个合理的距离，它们是比较安全的。如果说我们在学校里还有很多猫想要主动靠近人类，其实说明我们的工作是不到位的。（建安，猫协志愿者，2023 年 2 月 19 日）

也有少部分流浪猫因为年龄尚小、流浪时间较短，处于"半亲人"的状态，不亲近也不惧怕人类，当猫协的时间、金钱和精力较多时，可能会选择对其进行社会化训练，等它们培养出适合与人类共同生活的习性再送养。但猫协的条件往往不足以支撑这个过程所需要的成本，所以也"只能给它（'半亲人'的流浪猫）所有东西，让它适应野外生活，但是在 L 校的话肯定是会保证它们饿不死"（希言，猫协志愿者，2023年 2 月 16 日）。

照护首先意味着了解照护对象的需求（Tronto，1993）。因此，根据野外流浪猫不亲近人的习性，动物保护社群遵循"最小干预原则"，给予它们生存所需的照护，并在照护的过程中尽可能减少人与猫的接触。

> 我们的原则就是尽量不干涉，现在除了给流浪猫喂食和绝育以外，必要的时候也会给流浪猫进行治疗。比如流浪猫因为打架受外伤，如果是轻伤就不会管，如果是像腿断了的那种重伤，就会把它送去医院。对于大多数流浪猫来说，绝育是一生一次的医疗，因为它们不可能像家猫一样一直做健康监测，所以医生也会在实施绝育手术的时候顺便做体检、驱虫等。（景云，猫协负责人，2022 年 3 月 30 日）

生存是生物最基本的需要，所以动物保护社群照护流浪猫的一般形式是喂食与医疗，以保障其身体基本机能的运转。L 校内有 13 个固定的喂猫点，其中 3 个喂猫点在家属区内，其他则分布在教学区的各个区域。它们一般都设立在绿化带、废弃建筑等较为隐蔽的地方，具体位置则不对外公开，除了照护者以外也鲜少有人涉足。这减少了人类对流浪猫进食的干扰，同时有利于保障流浪猫的安全，防止有人向喂猫点扔剩饭剩菜，甚至投放毒物。除此以外，由于喂猫点并非校园统一规划的建筑，一旦它们在物业管理和卫生检查中被发现，或者设在了新建筑或活动需要占用的地方，喂猫点也只能被迫搬迁。比如蒋奶奶在家属区内搭建的喂猫点，就因为各种意外几经辗转。

我就觉得这猫太可怜了，有人搬家、装修扔的柜子什么的，桌子、木板，我就给它搭窝，刚开始搭的也就这桌子的，后来越搭越大，最后搭的差不多有从门到帘这儿，特别大，比如一两米长，这么老宽。然后猫窝待了好多年了，最后不是修门前门后的小马路，他们铺沥青什么的，然后他们把灌木给砍了，校园里到处都是这么高，剪得挺整齐的，砍了以后就把我的猫窝给露出来了，本来看不见的，本来它正好跟树一边高，是斜的，让雨水好往下流。已经过了起码得十几年、20年了，反正猫窝待的时间特别长，好多猫都来，流浪狗也来，刺猬什么的都来。我一下去的时候，坡上一大片，十几只，特别壮观，然后地下也都是猫。

然后他们给拆的时候，他们不知道谁拍个照片就报告居委会，居委会又跟街道说来拆，但是通知我了哪天来……然后他们拆的那天还带来了一个三合板，有两个桌子这么大，是绿色的，上面喷的"爱惜猫窝"，我一看还挺人性的，结果没放两天被物业拿走了。

家属物业在1单元，我在2单元，后来我找他们，他们说你到学生区办公区，怎么搭都可以，家属区不许，他们管家属区，他们说只要他们在一天，扔哪了也不告诉我，可恨。后来我说楼下养鸽子，就是私人卖鸽子蛋什么的，占了公家的地，占了自行车棚，我说你怎么不管？他说我怕挨打。我说我要会武术，先把你给点了穴，不让你动。典型的欺软怕硬，没法说。后来没办法，他给拆了，后来我就在3号楼商店这边捡了几个箱子，搭了一个，现在也不在那喂了。

现在我就在1单元栅栏里，物业搬走了，空着，然后我就在3号楼西边喂。然后又在月亮门里喂。最早没在那，是在月亮门的西边……现在盖了一个水果店，也是一个封闭的自行车棚。我原来在自行车棚下边斜着搭一个在喂，结果人家要盖水果店，是把1/3还是1/4截了，要盖水果店，正好牵扯到我的猫窝。

然后有一个科长特别好，他说你看看给你改到哪去，我说搭在月亮门，当时这有一排灌木挺高的，搭到后头，后来他说你自己找砖，我给你出点水泥，找工人给你砌，就搭好了。现在又暴露出来，又通知我要拆了，为什么呢？那儿有一个神经病，都给砍了个乱七八糟，这样子拿着菜刀胡砍乱砍，完了有一次甚至把猫窝的板都乱扔，住在那儿的居民给我打电话说，蒋老师，他拆你们猫窝呢，我赶紧报警，我说他拿着刀胡砍乱砍，还拆我的猫窝，完了我就下去了，防暴警察都穿着蓝制服，拿着盾牌，透明的，一边一个架着他走了，好吓人……他有证明，他爱人拿出证明来，他诊断出精神病，后来在那儿住了一段，可能好点缓解了就出来了，现在搬走了。可是被他砍的那些东西不可能长出来了，所以现在又暴露出来了，这没办法。（蒋奶奶，家属区喂猫人，2023年4月13日）

和以视觉为主的人类不同，对于流浪猫来说，仅凭出色的嗅觉和记忆，它们很快就能找到并记住"秘密食堂"的地点。因此，即使喂猫点时常更换位置，也不会对它们造成太大的阻碍。

这些喂猫点，一般都是存在过一定的时间，然后那附近的猫也养成了去那个地方吃饭的习惯了。猫的活动范围其实比我们想象的要大，就是它们在夜晚就到处跑，找食物，然后它们就可以循着气息找到食物，那么它找到这个食物的能力还是很强的，找到过都会记住，下次很快就能找到，除了特别傻的猫都能找到。（景云，猫协负责人，2022年3月30日）

这些喂猫点由猫协招募的志愿者和家属区的喂猫奶奶负责维护，他们一般也会在固定的时间到喂猫点换水和放猫粮，流浪猫往往也会在这些时间段内出现在固定的一个或数个喂猫点附近，只有极少数流浪猫进食的范围覆盖整个学校。而在喂食的过程中，胆子大一点的猫闻到气味或听到声音就会主动靠近，胆子比较小的猫仍然会跟人保持一定距离，进食时也会经常抬头四处张望，但不像平时一样很容易就被人吓走。这时如果有流浪猫受伤或生病了，就很容易被动物保护社群看到。例如，如果有流浪猫由于过敏、皮炎或跳蚤等原因异常地脱毛，社群成员就能及时将药藏进肉里喂给它们吃，或者趁它们埋头吃饭的时候往它们身上喷药。如果流浪猫在进食时表现出异常的反应，也会引起社群成员的注意。

> 当时我在邮局那边喂小丑，然后我发现它不是很想吃饭，就是吃了，然后它就不吃了，之后我发现是下面生蛆了，然后我就把饭倒掉，重新给它换一下。因为当时前一天我去喂了之后，第二天喂的时候就说怎么还剩半碗饭，然后在上面倒了一点，之后我就蹲小丑，然后发现它不吃，我说这碗饭会不会有什么问题，结果一看直接就生蛆了。（南风，猫协志愿者，2023 年 2 月 14 日）

如果常来喂猫点的流浪猫突然消失，而且连续很久都没有出现，就很有可能是发生了意外。蒋奶奶照护的一只白猫就遇到了这样的情况。

> （白猫）有一天没来，又一天还不来，只要猫不来，我老觉得凶多吉少。后来我就打听，完了那边的人告诉我说马路上压死一只猫，雪白的。（蒋奶奶，家属区喂猫人，2023 年 4 月 13 日）

因此，虽然野外流浪猫不会主动寻求动物保护社群的照护，社群也难以掌握它们的行踪，但通过对流浪猫食欲的调动，社群得以在不控制流浪猫行动的同时近距离地持续观察流浪猫的数量、身体与行为，从而监测它们的身体状况和活动范围，并通过观察个体的变化来了解它们的特殊需求，进而为它们提供医疗或其他形式的照护。而流浪猫虽然无法与人类进行语言上的沟通，但会对照护者提出需求或做出回应。

（三）以绝育为核心的 TNR

充足的食物虽然能满足流浪猫的生存需求，但会促进流浪猫的大量繁殖。母猫最早在四月龄的时候就能发情，一年至少可以发情一到两次，一胎就能孕育 2~8 只幼儿。但频繁地发情与怀孕会对母猫的身体造成极大的伤害，也容易致其患上子宫蓄脓、卵巢囊肿等生殖系统疾病。而为了争夺领地和配偶，发情的公猫会变得格外好斗，受伤的概率也会显著增加。根据 L 校猫协的观察和统计，校内已绝育的流浪猫平均寿命在 8 岁左右，年龄最大的已经有 15 岁；但未绝育的流浪猫平均年龄只有 3~4 岁，很少有能活到 5 岁以上的。在 2020 年到 2021 年，校园内 4 只流浪母猫生下来的 5 胎中，幼崽在半年内的存活率不到 25%。艰难的流浪生活使幼猫的存活率变得极低，而为了首先保障自身的生存，有些母猫甚至会抛弃或吃掉刚出生的幼崽。

猫外婆怀孕的时候应该是 2021 年的 2 月，那时候我还在学校。那时候 2 月它的肚子已经特别大了，而且猫外婆它本来就不是很怕人，然后特别淡定从容了，它看见人了也不跑，它就在那慢慢地走。然后就有很多 3 号宿舍那边的师兄，他们看到猫肚子很大，就拍照片拍视频给我们看，然后我们一看这肯定又怀上了。到 2 月肚子就特别大，超级大，就是肚皮拖在地上的那种。后来景云看到那个照片就很焦虑，就说猫的话是什么时候能生下来，她就去问了医生，医生说 2 月底应该能生，当时就说是 2 月马上就要生了，结果它一直都没生。然后后面到 3 月 8 号还是 3 月几号，反正应该是 3 月 8 号，然后猫突然就不见了，猫就没有影了，它之前一直都在 3 号宿舍那里。后面猫就有影了，推测应该就是去生小猫了。

后面过了一个礼拜还是两个礼拜，住 6 号宿舍的一个女生，她路过 1 号宿舍那里，然后在那边马路牙子看到猫外婆，旁边有一个小奶猫的头，就看到它新生那一胎的小孩爬出来了，然后它就把它带回去那样子，然后就看到小猫，看到之后，后来我们就想说让猫外婆再奶一段这个时间的孩子，等 4 月再去把这些小猫给抓起来，但是到后面猫外婆它就不奶孩子了。一只猫出来吃饭、玩、睡觉、晒太阳，就看不到它，之前特别忙，就看不见它猫影的样子了，就

应该是那些小猫全都死了，然后到现在也是一个带出来的都没有。（温言，猫协志愿者，2023 年 2 月 15 日）

而在绝育后，性激素对流浪猫的影响减少，多数流浪猫的性情变得更温和，营养也吸收得更好，"吃进去的肉都长在了自己身上"。

我觉得公猫在被抓之前一副凶相，就是老子要打架的那种架势，然后感觉整只猫也冷冰冰的，很凶，喜欢和别的猫吵架。但是在绝育之后，它们就变得除了花容那种绝育之后还打架的，大部分公猫绝育之后会变得嗲嗲的，然后和其他的猫相处得也很好，互相贴，感觉它面相都变了。以前就是一副凶神恶煞的那种感觉，但是绝育之后就感觉它们的表情变得非常可爱，如果胆子不小的话，看见人也知道人来给它送吃的了，然后会叫几声，会在旁边转悠什么的，就不会特别怕人了。（希言，猫协志愿者，2023 年 2 月 16 日）

从长远来看，光投喂却不绝育并不能提高流浪猫的生存福利水平，也容易激化人猫矛盾。因此，为了遏制流浪猫的无序繁殖，改善流浪猫的生存状况，了解并认同 TNR 理念的学生和老师开始对校园内的流浪猫实施绝育，也动员家属区的喂猫奶奶一同协助。

为什么要做绝育？因为它们生了小猫存活率低，而且越来越多，居民反感，居民讨厌。它闹猫的时候叫，一晚上彻夜地叫，居民特别讨厌，那就对我有意见了，是吧。然后适当地做一点绝育，别让它这么叫，也别生这么多，生这么多，好多给他害猫就有了机会了，那么小猫抓着容易，小幼猫比大猫抓着容易，是吧？（蒋奶奶，家属区喂猫人，2023 年 4 月 13 日）

1995 年以后，我发现外面有流浪猫，开始喂，慢慢就开始救猫，那是自己那儿的情况。1995 年是自己救猫喂猫，后来朝珠不知道从哪知道我了……2005年朝珠就到我们家找我，就跟我说光喂不行，这猫越喂越多，但是猫肯定要给它吃，你要吃喝，要不就饿死了，弄个小猫挺可怜的。另外就说想办法给做绝育。后来她找婵娟老师，她跟婵娟老师俩人合作，婵娟当时上加拿大了，买一些化妆品寄给朝珠，让朝珠大概卖出钱来救助猫……到了2005年，我就跟朝珠接近得比较多，我们俩开始抓猫，又找地方给猫做绝育，有病的送医院。

那么多年，我跟外语学院婵娟老师配合给猫做绝育，好几年才做个二三十只，我们俩只能做母猫，不能做公猫，没有那个精力，你做公猫就没用，母猫你做一只就赚一只，她就不生了。

我只是学生抓了给我，就是楼下有个小屋，原来是我们邻居，把那小屋占了一多半，搁猫粮，搁笼子，完了抓着猫搁那里头，第二天学生再给送到医院。后来我不管了，特别是从前年开始，学生就不找我了，搞得也比较少。开始景云的时候是抓了就送，她根本就没让我帮忙，而且她一下子就下4个笼子，哪都摆。开始那年，前年，我腿好像还好一些，我在外边给她盯着，帮着她，完了我就拿着手机搁外面发，我说进去了。（李奶奶，家属区喂猫人，2023年4月9日）

刚开始试行TNR的时候，由于家属区喂猫奶奶和老师们的能力有限，她们只对母猫做绝育；猫协成立以后则逐渐扩大TNR的范围，由于未绝育的流浪猫数量众多，所以猫协采取盲抓的方式，在各个喂猫点附近同时下多个诱捕笼。随着L校内流浪猫的绝育率逐渐上升，校内的流浪猫均已完成绝育，猫协只有在看到新进入校园的未绝育流浪猫时，才会开展诱捕。

绝育首先需要抓捕流浪猫，对于野外的流浪猫而言，徒手抓捕失败率高，也会使猫受惊，导致人和猫都受伤；而食物能放松流浪猫的警惕，引导流浪猫的行动，让不亲近人类的流浪猫变得可见。因此，投喂成了绝育的前提，而人类和流浪猫相遇、互动最频繁的场所——喂猫点，则成了诱捕流浪猫的最佳地点。在实施诱捕之前，动物保护社群先停止对相应喂猫点的投喂，然后将放有食物的诱捕笼放置在喂猫点附近的隐蔽处，流浪猫走进去后便会触发脚下的机关，笼门就会落下，然后将猫关在里面。在诱捕笼设置好后，社群需要经常查看诱捕笼的情况，防止诱捕笼被人偷走，并在猫咪被抓到后第一时间进行转移。与此同时，社群也要联系宠物医院提前预约笼位和绝育手术。但如果医院缺少笼位，猫协就需要把猫暂存在家属区的喂猫奶奶家里或者校外的寄养家庭。完成绝育的流浪猫需要打上耳标，避免被重复捕捉。在手术伤口基本痊愈后，如果流浪猫没有其他健康问题，就能回归校园；但如果流浪猫还有其他的病症，则需要留在医院进行进一步治疗，或者送至寄养家庭继续休养观察，等待它恢复健康以后再进行放归。

然而，诱捕的过程往往不是一帆风顺的。有些流浪猫虽然闻到了诱饵，但并不进诱捕笼，有些则吃了诱饵但没有踩到笼子里的机关；有时就算流浪猫踩到了机关，由于笼门被树枝卡住或者笼子本身空隙比较大，它也能挣脱出去。而即使避免了所有人为的失误，抓到的猫也不一定是想抓的猫，比如有些猫在被抓过以后还是很喜欢进笼子，甚至被抓到过四五次，而有些猫在侥幸逃脱以后就再也不进笼子了。对此，动物保护社群只能不断尝试新的技术和方法，比如更换不同颜色的诱捕笼和不同种类的诱饵等，试探猫对哪种笼子和诱饵的警惕性更低。以前社群需要定期查看笼子的情况，现在则会将一个蓝牙摄像头安置在笼子旁边，等猫被抓到了再过去，这既减少了社群的工作量，也减少了人为的干扰，使猫进笼的可能性更大。而对于那些怎么都不进笼子的猫，社群会对它们进行"脱敏训练"，即把放猫粮的碗放入笼门敞开的诱捕笼前，并逐渐将碗移至诱捕笼内部，让流浪猫习惯进入笼子，过了一段时间以后再进行诱捕。如果这些方式还是失败了，社群只能尝试用渔网和铁丝制成的抄网近距离抓猫。

虽然 TNR 是国际上公认最人道的控制流浪猫数量的方法，但在社会上，是否应该对流浪猫进行绝育仍然存在伦理和效用上的争议。在缺乏法律制度直接支持的背景下，TNR 实际上处于"没有允许也没有禁止"的灰色地带；加上资金、人力等照护资源本身就极为有限，除解决现存的问题以外，动物保护社群并不具备直接对抗争议的条件。因此，面对观念分歧对 TNR 可能产生的不利影响，社群控制 TNR 开展的范围和外人了解的程度，尽可能回避可能发生的冲突，以消极抵抗的方式优先保障照护行动能够开展。

目前 L 校内了解并支持流浪猫 TNR 的人只占极少数，而即使是动物保护社群内部也没有完全达成共识。在 2021 年猫协的负责人景云看来，与喂猫相比，绝育才是照护的核心，甚至"喂猫是为了更好地做绝育"（2022 年 7 月 28 日）。但 2020 年 L 校猫协的负责人认为绝育手术有可能会损害流浪猫的健康，而且人类也不应该干预它们生育的"自由"。当时只是志愿者的景云无法与该负责人达成一致，于是联合其他支持 TNR 的志愿者和家属区喂猫奶奶，在教学区和家属区内独立进行 TNR 工作，并在每个学期招募在校学生成为 TNR 志愿者，定期开展 TNR 理念和实操技术的培训。

在开展 TNR 的时候，动物保护社群会避开人群，并尽可能回避社群以外的人所提出的有关 TNR 的问题。因为他们即使对流浪猫没有恶意，也有可能会因为不了解而干扰 TNR 的工作。

在小北门抓的那只叫芝麻，就是取的名字叫芝麻的那只，它是当时碰见了之后，然后是找后勤的大爷，后勤他们那不是有一道门，当时也进不去，然后那只猫就在那里面窜来窜去。我正在布置笼子的时候，一个大爷过来说："你这干吗？"我说："我在抓猫。"他说："是不是一只黑白的猫？"我说："是的。"他说："它天天在我门口吃，我天天在喂东西给它吃。"我就拜托大爷说："你能不能把笼子提进去，然后猫抓住了你再给我？"他就提进去了，结果他又提着空笼子出来，他说他抓进去了，结果它就一直在里面挣扎，叫他好心软，他放了。

然后我就特别崩溃，发到群里面跟他们说，然后景言师姐他们也在说什么，还是不能和不熟悉的人合作什么的。然后我就在

那求他，说你再拿进去一次，然后大爷一直在拒绝，说太心软了
什么的。这时候又来了一个大叔，大叔可能就是一个小领导之类
的角色，然后大爷就跟大叔说我正在抓猫，带他去做绝育什么的。
大叔他们可能也是对 TNR 这个东西不了解，他们就蛮奇怪为什么
要去做绝育手术，他还是说可以给我开门，让我进去几分钟，然
后我就说我蛮快的，就把笼子拎进去拎到猫前面，几分钟就进去
了。当时我、大爷、大叔我们三个人就站在那看，就那个地方的
工作人员都站在那，看那只猫进笼子。（希言，猫协志愿者，2023
年 2 月 16 日）

TNR 为流浪猫争取了更多的生存空间，而回避有关 TNR 的争议则
为同样处于劣势地位的社群提供自我保护和发展的空间。在照护的关
系网络中，主体及其行动并不是固定的，所以照护在时间、空间、条件
和结果上都充满不确定性（Mol et al., 2010）。流浪猫及其需求是照护
的核心，但在决定并实践谁需要照护、由谁来照护以及如何照护等问题
上，动物保护社群仍然发挥着主导的作用。但流浪猫本身具有能动性，
并不完全受人类控制，如果流浪猫不配合，照护也难以顺利进行，因此
社群需要以流浪猫能够理解和回应的方式，和它们开展协商，这在一定
程度上挑战了人类中心主义。

以 TNR 为核心的照护在人与流浪猫之间建立起更紧密的关系，但
无论是通过收容或扑杀等制度系统性地筛选能够在城市里与人类共存的
流浪动物，还是通过以绝育为核心的 TNR，以阻碍种群繁衍的方式保
障个体福利，尽可能缓和人与流浪猫之间的矛盾，都是以持续消除（潜
在的）动物生命的方式，对长期内可能会一直存在的流浪动物问题进行
小修小补。而这不仅是 TNR 面临的可持续问题，实际上也指出了流浪
猫照护的整体困境。

人最根本的责任还是不能够丢弃流浪猫，减少流浪猫的数量的
源头。但是这个是因为丢猫的人跟救猫的人，他就不是同一批人，

我也不会说抓到哪一个丢猫的人去跟他直接对线或者惩罚他,我们只是在做一个修补的工作。如果说是我们想要解决的话,我们只能希望参与修补的志愿者更多,或者说由社区或者是公益组织来承担这一个支出,这样的话可能总额是比较大的,所以说不是能够短期内实现的。(建安,猫协志愿者,2023 年 2 月 19 日)

照护在改善流浪猫的生存处境、缓解人猫矛盾的问题上取得了一定成果,但照护无法阻止人类弃猫的行为,动物保护社群也只能无止境地修补弃猫者遗留的问题。然而,正因照护无法从根源上遏制流浪猫的产生,通过照护达到的共存状态并非人猫关系的理想终点。

结语 流浪猫何去何从?

本文首先讨论了流浪猫从何而来,并如何在动物保护社群的关怀中成为"照护对象"。宠物猫是由人类驯化甚至进行基因改造(如品种猫)的产物,而流浪猫是被人类抛弃的宠物猫,因此在动物保护社群看来,流浪猫面临的生存困境不仅源于弱肉强食的自然规律,更是人类负有主要责任的社会问题。如利恩(2021)对挪威三文鱼的分析,三文鱼之所以能成为动物福利法保护的对象,是基于它们具有感受痛苦的能力;而三文鱼的"感觉"不仅是它们自身的生物特征,更与其养殖过程紧密相连——三文鱼的"感觉"在养殖场工人的关怀与照料中被建立起来,并被转译为与养殖和屠宰有关的技术安排。在这个意义上,三文鱼的感觉是"复杂和异质化的人类-动物组合"(利恩,2021:245)。同样的,流浪猫能够进入动物保护人士所谓的"道德圈"(moral circle)——其利益被给予了严肃的道德考量(Singer,1981)——进而成为动物保护社群的照护对象,也是在照护关系中实现的。换句话说,流浪猫所具有的道德地位既是照护的起点,又是照护的结果。这看似自相矛盾,但在照护的逻辑中,行动不是在道德确立以后才开始的,道德也无法脱离行动得到论证(Mol et al.,2010)。照护的行动本身就是道德的,但这不意味着照护必然是绝对公正的。无论是动物保护社群选择优先照护 L 校内的流浪猫，还是推行以绝育为核心的 TNR，都是在不同生命之间做出了某种形式的评估。虽然这种区分并不等同于对生命本质或价值的判断，但这种道德复杂性会一直拷问所有关怀非人类生命的人。

其次，本文分析了在"若即若离"的照护中人类与流浪猫关系的张力。照护既缓和了人猫矛盾，也使人猫的关系更紧密，但这是通过在照护过程中回避作为照护者的人类、在照护方式上排斥作为照护对象的流浪猫而实现的。由于亲人的流浪猫在野外会遇到更多危险，所以动物保护社群选择将它们送养，让它们回归人类家庭；而不亲人的流浪猫难以适应与人同居的室内生活，社群只能根据野外照护的"最小干预原则"，尽可能减少人类对流浪猫生活的干扰，保持野外流浪猫不亲人的状态。为了在人猫相互回避的情况下开展照护，动物保护社群一方面在隐蔽的地方进行投喂和诱捕等，另一方面通过食物调整流浪猫的行动，使流浪猫个体的特殊需求得以呈现。照护行动以照护对象的需求为出发点，流浪猫无法直接用语言表达自身需求，但这并不意味着流浪猫缺乏能动性，也不意味着流浪猫的需求纯粹是由社群建构出来的——流浪猫的需求是客观存在的，但如果缺少了社群的在场，它们的需求也无法得到呈现与理解（凯博文，2020）。在顺应流浪猫需求的基础上，社群对流浪猫的照护实践了 Haraway（2008）提出的"非模拟照料"（nonmimetic caring）——尊重并尽可能理解动物与人类之间不可通约的差异性，以非拟人化的方式共同承担动物的苦难，并在不同情境中对照护方式进行灵活调整。因此，从照护者的角度而言，照护对象的需求既不是中立的，也不是固定的；而照护者如何照护，照护对象如何回应，二者如何开展协商，本质上取决于照护者与照护对象建立的关系。

在选择照护对象、协商照护方式的过程中，作为人类的动物保护社群仍然处于主导地位；但在跨越物种界限理解流浪猫的需求并对其进行回应时，社群也在一定程度上挑战了人类中心主义。社群的照护为流浪猫争取了更多的在地生存权，并在人猫之间建立起主人 - 宠物与管理者 - "害虫"以外的新关系；但以抑制和疏远为原则与手段的照护，本质上还是基于减少人猫联系的排除思想——与治理相比，以 TNR 为核心、以最小干预为原则的照护只是从排除流浪猫的整体存在，转向排除流浪猫与城市秩序发生冲突的生物本能，其中包含了可能但尚未出现的流浪猫后代。人猫不平等的地位既决定了流浪猫的处境，也塑造了流浪猫照护的整体形态——流浪猫问题在根本上是人的问题，但后果却由流浪猫来承担；动物保护社群谋求了一个相对独立的位置，但只能回避与流浪猫有关的争议，减少可能对流浪猫不利的冲突。而如果人类弃猫的现象没有消失，照护注定要对源源不断的问题进行持续的修补。

那么，照护所追求的"人猫共存"指的究竟是怎样的状态呢？与流浪猫不受庇护的状况相比，照护能够在局部地区改善流浪猫的生存状况，并暂时缓和人猫的矛盾，这无疑是一种进步。与流浪猫共担苦难的动物保护社群敦促我们重新审视人与自然的共生关系，为受到人类干扰的动物承担更多的道德责任。在动物保护社群看来，流浪猫的问题在于猫本来就不应该"流浪"，而在无法遏制人类弃猫的行为、社会对于流浪猫的争议难以达成共识的前提下，照护只能通过控制流浪猫的繁殖来降低流浪猫数量的增长速度。然而，TNR 虽然已经在中国开展了二十余年，其覆盖的范围仍然非常有限，绝育的速度也赶不上弃猫的速度，所以在很长一段时间里，流浪猫的数量仍然不断增加。

因此，无论是从绝育的现实情况还是从绝育的本质来看，照护的最终指向都是与猫共存，而不是与流浪猫共存，但只能无止境地修补问题的照护只是达到人猫理想关系的过渡状态。既然流浪猫不会消失，那么在"流浪者"以外，生活在户外的无主家猫是否能够拥有另一种身份，而这种身份本身就足以保障它们得到道德的对待？

这个问题或许已经超越了关注动物福利的照护能够回答的范围。为了弱化"流浪猫""野猫"概念中的问题化倾向，越来越多的动物保护组织主张以"街猫"（street cat）或"社区猫"（community cat）等名称指代所有在城市中自由生活的无主家猫，试图将流浪猫定位为具有在地属性的社区成员，借此增进公众对它们的情感认同，并提高接纳程度。但"社区猫"概念的使用或许在未经社区同意的情况下就将猫的所有权交付给了社区（Lepczyk & Calver，2022）；而在流浪猫聚集的地区，也不乏有人出于商业目的将流浪猫景观化或将其视为私人财产随意处置（王志弘、高郁婷，2017）。作为介于野生与家养动物之间的边缘动物（liminal animal），流浪猫既不能像野生动物那样有可能排除人类的干预，也无法像家养动物那样与人类开展社会性意义的交往。因此，或许只有通过承认流浪猫的"居民身份"（denizenship），使其成为与人类社群共同居住但并不属于社群一员的主体，并制定兼顾人猫权利的策略，城市才能成为流浪猫的合法栖息地，人猫才能共同塑造更和谐的跨物种共存关系（唐纳森、金里卡，2022）。

参考文献

班曼曼、郑海红、贾广敏，2014，《浅议我国对流浪动物的管理》，《中国动物检疫》第 10 期。

黄宗慧，2008，《刘克襄〈野狗之丘〉的动保意义初探：以德希达之动物观为参照起点》，《中外文学》第 1 期。

凯博文，2020，《照护：哈佛医师和阿尔茨海默病妻子的十年》，姚灏译，中信出版社。

利恩，玛丽安·伊莉莎白，2021，《成为三文鱼：水产养殖与鱼的驯养》，张雯译，华东师范大学出版社。

刘宁，2013，《动物与国家：现代动物保护立法研究》，上海三联书店。

唐纳森，休，威尔·金里卡，2022，《动物社群：政治性的动物权利论》，王珀译，广西师范大学出版社。

王志弘、高郁婷，2017，《都市领域化的动物皱褶：开放空间中人与动物关系的纹理》，《地理研究》第 67 期。

张谦、殷光文，2007，《国外流浪动物的救助与管理》，《中国牧业通讯》第 19 期。

中国社会科学院语言研究所词典编辑室编，2012，《现代汉语词典》第 6 版，商务印书馆。

Eddy, T. J. 2003. "What is a Pet?" *Anthrozoös* 16 (2).

Fisher, B., & J. Tronto. 1990. "Toward a Feminist Theory of Caring." *Circles of Care: Work and Identity in Women's Lives* 35-62.

Haraway, D. J. 2008. *When Species Meet.* Minneapolis: University of Minnesota.

Lepczyk, C. A., & M. C. Calver. 2022. "Cat Got Your Tongue? The Misnomer of 'Community Cats' and Its Relevance to Conservation." *Biological Invasions* 24 (8).

Meijer, E. 2021. "Stray Agency and Interspecies Care: The Amsterdam Stray Cats and Their Humans." *Bernice Bovenkerk* 287.

Mol, A., I. Moser, & J. Pols (eds.) 2010. *Care in Practice: On Tinkering in Clinics, Homes and Farms.* Bielefeld: Transcript Verlag.

Puig de la Bellacasa, María. 2017. *Matters of Care: Speculative Ethics in More Than Human Worlds.* Minneapolis and London: University of Minnesota Press.

Singer, P. 1981. *The Expanding Circle: Ethics and Sociobiology.* New York: Farrar, Straus & Giroux.

Tronto, J. C. 1993. *Moral Boundaries: A Political Argument for an Ethic of Care.* New York: Routledge.

Van Patter, L. E., & A. J. Hovorka. 2018. "'Of Place' or 'Of People': Exploring the Animal Spaces and Beastly Places of Feral Cats in Southern Ontario." *Social & Cultural Geography* 19 (2).

图书在版编目（CIP）数据

再造青年：人类学社会学论集 / 富晓星，闻翔，庄
皓琰主编；庄皓琰执行主编 . -- 北京：社会科学文献
出版社，2025.4. --（新时代人类学文丛）. -- ISBN
978-7-5228-5007-8

Ⅰ. C912.4-53

中国国家版本馆 CIP 数据核字第 20255L5J77 号

新时代人类学文丛
再造青年：人类学社会学论集

主　　编 / 富晓星　闻　翔　庄皓琰
执行主编 / 庄皓琰

出 版 人 / 冀祥德
责任编辑 / 庄士龙
责任印制 / 岳　阳

出　　版 / 社会科学文献出版社·群学分社（010）59367002
　　　　　地址：北京市北三环中路甲29号院华龙大厦　邮编：100029
　　　　　网址：www. ssap. com. cn
发　　行 / 社会科学文献出版社（010）59367028
印　　装 / 三河市龙林印务有限公司

规　　格 / 开本：787mm×1092mm　1/16
　　　　　印张：19.5　字数：286千字
版　　次 / 2025年4月第1版　2025年4月第1次印刷
书　　号 / ISBN 978-7-5228-5007-8
定　　价 / 128.00元

读者服务电话：4008918866